Naturheilmittel pocket

das Vademecum

Autorin
Dr. med. Petra-Angela Steigerwald, Marstallstr. 47c, 68723 Schwetzingen

Abbildungen
Sertürner Bildarchiv, Sertürner Arzneimittel GmbH, Stadtring Nordhorn 113, 33332 Gütersloh
Brother A. Brousseau, Brother E. Vogel, Saint Mary's College of California, Moraga, CA 94575, USA
Leihgabe: Deutsche Homöopathie-Union (DHU), Ottostr. 24, 76227 Karlsruhe

Wichtiger Hinweis
Der Stand der medizinischen Wissenschaft ist durch Forschung und klinische Erfahrung ständig im Wandel. Autor und Verlag haben größte Mühe darauf verwandt, daß die Angaben in diesem Werk korrekt sind und dem derzeitigen Wissensstand entsprechen. Für die Angaben kann von Autor und Verlag jedoch keine Gewähr übernommen werden. Jeder Benutzer ist dazu aufgefordert, Angaben dieses Werkes gegebenenfalls zu überprüfen und in eigener Verantwortung am Patienten zu handeln. Geschützte Warennamen (Warenzeichen) werden nicht besonders kenntlich gemacht. Aus dem Fehlen eines solchen Hinweises kann also nicht geschlossen werden, daß es sich um einen freien Handelsnamen handele.

Die Deutsche Bibliothek – CIP-Einheitsaufnahme
Steigerwald, Petra-Angela:
Naturheilmittel pocket: das Vademecum – kurz und findig /
Petra-Angela Steigerwald – 1. Aufl. – Grünwald: Börm Bruckmeier, 1999
(Medizin *pocket*) ISBN 3-929785-59-5

Nördl. Münchner Str. 28, 82031 Grünwald
www.media4u.com
1. Auflage Dezember 1999
Druck: Druckerei Laub KG, 74834 Elztal-Dallau
ISBN 3-929785-59-5

Vorwort

Der Wunsch Alltagsbeschwerden mit Naturheilmitteln schnell und wirksam zu lindern, wird oftmals durch den Umfang der vorhandenen Literatur und durch die Vielfalt der Pflanzen erschwert.
Ein **Naturheilmittel pocket** – vielfältig im Inhalt, klein im Format – sollte her! So entstand dieser kleine Ratgeber im Taschenformat. Naturheilmittel pocket soll einen schnellen Überblick über die häufigsten Phytopharmaka, deren Anwendungsgebiete und Dosierungsempfehlungen ermöglichen.

Vor langer Zeit kannte man nur Heilpflanzen, Mineralien und tierische Essenzen zur Linderung von Krankheiten. Über Generationen hinweg wurden die gesammelten Erfahrungen weitergegeben. Heutzutage ist die Phytotherapie eine eigenständige Wissenschaft, deren Erkenntnisse durch Forschungen teilweise belegt werden konnten. Die Pflanzenheilkunde basiert nicht mehr nur auf rein empirischen Erfahrungen.

Viele Patienten stehen pflanzlichen Arzneimitteln positiver gegenüber als den künstlich hergestellten Arzneien. Sie verbinden damit Begriffe wie „Natur", „ohne Chemie", „keine Nebenwirkungen" und greifen deswegen oftmals in Selbstmedikation zu diesen Präparaten. Auch behandelnde Ärzte werden immer öfter nach pflanzlicher Therapie gefragt.

An dieser Stelle soll darauf hingewiesen sein, daß aus Platzgründen nicht alle Pflanzen bzw. Monopräparate erfaßt werden konnten. Allerdings sind nur Pflanzen aufgeführt, die weitgehend erforscht sind und pharmakologisch geprüft wurden. Besondere Dosierungshinweise konnten ebenfalls nicht berücksichtigt werden und müssen bei Bedarf der Packungsbeilage entnommen werden oder bei einem Gespräch mit dem behandelnden Arzt, Heilpraktiker oder Apotheker erfragt werden.

Herzlichen Dank auch Brother Eric Vogel und den Firmen Sertürner und Deutsche Homöopathie-Union für die Bereitstellung der Photographien.

Dr. med. Petra-Angela Steigerwald Schwetzingen, Dezember 1999

Weitere Titel dieser Reihe:
Arzneimittel pocket 2000
Arzneimittel Wirkungen pocket
Differentialdiagnose pocket
EKG pocket
GK2 Termini pocket
GK3 Termini pocket
Homöopathie pocket
Normalwerte pocket
Psychiatrie fast

In Vorbereitung:
Anamnese und Untersuchung pocket
Arzneimittel pocket plus
Arzneimittel Therapie pocket
Notaufnahme Innere Medizin pocket
Pillen pocket

Börm Bruckmeier Verlag im Internet:
www.media4u.com

Inhalt

Grundlagen

Allgemeines

Naturheilmittel werden von Ärzten und Heilpraktikern gerne und zunehmend verschrieben. Patienten nehmen Naturheilmittel oft lieber als klassische Arzneimittel ein. Viele Menschen greifen auch bei Selbstmedikationen, also ohne den Rat eines Heilkundigen, zu Naturheilmitteln. „Ohne Chemie", „natürlich", „weniger schädlich" seien pflanzliche Heilmittel. Viele Menschen sind heute Naturheilmitteln gegenüber äußerst positiv eingestellt.

Phytotherapie

Die **Phytotherapie** ist die „Behandlung von Krankheiten durch Pflanzen, Pflanzenteile und deren Zubereitung." (Gesellschaft für Phytotherapie)

Die Phytotherapie gehört zu den klassischen anerkannten Naturheilverfahren. Sie schließt therapeutische Lücken und bietet besonders bei der Behandlung und Vorbeugung akuter und chronischer Krankheiten eine ergänzende therapeutische Möglichkeit. Selbstverständlich müssen auch Phytotherapeutika nach dem Arzneimittelgesetz (AMG) die Anforderungen an Qualität, Wirksamkeit und Unbedenklichkeit erfüllen und unterliegen in Deutschland der Zulassungspflicht.

Die Phytotherapie wird häufig, wie die Homöopathie und die Anthroposophie, zu den sogenannten besonderen Therapierichtungen gezählt. Die Phytotherapie unterscheidet sich jedoch ganz grundsätzlich von den beiden anderen Therapierichtungen. Homöopathika und Anthroposophika werden nicht nach naturwissenschaftlichen Grundsätzen eingesetzt. Ihr Einsatz erfolgt nach eigenen Prinzipien. Die Phytotherapie dagegen basiert auf naturwissenschaftlichen Erkenntnissen. Sie unterscheidet sich von der klassischen schulmedizinischen Pharmakotherapie nur dadurch, daß ihre Wirkstoffe ausschließlich aus Pflanzen, Pflanzenteilen oder deren Zubereitungen bestehen. Die Phytotherapie verfolgt ein naturwissenschaftlich, kausal oder symptomatisch ausgerichtetes Therapieprinzip. Sie ist, wenn auch lange Zeit nur wenig beachtet, Teil der heutigen Schulmedizin.

Phytopharmaka

Unter dem Begriff **„Arzneimittel"** nach Arzneimittelgesetz (AMG) werden Stoffe und Zubereitungen verstanden, die durch Anwendung am oder im menschlichen

Körper Krankheiten, Leiden, Körperschäden oder krankhafte Beschwerden heilen, lindern, verhüten oder erkennen.

Pflanzliche Arzneimittel sind laut AMG: „Arzneimittel, die als wirksame Bestandteile ausschließlich pflanzliche Drogen und/oder Zubereitungen aus pflanzlichen Drogen enthalten". Unter den „Zubereitungen aus pflanzlichen Drogen" werden verstanden zerkleinerte oder pulverförmige pflanzliche Drogen, Extrakte, Tinkturen, Fette oder ätherische Öle, Preßsäfte ..., aber auch Zubereitungen, deren Fertigung eine Fraktionierung, Reinigung oder einen Konzentrierungsprozeß erfordert". Pflanzliche Arzneimittel bestehen also ausschließlich aus Heilpflanzen, Pflanzenteilen, Pflanzeninhaltsstoffen oder deren galenischer Zubereitung.

Im Arzneimittelgesetz (AMG) wird außerdem zwischen **traditionellen und rationalen Phytopharmaka** unterschieden. Für die Zulassung traditioneller Präparate muß kein wissenschaftlicher Wirksamkeitsnachweis erbracht werden. Es reicht der Nachweis, daß ihre Anwendung keine Risiken birgt. Traditionelle Phytopharmaka liegen meist in Form von Tees, Aufgüssen, Säften oder Sirups vor. Sie müssen nach AMG mit der Aufschrift „traditionell angewendet" versehen sein.

Rationale Phytopharmaka unterliegen dagegen denselben Zulassungskriterien wie synthetische Arzneimittel. Die Kontrolle der Zulassung, anhand entsprechender Gutachten der Hersteller, unterliegt den nationalen Zulassungsbehörden. Im vorliegenden **Naturheilmittel pocket** werden ausschließlich rationale Phytopharmaka besprochen.

Es ist oftmals schwierig, die einzelnen **Wirksubstanzen**, die in einem Phytotherapeutikum enthalten sind, exakt zu bestimmen. Noch schwieriger ist es, den Beitrag der einzelnen Komponenten zur Gesamtwirkung des Naturheilmittels festzustellen. Es entspricht auch der Philosophie der Phytotherapie, die Heilkraft des Naturheilmittels in ihrer ganzheitlichen, natürlichen Form zu belassen und nicht einzelne Komponenten zu isolieren und diese dann zu verwenden. Die im Extrakt enthaltenen Einzelsubstanzen können sich somit in ihrer Wirkung synergistisch, also gegenseitig verstärkend, ergänzen. In der Phytotherapie hat die eigentliche Einzelkomponente keine Relevanz. Der Extrakt stellt den Wirkstoff dar.

Phytopharmaka gibt es als **Mono**- oder als **Kombinationspräparate** und sie können in unterschiedlichen Darreichungsformen verabreicht werden. Laut Definition enthalten Monopräparate als Wirkstoff den Extrakt **einer** Pflanze. Ein

Kombinationspräparat enthält mehrere Pflanzenextrakte. Im Naturheilmittel pocket sind hauptsächlich Monopräparate aufgelistet, denn wie bei der Anwendung synthetischer Arzneien gilt, daß die Wirkungen von Monopräparaten gegenüber Kombinationspräparaten leichter kontrollierbar sind. Wechselwirkungen können gar nicht erst auftreten. Kombinationspräparate sind nur dann zu verwenden, wenn einzelne Kombinationspartner sich in ihren verschiedenen Wirkungen sinnvoll ergänzen. Auf solche synergistischen Effekte einzelner Wirkstoffe, sofern sie denn vorhanden sind, wird im Arzneimittelteil dieses Büchleins extra hingewiesen.

Möglichkeiten und Grenzen der Phytotherapie

Die Anwendung von pflanzlichen Naturheilmitteln ist bei leichten bis mittelschweren oder chronischen Erkrankungen gut geeignet. Phytotherapie ist oft auch eine wertvolle Ergänzung innerhalb der Gesamttherapie. Phytotherapeutika können heilen, vorbeugen und lindern. Ihr Einsatz ist aber nur dann sinnvoll und erfolgversprechend, wenn die jeweiligen Anwendungshinweise genau beachtet werden. Dies bedeutet, daß eine genaue Indikationsstellung, die Abwägung von Nutzen und Risiko und eine adäquate Dosierung entscheidend sind für den Erfolg einer Therapie.

Phytopharmaka sind im Rahmen von akut- und notfallmedizinischen Erkrankungen eher kritisch zu betrachten. Bei schweren Erkrankungsbildern sind sie keine Alternative zu Arzneimitteln chemisch-synthetischer Herkunft oder stark wirksamer Reinstoffe pflanzlichen Ursprungs (Herzglykoside, Alkaloide, Antibiotika).

Der besondere Vorteil von pflanzlichen Naturheilmitteln gegenüber synthetischen Medikamenten liegt in ihrem großen Sicherheitspotential. Phytopharmaka haben eine größere therapeutische Breite. Nebenwirkungen sind geringfügiger, Wechselwirkungen mit anderen Arzneimitteln treten seltener auf. Außerdem ist der Einsatz von Phytotherapeutika oft preiswerter als die Verwendung synthetischer Arzneimittel.

Drogeninhaltsstoffe, Pflanzenextrakt

Als **Pflanzeninhaltsstoff** gilt die Summe der charakteristischen Bestandteile dieser Pflanze. Diese Inhaltsstoffe hat die Pflanze während ihres Wachstums durch den Stoffwechsel in sich gebildet und gespeichert. Sie beinhalten die therapeutisch wirksamen Inhaltsstoffe (Effektoren) ebenso, wie die therapeutisch nicht wirksamen Inhalts- bzw. Begleitstoffe (Koeffektoren). Als Koeffektoren gelten z.B. Zellulose, Fette, Wachse, Flavone, Saponine, Schleimstoffe, Spurenelemente und Elektrolyte. Diese Begleitstoffe können zu Wirkungen und Wirksamkeit, natürlich auch zu Nebenwirkungen beitragen.

Das Besondere bei pflanzlichen **Extrakten** ist, daß sich aus derselben Pflanze sehr unterschiedliche Extrakte mit unterschiedlichen Inhaltsstoffen herstellen lassen. Entscheidend dabei ist, welcher Pflanzenteil Verwendung findet. Zum Beispiel können Früchte andere phytochemische Inhaltsstoffe enthalten als Wurzeln, Blätter, Rinde oder Blüten. Sodann kommt es auf das Lösungsmittel an, welches zur Extraktion eines definierten Pflanzenteils verwendet wird. Das Lösungsmittel Wasser löst die wasserlöslichen Inhaltsstoffe aus einem bestimmten Pflanzenteil heraus, Alkohol oder Azeton die fettlöslichen Inhaltsstoffe.

Da Zubereitungen aus ein und derselben Pflanze, je nach Herstellungsverfahren, eine unterschiedliche Zusammensetzung und somit auch ein verändertes Wirkungs- und Nebenwirkungsprofil aufweisen, gilt bei einem Phytopharmakon die gesamte Pflanzenzubereitung (z.B. Extrakt, Tinktur) als Wirkstoff, nicht jedoch einzelne Inhaltsstoffe der Zubereitung.

Darreichungsformen

Die häufigste **Darreichungsform** innerhalb der Pflanzenheilkunde ist die Zubereitung als Tee. Aber auch Frischpflanzen und v.a. Extrakte werden sehr oft verwendet.

Der **Extrakt** ist ein Pflanzenauszug. Als Flüssigextrakt kommt er in Tinkturen und Tropfen vor. Als Trockenextrakt wird er in Kapseln (verkapseltes Pulver in Weich-

und Hartgelatinekapseln), in Tabletten (als Film- oder Lacktabletten) oder in Dragees (in retardierter oder nichtretardierter Form) verwendet.

Die Herstellung der verschiedenen Darreichungsformen erfolgt unterschiedlich. Zum Beispiel werden Trockenextrakte durch Trocknung von flüssigen Extrakten bis zur Restfeuchtigkeit von 2% gewonnen. Durch verschiedene Zusätze werden sie danach wieder auf einen bestimmten festgelegten Wirkstoffgehalt eingestellt.

Dosisangaben

Die aufgeführten **Einzel- und Tagesdosisangaben** gelten normalerweise für Erwachsene. Bei Verabreichung von Phytopharmaka an Kinder sollte grundsätzlich davon ausgegangen werden, die angegebene Dosis zu verringern. Als Faustregel kann gelten: bei Kindern unter 6 Jahren die Hälfte, bei Säuglingen ein Drittel der Erwachsenendosis.

Wirkung und therapeutische Wirksamkeit

Die **Wirksamkeit** geht vom therapeutischen Nutzen und von der Heilung, Besserung, Linderung oder Prophylaxe einer Erkrankung aus. Wirksamkeit mißt also einen Grad der Heilung, eine Besserung oder Linderung eines Krankheitszustandes.

Gegenanzeigen, Nebenwirkungen

Gegenanzeigen sind bei der Anwendung von Naturheilmitteln selten zu beachten und werden im Naturheilmittel pocket extra aufgeführt. Auch **Nebenwirkungen** sind weit weniger zu erwarten als bei der Anwendung synthetischer Medikamente.

Ein häufiges Risiko bei längerer Anwendung pflanzlicher Arzneimittel ist das Auftreten von Allergien und Photosensibilisierungen, d.h. dem Auftreten von Hauterscheinungen bei Sonnenlichteinwirkung, z.B. nach der Einnahme von Knoblauch- und Mistelpräparaten oder konzentrierten Arnikatinkturen. Bei Auftreten einer Allergie sollte ein Arzt aufgesucht und das auslösende Medikament abgesetzt werden.

Pflanzliche Wirkstoffgruppen

Die in pflanzlichen Naturheilmitteln enthaltenen Substanzen können chemisch betrachtet in verschiedene Wirkstoffgruppen unterteilt werden. Hierzu zählen:

Alkaloide: Dies sind sehr wirksame Stoffe, die sich aber oft nicht für die Zubereitung von Tees eignen. Bei der Herstellung synthetischer Arzneimittel werden sie dagegen häufig eingesetzt. Zu den Alkaloiden zählen u.a. das Atropin (das Gift der Tollkirsche, →**107**), das Morphin (das Gift des Schlafmohns) oder das Colchizin (das Gift der Herbstzeitlose, →**179**).

Bitterstoffe: Viele Heilpflanzen schmecken bitter. Doch dies allein ist nicht mit dem Begriff „Bitterstoffe" gemeint. Vielmehr gibt das Vorhandensein von Bittermitteln diesen Pflanzen den Namen. Sie werden auch Amara genannt und werden wie folgt unterteilt:

1. Reine Bittermittel: Sie wirken anregend auf die Magensaftsekretion und dienen der allgemeinen Kräftigung (tonisierend). Ihre Hauptanwendung ist daher die Appetitlosigkeit und die Verbesserung der Verdauung. Beispiel: Tausendgüldenkraut (→**327**) und Enzian (→**141**).

2. Bittermittel mit einem Anteil an ätherischem Öl: Sie wirken verdauungsanregend und tonisierend. Durch das enthaltene ätherische Öl erweitert sich das Anwendungsspektrum und die Wirkung erstreckt sich dadurch auf Darm-, Galle- und Leberfunktionen. Ätherische Öle zeigen auch eine antibakterielle, antiseptische und antiparasitäre Wirkung. Eine geringfügige harnfördernde Wirkung kann auch auftreten.

3. Bittermittel, die Scharfstoffe enthalten: Diese schmecken wirklich bitter und scharf. Man findet sie unter den einheimischen Pflanzen genauso, wie unter den ausländischen Heil- bzw. Gewürzpflanzen. Beispiele sind Ingwer (→**191**) und Galgant (→**158**). Diese Pflanzen verbessern u.a. die Kreislauffunktion.

Ätherische Öle: Ätherische Öle sind leicht flüchtig, aber nicht mit Äther identisch. Typische Vertreter mit hohem Anteil an ätherischen Ölen sind die Lippenblütlergewächse, Korbblütler und Doldengewächse. Die Heilwirkung solcher ätherischen Öle sind die Entzündungshemmung, das erleichterte Abhusten bei katarrhalischen Infekten, die krampflösende Eigenschaft an den Bronchien und die tonisierende Wirkung auf Magen, Darm, Leber und Galle.

Flavonoide (= Flavone) ist ein Sammelbegriff, der verschiedene chemische Grundstrukturen umfaßt. Die Wirkungsweise ist schwer zu charakterisieren. Folgende Wirkungen sind aber bezeichnend: Flavonoide erhöhen die Stabilität von brüchigen Kapillaren bzw. feinster Blutgefäße bei Herz-Kreislauf-Erkrankungen und sind im Verdauungstrakt krampflösend.

Gerbstoffe: Im pharmazeutischen Sinn reagieren Gerbstoffe mit Eiweißen in Haut und Schleimhaut, so daß dabei widerstandsfähige, unlösliche Stoffe bis zu fest zusammenhängende Membranen entstehen. Dieser zusammenziehende, d.h. adstringierende Effekt (**Adstringenzien**) hat eine milde antibakterielle und anästhesierende Wirkung. Als Beispiel kann Eichenrinde (→**137**) und die Heidelbeere (→**178**) angeführt werden. Gute Dienste leisten die Gerbstoffdrogen auch bei Angina, als Mundspülmittel und bei Durchfall.

Glykoside: Sie sind im Pflanzenreich weit verbreitet und doch sehr unterschiedlich in ihrer Struktur. Allen Glykosiden ist bei Wasseraufnahme die Aufspaltung in einen Zucker und einen Nicht-Zucker gemein. Das entstandene Aglykon bestimmt weitgehend die Wirkung. Als Beispiele seien erwähnt herzwirksame Stoffe des Maiglöckchenkraut (Digitalis, →**232**), die Primelwurzel (→**271**) mit ihrer schleimlösenden Wirkung, die abführende Faulbaumrinde (→**148**) und die Wirkstoffe der Bärentraubenblätter (→**100**).

Kieselsäure: Die Kieselsäure wird aus dem Boden aufgenommen. Schachtelhalme, Rauhblattgewächse und Gräser nehmen besonders viel davon auf. Die Kieselsäure ist ein unentbehrlicher Bestandteil von Bindegewebe, Haut, Haaren und Nägeln, und ist somit bei Erkrankungen dieser Organe einzusetzen.

Saponine: Dies sind pflanzliche Glykoside, welche als schleimlösende Mittel verwendet werden. Häufig werden die Saponine auch als Blutreinigungstees eingesetzt. Eine zu große Menge an Saponinen reizt allerdings die Magen-Darm-Schleimhaut.

Schleim: Darunter versteht man kohlenhydrathaltige Stoffe, die im Wasser stark aufquellen und eine fadenziehende Flüssigkeit hervorbringen. Schleimdrogen kommen nur in wenigen Pflanzen vor (Eibisch →**135**, Malve →**234**, isländisches

Moos →**193**). Häufig beeinflussen sie die Wirkungsweise anderer Medikamente. Ihre Wirkung besteht vor allen Dingen in einer Reizlinderung.

Vitamine, Spurenelemente, Mineralien: Diese drei Stoffe entsprechen den essentiellen Nährstoffen und werden für den Aufbau von Bindegewebe, Knochen, Zähnen und Zellstrukturen benötigt. Auch als Bausteine für Hormone oder Enzyme sind sie unentbehrlich. Wird ein bestimmtes Vitamin zum Hauptwirkstoff einer Heilpflanze, so kann diese zum Hauptlieferanten dieses Vitamins werden. Als Beispiel können Sanddorn und Hagebutte herangezogen werden.

Zubereitung und Anwendung

Die Wirksamkeit der Heilpflanzen hängt entscheidend von der richtigen Zubereitung ab. Die Inhaltsstoffe aus den jeweiligen Pflanzenteilen müssen sorgfältig und schonend gewonnen werden. Dies setzt hochwertig verarbeitete Drogen voraus. Pflanzliche Naturheilmittel sollten deshalb in einer Apotheke eingekauft werden. Apotheken gewährleisten die notwendige Qualität. Natürlich können einheimische Pflanzen auch selbst gesammelt werden. Hier empfiehlt sich jedoch eine weiterführende Lektüre oder der Besuch entsprechender Kurse.

Die **Anwendung** der Naturheilmittel kann innerlich oder äußerlich erfolgen. Äußerliche Anwendungen sind z.B. Umschläge, Tinkturen, Gurgelmittel, Mundspülungen, Inhalationen, Dampfbäder, Vollbäder und Einreibungen. Auch Tee kann äußerlich angewendet werden. Innerlich heißt, daß die Aufnahme durch den Mund (oral) oder direkt in die Blutbahn (parenteral) erfolgt. Wie bereits erwähnt, ist der Tee die am meisten genutzte Arzneiform der Heilpflanzen. Arzneimitteltechnisch handelt es sich bei Tee um einen wäßrigen Auszug, der mit heißem oder kaltem Wasser angesetzt werden muß. Dabei sollten die jeweiligen Angaben der Teezubereitung (Zeiten, Art des Süßens ...) genau eingehalten werden. Ansonsten kann die erwünschte Wirkung nicht gewährleistet werden.

Verschreibung, Erstattung

Im allgemeinen können die im **Naturheilmittel pocket** aufgeführten Einzelsubstanzen ohne Verschreibung in der Apotheke gekauft werden. Eine Verschreibungspflicht, die für viele synthetische Arzneimittel existiert, gibt es also nicht. Naturheilmittel können natürlich auch von Ärzten verordnet werden und sind dann oft erstattungsfähig.

Der Verordnungsanspruch des Kassenpatienten ist im Sozialgesetzbuch festgelegt. Ein Anspruch besteht dann, wenn es notwendig wird, eine Krankheit zu erkennen, zu heilen, Verschlimmerung zu verhindern und Beschwerden zu lindern. Grundsätzlich wird dabei nicht zwischen chemisch-synthetischen und phytotherapeutischen Arzneien unterschieden. Der Versorgungsanspruch gilt grundsätzlich für alle zugelassenen und helfenden Arzneien. Unter Berücksichtigung der „Negativ-Liste" nach § 34 Abs. 1 SGBV kann also eine Verordnung stattfinden. Die Negativ-Liste enthält Arzneien, die nicht zu Lasten der gesetzlichen Krankenkassen verordnet werden dürfen. Dies sind z.B. Erkältungs- und Grippemittel, Mund- und Rachentherapeutika, Abführmittel und Arzneimittel gegen Reisekrankheiten. Natürlich betrifft diese Negativliste Naturheilmittel und chemisch-synthetisch produzierte Medikamente gleichermaßen.

Der Versorgungsauftrag umfaßt alle behandlungsbedürftigen Erkrankungen und gilt gleichberechtigt für alle Medikamente mit nachgewiesener Wirksamkeit. Der Arzt hat sich an das medizinisch Notwendige zu halten. Er sollte im Sinn der ärztlichen Kunst den Patienten behandeln und das individuell Notwendige verordnen. Durch das Gesundheitsstrukturgesetz und die allgemeine Kostendämpfung im Gesundheitswesen wird verstärkt auf eine schnelle und erfolgreiche Therapie geachtet.

Vergiftungen

Bei der Einnahme von Phytotherapeutika sollte man sich möglichst genau an die Einnahmevorschriften halten. Sofern man dann keine der als ausdrücklich giftig ausgewiesenen Pflanzen zu sich nimmt, kann man sich auch nicht vergiften. Sollte es nach der Einnahme von Phytotherapeutika dennoch dazu kommen, sei folgende Vorgehensweise empfohlen:

Bei **ersten Vergiftungsanzeichen** - wie Übelkeit, Brechreiz, Durchfällen, Magenkrämpfen - sofort den Magen entleeren. Trinken sie reichlich lauwarmes

Wasser und stecken sie sich dann den Finger in den Hals, bis sie sich übergeben können.

Danach: 10 - 20 Kohletabletten einnehmen. Die Kohle resorbiert Giftstoffe und verzögert die Aufnahme ins Blut. Darmentleerungen können mit 2 Teelöffeln Glaubersalz auf ein Glas Wasser erreicht werden. Achtung: Bewußtlosen darf nichts eingeflößt werden!

Danach unverzüglich zum Arzt!

Dort sollte unbedingt eine klare Auskunft gegeben werden darüber, was, wieviel, wann und von welchem Pflanzenmittel eingenommen worden ist.

Erkrankungen

1. Atemwege, Erkältungen

Erkältungskrankheiten (common cold, grippaler Infekt) sind akut auftretende Entzündungen der Atemwege und der Mittelohren, die bevorzugt im Herbst, Winter und Frühling auftreten. Die oberen Atemwege umfassen die Nasenhöhlen und den Rachen. Die unteren Atemwege umfassen Kehlkopf, Luftröhre und Bronchialbaum.

Grippeartige Infekte beginnen meist mit unspezifischen **Symptomen** wie Kratzen im Hals, Niesen, Triefnase, verstopfter Nase, Heiserkeit, Halsschmerzen, Kopf- , Muskel- und Gliederschmerzen. Weitere Erkrankungssymptome sind Abgeschlagenheit, Unwohlsein, Frösteln und Fieber. 70% dieser Symptome treten in den ersten Stunden des Infektbeginns auf.

Verursacht werden Erkältungskrankheiten meist durch Viren, z.B. Rhinoviren. Der Hauptmanifestationsort dieser viralen Erkrankungen kann auch außerhalb der Atemwege liegen, z.B. bei Enteroviren im Darmtrakt. Ein häufiger Auslöser von Erkältungskrankheiten ist die Einwirkung von Kälte mit der dabei verminderten Infektresistenz.

Die **echte Grippe**, **Influenza**, wird ebenfalls durch Viren ausgelöst, verläuft allerdings schwerer und benötigt meistens eine längerdauernde Rekonvaleszenz.

Durch **pflanzliche Arzneimittel** können chronische Bronchitiden, grippale Infekte und einfache Erkältungen symptomatisch verbessert werden. Auch bei der richtigen Influenza können Naturheilmittel zur unterstützenden Behandlung eingesetzt werden.

Im Vordergrund der Behandlung stehen dabei **auswurffördernde Drogen**, sog. **Expektoranzien**, die sekretolytische Wirkung (Verflüssigung des Bronchialschleims) und sekretomotorische Wirkung (verstärkter Abtransport von Schleim) haben. Weiterhin werden **durchblutungsfördernde ätherische Öle**, **krampflösende Drogen** (**Spasmolytika**) und **adstringierende Pflanzenpräparate** verwendet. Durch die Einnahme von **Schleimdrogen** (Verbesserung der Schleimschutzschicht) können Erkrankungen mit trockenem, unproduktivem und schmerzhaftem Reizhusten schneller gelindert werden.

Flüssige Zubereitungen der Drogen, **Teedrogen**, sind bei den Erkältungs- und Atemwegserkrankungen bevorzugt anzuwenden, da es zu einem größeren

Schleimhautkontakt kommt und gleichzeitig eine ausreichende Flüssigkeitsmenge aufgenommen wird. Dies erleichtert nämlich das Abhusten des Sekrets.

1.1 Katarrhe der Luftwege, Bronchitis

Der **Katarrh** ist eine mit Flüssigkeitsabsonderungen einhergehende Entzündung der Schleimhäute der Nase und der Bronchien. Ein häufiges Symptom ist die verstopfte Nase. Seit jeher spielen pflanzliche Präparate bei der Behandlung von Erkrankungen der Atmungsorgane eine wichtige Rolle. Die Auswahl der Präparate ist vielfältig, allerdings mit unterschiedlicher Qualität.

Die Therapie des Asthma bronchiale sollte mit synthetischen Arzneimitteln durchgeführt werden, da pflanzliche Präparate hierbei nur unterstützend wirken können.

Medikamente bei Katarrhen der Luftwege	s. Seite
Andornkraut	→90
Eukalyptusblätter/-öl	→146
Efeublätter	→133
Grindeliakraut	→168
Mädesüßblüten/-kraut	→230
Meerrettichwurzel	→238
Sonnenhutkraut, purpurfarben (vorbeugend)	→312
Kamillenblüten	→198
Pfefferminzöl	→266
Queckenwurzelstock	→272
Wilder-Indigo-Wurzel	
Eibischwurzel/-blätter	→135
Fenchelfrüchte/-öl	→150
Holunderblüten	→186
Huflattichblätter	→190
Lindenblüten	→227
Primelwurzel	→271
Quendelkraut	→274
Senfsamen, weißer	→307

Terpentinöl, gereinigtes	→**328**
Thymiankraut	→**332**
Weidenrinde	→**344**
Wollblume (Königskerze)	→**213**

1.2 Husten

Der **Hustenreflex** ist zunächst ein kontrollierter Schutzreflex zur Reinigung der Atemwege nach Eindringen von Schmutzpartikeln oder Fremdkörpern. Er tritt aber auch auf als reflektorische Antwort auf die Reizung der Schleimhaut von Luftröhre und Bronchien, z. B. durch eine Entzündungsreaktion.

Unproduktiver (trockener) Husten wird so genannt, wenn festsitzender und zäher Schleim nur erschwert abgehustet werden kann. Naturheilmittel sind in der Lage, diesen zähen Schleim zu verflüssigen, um somit das Abhusten zu erleichtern. Die phytotherapeutische Behandlung des Hustens ist keine kausale, sondern nur eine adjuvante, d.h. unterstützende Therapie, die oftmals in Kombination mit synthetischen Arzneimitteln durchzuführen ist.

Bei der phytotherapeutischen Behandlung von Husten kommen **Schleimdrogen**, **krampflösende Antitussiva**, **Expektoranzien** (Sekretolytika/Sekretomotorika) und **Adstringenzien** zur Anwendung:

Schleimdrogen bei Husten	s. Seite
Durch eine positive Wirkung auf die Schleimschutzschicht wird der Hustenreiz gelindert.	
Eibischwurzel	→**135**
Isländisches Moos	→**193**
Malvenblüten/-blätter	→**234**
Spitzwegerichkraut	→**317**
Taubnesselblüten, weiße	→**325**

Krämpflösende Antitussiva bei Husten	s. Seite
Krampflösende Antitussiva erleichtern das Abhusten bei katarrhalischen Infekten.	
Lindenblüten	→**227**

Sonnentaukraut	→314
Huflattichblätter	→190

Expektoranzien bei Husten	s. Seite
Expektoranzien sind durch ihre sekretolytische Wirkung (Verflüssigung des Bronchialschleims; „Sekretolytika") und ihre sekretomotorische Wirkung (verstärkter Abtransport von Schleim, „Sekretomotorika") auswurffördernd	
Anisfrüchte	→94
Bibernellwurzel	→110
Kampfer	→201
Efeublätter	→133
Eukalyptusöl	→146
Fenchelfrüchte/-öl	→150
Fichtennadelöl	→152
Fichtenspitzen, frische	→153
Hohlzahnkraut	→184
Holunderblüten	→186
Kiefernnadelöl	→208
Kiefernsprossen	→209
Königskerzenblüten	→213
Lärchenterpentin	→219
Minzöl	→245
Pfefferminzöl	→266
Primelwurzel	→271
Quendelkraut	→274
Sanikelkraut	→295
Schlüsselblumenblüten (Saponindroge)	→301
Seifenwurzel, rot und weiß	→305
Senegawurzel	→306
Sternanisfrüchte	→320
Süßholzwurzel	→322

Taubnesselblüten, weiße	→325
Thymiankraut (antibakteriell)	→332
Tolubalsam	→334
Vogelknöterichkraut	→339
Wollblume	→213

1.3 Hals- und Rachenentzündungen

Entzündungsreaktionen im Hals- und Rachenraum werden meist durch eine veränderte Keimbesiedlung hervorgerufen. Solche Entzündungsreaktionen sind besonders beim Schluckakt sehr schmerzhaft. Adstringierende pflanzliche Präparate als Gurgelwasser lindern Schmerzen und wirken gering antibakteriell.

Adstringenzien bei Hals- und Rachenentzündungen (Gurgelwasser)	**s. Seite**
Adstringenzien wirken antibakteriell und anästhesierend	
Salbeiblätter	→292
Tormentillwurzelstock	→335

2. Mund- und Rachenraum

2.1 Schleimhautentzündungen

Schleimhautentzündungen im Mund- und Rachenraum können durch unterschiedlichste Erreger ausgelöst werden. Es treten dabei Schmerzen, Schwellungen und entzündliche Veränderungen auf.

Die bei Schleimhautentzündungen eingesetzten Phytotherapeutika haben eine zusammenziehende (adstringierende), desinfizierende und blutstillende Wirkung. Mittel zur **Mund- und Rachendesinfektion** werden besonders in wäßriger Form als Mundwasser oder Gurgelmittel eingesetzt und sollten einige Zeit im Mundraum hin und her bewegt werden.

Die genannten Naturheilmittel zeigen keine Nebenwirkungen und können daher regelmäßig auch zur Vorbeugung eingesetzt werden.

Gerbstoffdrogen zur Mund- und Rachendesinfektion	s. Seite
Arnikablüten	→96
Bartflechten	
Brombeerblätter	→124
Eibischwurzel/-blätter	→135
Eichenrinde	→137
Gänsefingerkraut	→157
Gewürznelken	→159
Heidelbeeren	→178
Isländisches Moos	→193
Kaffeekohle	→197
Myrrhe	→249
Odermenningkraut	→250
Ratanhiawurzel	→275
Ringelblumenblüten	→282
Rosenblüten	→284
Salbeiblätter	→292
Schlehdornfrüchte	→300

Spitzwegerichkraut	→317
Syzygiumrinde	→324
Taubnesselblüten, weiße	→325
Tormentillwurzelstock	→335
Vogelknöterichkraut	→339

2.2 Schleimhautreizungen im Mund- und Rachenraum

Bei Schleimhautreizungen im Mund- und Rachenraum werden aufgrund ihrer reizlindernden Wirkung sog. Schleimdrogen eingesetzt.

Schleimdrogen bei Reizungen im Mund- und Rachenraum	s. Seite
Malvenblüten/-blätter	→234

2.3 Lokale Schmerzzustände im Mund- und Rachenraum

Bei Schmerzzuständen im Mund- und Rachenraum, insbesondere in der Zahnheilkunde werden lokal betäubende Therapeutika verwendet. Gewürznelken führen zu einer lokalen Schmerzstillung.

Medikamente bei Schmerzen im Mund- und Rachenraum	s. Seite
Gewürznelken	→159

3. Magen, Darm, Verdauung

Zu den sog. **gastroenterologischen Erkrankungen** werden die Krankheiten des Magens und des Zwölffingerdarms, des Dünn- und Dickdarms sowie der Leber und der Gallenblase gezählt.

Die Krankheiten des Verdauungsapparates können durch vielfältige Ursachen hervorgerufen werden. Ganz besonderen Einfluß auf dieses Organsystem haben aber Lebensform, Eßgewohnheiten und psychische Probleme. Die Auseinandersetzung mit diesen Faktoren sollte daher bei einer Therapie im Mittelpunkt stehen.

Im Rahmen der medikamentösen Therapie bieten die Phytotherapeutika eine echte Alternative zu den synthetischen Arzneien. Besonders naturheilkundliche Teezubereitungen wirken unterstützend bei der Heilung von Magen-Darm-Erkankungen.

3.1 Appetitlosigkeit

Die häufigsten Ursachen für das mangelnde Bedürfnis, Nahrung aufzunehmen, sind eine zu geringe oder fehlende Magensäureproduktion (Sub- und Anazidität des Magens), eine verminderte Gallenbildung und eine zu geringe Produktion von Verdauungsenzymen aus dem Pankreas wie Lipase und Amylase (exokrine Pankreasinsuffizienz).

Dabei können Symptome wie Übelkeit, Druckgefühl im Oberbauch, Blähungen und krampfartige Schmerzen auftreten. Bei Vorliegen mehrerer Symptome können die folgenden Phytotherapeutika auch in Kombination angewendet werden. Die Drogen werden unterteilt in Bitterstoffdrogen und Scharfstoffdrogen und sollten jeweils abhängig vom Beschwerdebild eingesetzt werden.

Bitterstoffdrogen bei Appetitlosigkeit	**s. Seite**
Anregung von Magensaft und Gallefluß	
Andornkraut	→**90**
Benediktenkraut	→**109**
Bitterkleeblätter	→**114**
Bockshornsamen	→**117**
Condurangorinde	→**128**
Enzianwurzel	→**141**
Ingwerwurzelstock	→**191**

Isländisches Moos	→193
Löwenzahnwurzel/-kraut	→228
Orangenschalen	→252
Pomeranzenschale	→269
Tausendgüldenkraut	→327
Wegwarte	→343
Wermutkraut	→348

Scharfstoffdrogen bei Appetitlosigkeit	**s. Seite**
Bittersüßstengel	→115
Dillfrüchte	→132
Galgantwurzelstock	→158
Gelbwurzel, javanische	→130

Tritt zur Appetitlosigkeit auch noch die Symptomatik einer erschwerten Verdauung (Dyspepsie) hinzu, so werden zusätzlich zu den obengenannten Drogen auch noch folgende verabreicht:

Medikamente bei Appetitlosigkeit mit erschwerter Verdauung	**s. Seite**
Chinarinde	→125
Korianderfrüchte	→214
Hefe (medizinische)	→176
Schafgarbenkraut/-blüten	→298
Teufelskrallenwurzel (südafrikanische)	→330
Zimtrinde	→352
Angelikawurzel	→92
Bitterkleeblätter	→114
Pomeranzenschale	→269

3.2 Erschwerte Verdauung (Dyspepsie)

Unter dem Begriff Dyspepsie wird eine erschwerte Verdauung mit Beschwerden im Bereich des Oberbauchs verstanden. Diese Beschwerden äußern sich in Form von Schmerzen, Sodbrennen und Völlegefühl. Im wesentlichen kommen als Ursache eine verminderte Bildung von Magensaft, Galle oder Pankreassaft in Betracht. Abhängig davon werden entsprechende Phytotherapeutika angewendet.

Bitterstoffdrogen bei verminderter Magensaftsekretion	**s. Seite**
Anisfrüchte	**→94**
Benediktenkraut	**→109**
Chinarinde	**→125**
Enzianwurzel	**→141**
Korianderfrüchte	**→214**
Löwenzahnwurzel/-kraut	**→228**
Tausendgüldenkraut	**→327**

Cholagoga u. Spasmolytika bei verminderter Gallebildung	**s. Seite**
Artischockenblätter	**→98**
Curcumawurzelstock	**→130**
Galgantwurzelstock	**→158**
Kardamom	**→203**
Minzöl	**→245**
Pfefferminzblätter	**→265**
Rettich	**→278**
Schöllkraut	**→303**

Medikamente bei exokriner Pankreasinsuffizienz	**s. Seite**
Ananas	**→88**
Melonenbaumfrüchte	**→174**
Harongablätter/-rinde	**→174**
Harongablätter/-rinde	**→244**

Weitere Medikamente bei Dyspepsie	**s. Seite**
Lavendelblüten	**→221**

Liebstöckelwurzel	→225
Mariendistelfrüchte	→235
Rosmarinblätter	→285
Ruhrkrautblüten	→289
Schafgarbenkraut/-blüten	→298
Wegwarte	→343
Zimtrinde	→352

3.3 Blähungen

Der vermehrte Abgang von Darmgasen kann psychisch, organisch, aber auch nahrungsbedingt sein. Es werden sog. Karminativa und Spasmolytika eingesetzt. Sie bewirken eine Entfernung der Gase durch eine Zunahme der Darmperistaltik bei einer gleichzeitigen Erschlaffung der Schließmuskeln. Außerdem wird die Durchblutung der Schleimhäute angeregt.

Karminativa (Digestiva) und Spasmolytika	s. Seite
Angelikawurzel	→92
Anisfrüchte	→94
Belladonnafrüchte/- wurzel	→107
Boldoblätter	→119
Dillfrüchte	→132
Erdrauchkraut	→143
Fenchelfrüchte/-öl	→150
Korianderfrüchte	→214
Kümmel/Kümmelöl	→217
Pfefferminzöl	→266
Petersilienkraut/-wurzel	→263

3.4 Magenschleimhautentzündung (Gastritis)

Die **Gastritis** ist eine oberflächliche Entzündung der Magenschleimhaut. Als Symptome treten insbesondere Übelkeit, Erbrechen und Schmerzen im Bereich des Oberbauchs auf. Die Ursachen sind sehr unterschiedlich, z.B. Mangelernährung, psychischer Streß, Medikamenteneinnahme, Nikotin- und Alkoholabusus. Sie können auch in der Kombination zur Gastritis führen. Auch die vermehrte bakterielle Besiedlung der Schleimhaut durch Helicobacter pylori verursacht eine Magenschleimhautentzündung.

Vor Beginn der Therapie sollten zunächst die schädlichen Faktoren ausgeschaltet werden. Bei länger bestehenden Beschwerden muß zur weiteren Abklärung der Ursache ein Arzt aufgesucht werden.

Medikamente bei Gastritis	s. Seite
Belladonnablätter/-wurzel	→**107**
Hyposcyanmusblätter	→**111**
Kamille	→**198**
Melisse	→**242**
Minzöl	→**245**
Pfefferminzöl	→**266**

Achtung: Minzöl und Pfefferminzöl sollten nur kombiniert verabreicht werden, da die Einzeldroge die Magenschleimhaut zusätzlich reizt!

3.5 Magen- und Dünndarmgeschwüre

Das **Magen- oder Dünndarmulkus** ist ein Geschwür an Magen- bzw. Dünndarmschleimhaut. Dabei ist das Ulkus nicht mehr auf die Oberfläche beschränkt, sondern hat bereits tiefer liegende Gewebeschichten durchdrungen.

Ulkusursachen sind meist dieselben wie bei der Gastritis, also Streß, Medikamenteneinnahme, Nikotin- und Alkoholabusus, aber auch die Besiedlung durch Helicobacter pylori. Die Symptome sind ähnlich. Es kann ein punktförmiger Nüchternschmerz oder auch ein Sofortschmerz bei Nahrungsaufnahme hinzukommen. Als Komplikation kann es zu lebensbedrohlichen Blutungen kommen. Bei Blutauflagerungen im Stuhl oder bei Erbrechen von Blut muß also dringend ein Arzt aufgesucht werden.

Bei der Behandlung dieser Erkrankungen mit Phytopharmaka sollten die verwendeten Medikamente **entzündungshemmende** (antiphlogistische), **krampflösende** (spasmolytische) und/oder **schleimhautprotektive** Eigenschaften haben.

Ulkusmedikamente bei krampfartigen Schmerzen	s. Seite
Belladonnablätter/-wurzel	→107
Bilsenkraut (Hyoscyamusblätter)	→111
Glockenbilsenkraut/-wurzelstock	→165
Sternanisfrüchte	→320

Ulkusmedikamente zur Entzündungshemmung	s. Seite
Kamillenblüten	→198
Süßholzwurzel	→322

Ulkusmedikamente zum Schleimhautschutz	s. Seite
Süßholzwurzel (Achtung: maximale Tagesdosis 100 mg!)	→322

3.6 Durchfall (Diarrhö)

Durchfall ist gekennzeichnet durch ungeformten Stuhl, mehrmaliges Absetzen am Tag (> 3mal pro Tag), vermehrten Flüssigkeitsverlust, Bauch- und Darmkrämpfe. Die Ursachen der **Diarrhö** sind vielfältig und reichen von bakteriellen Infekten bis zu entzündlichen Darmerkrankungen und Reisediarrhö.

Zunächst sollte bei Durchfallserkrankungen immer auf eine ausreichende Flüssigkeits- und Elektrolytzufuhr geachtet werden. **Gerbstoffdrogen** haben meist entzündungshemmende und adstringierende Wirkungen. Die Anwendung ist beschränkt auf unspezifische Diarrhöen und sollte nur für einige Tage zum Einsatz kommen.

Gerbstoffdrogen bei Diarrhö	s. Seite
Brombeerblätter	→124
Eichenrinde	→137
Flohsamen	→154
Frauenmantelkraut	→156
Gänsefingerkraut	→157
Heidelbeeren	→178
Odermennigkraut	→250
Tormentillwurzelkraut	→335
Uzarawurzel	→338

Adsorbenzien sorgen für eine schnelle Ausscheidung eingedrungener Keime, indem sie die Oberfläche vergrößern. Bei anhaltendem Beschwerdebild sollte ein Arzt konsultiert werden.

Adsorbenzien bei Diarrhö	s. Seite
Kaffeekohle	→197

3.7 Verstopfung (Obstipation)

Die **Verstopfung** bedeutet ein Ausbleiben der Kotentleerung von mehr als drei Tagen. Ganz allgemein hängt die Stuhlfrequenz von Ernährung, Bewegung, täglicher Trinkmenge und oft auch vom Alter ab. Ballaststoffreiche Ernährung mit ausreichender Flüssigkeitsaufnahme und körperlicher Bewegung sind Maßnahmen für eine regelmäßige Stuhlentleerung.

Bei bestehender Verstopfung sind **Quellmittel** die Mittel erster Wahl. Durch Zunahme des Darminhalts wird die Darmperistaltik angeregt. Eine Ernährungsumstellung auf faserreiche Kost und eine Erhöhung der täglichen Trinkmenge sollte gleichzeitig mit der Einnahme von Quellmitteln erfolgen.

Darmanregende Phytopharmaka (Anthranoiddrogen), die flüssigkeitshemmend und wasserentziehend wirken, können zu Elektrolytverlusten und bei regelmäßiger Einnahme zur Gewöhnung führen. Deswegen sollten diese Präparate nur kurzfristig, für die Dauer von 1-2 Wochen, angewendet werden.

Quellmittel bei Obstipation	**s. Seite**
Flohsamen	→154
indische Flohsamenschalen	
Leinsamen	→223
Weizenkleie	

flüssigkeitshemmende u. wasserentziehende Wirkung bei Obstipation	**s. Seite**
Aloe, Kap Aloe	→86
Faulbaumrinde	→148
Kreuzdornbeeren	→215
Rhabarber	→280
Sennesblätter und -früchte	→308
Andornkraut	→90

3.8 Analfissuren

Bei einer **Analfissur** kommt es im Bereich des Afters zur Bildung eines Geschwürs. Es treten dabei, insbesondere während des Stuhlgangs, heftige Schmerzen und Blutungen auf.

Medikamente bei Analfissuren	**s. Seite**
Aloe, Kap Aloe	→86
Faulbaumrinde	→148
Kreuzdornbeeren	→215

3.9 Reisekrankheit (Kinetosen)

Plötzliche, schnelle Bewegungen können den Vestibularapparat, einen Teil des Innenohrs, so stimulieren, daß es zu Übelkeit, Erbrechen, Schwindel, Schweißausbrüchen, Blutdruckschwankungen und Kopfschmerz kommen kann. Oftmals kommen solche Symptome bei Flug-, See-, Auto- und Bahnreisen vor. Man nennt sie Kinetosen oder Reisekrankheit.

Zur Linderung des Brechreizes eignet sich besonders Ingwer. Bekannt als Gewürz, das die Bekömmlichkeit verbessert, wurde Ingwer in Indien schon immer zu scharf und stark gewürzten Speisen hinzugegeben. Bei Schwangerschaftsübelkeit konnte bisher jedoch keine Wirkung nachgewiesen werden.

Medikamente bei Reisekrankheit	s. Seite
Belladonnablätter/ -wurzel	→107
Ingwerwurzelstock	→191

3.10 Lebererkrankungen

Erkrankungen der Leber führen häufig zu Störungen des Stoffwechsels. Dabei ist die Gallenblase häufig mit beteiligt.

Lebererkrankungen werden in zwei Gruppen unterteilt, viral bedingte Leberentzündungen und toxisch-metabolische Erkrankungen.

Die virale **Leberentzündung** (virale Hepatitis) kann nicht kausal behandelt werden. Sie kann durch eine entsprechende Impfung lediglich vermieden werden.

Auch die **toxisch-metabolische Lebererkrankung** (z.B. Leberzirrhose) kann zur Zeit nicht mittels chemisch definierter Wirkstoffe geheilt werden. Auch hier kann die Krankheit nur vermieden werden (z.B. Meidung von Alkohol).

Die traditionelle Therapie mit pflanzlichen, aber auch die mit synthetischen Drogen hat daher leider nur unterstützenden Charakter.

Lebertherapeutika	s. Seite
Mariendistelfrüchte (leberzellschützend)	→235
Schafgarbenkraut/-blüten (Anregung des Gallenflusses)	→298

4. Herz, Kreislauf, Gefäße

Jeder zweite Mitteleuropäer stirbt an einer Erkrankung des **Herz-Kreislauf-Systems**, z.B. an einem Herzinfarkt oder an einer Herzschwäche (Herzinsuffizienz). Für die meisten Erkrankungen dieses Systems gibt es keine klar beschriebenen Ursachen. Eine Reihe von Umständen führt aber dazu, daß das Herz-Kreislauf-System gewissermaßen frühzeitig altert.

Zu diesen Umständen, den sog. Risikofaktoren, gehören der Bluthochdruck, erhöhte Blutfettwerte, Übergewicht, Bewegungsmangel, Streß, Rauchen und ein erhöhter Alkoholkonsum. Es wird nun versucht, diese Risikofaktoren auszuschalten oder zumindest günstig zu beeinflussen, um dadurch die Lebenserwartung zu erhöhen.

Naturheilmittel werden bei folgenden Erkrankungen des Herz-Kreislauf-Systems verwendet, bei funktionellen Herzbeschwerden, leichten Formen der Herzinsuffizienz, grenzwertigem Bluthochdruck oder bei hypotoner Kreislaufdysregulation.

Generell sollte unterschieden werden zwischen herzglykosidhaltigen Pflanzen, z.B. Adonisröschen (Adonis vernalis) oder Maiglöckchen (Convallaria majalis), und Pflanzen, die keine Herzglykoside enthalten. Herzglykosidhaltige Pflanzen sollten immer in die Hand eines Arztes!

Die breitgefächerte Gruppe der **Gefäßerkrankungen** (Angiopathien) wie z.B. periphere und zerebrale Durchblutungsstörung, Migräne, Durchblutungsstörungen des Auges und des Innenohres haben viele unterschiedliche Ursachen. Es kommen z.B. Rauchen, Diabetes mellitus, Hormonveränderung u.a. in Betracht. Die zugrundeliegende Erkrankung sollte vor Beginn einer Therapie vom Arzt unbedingt diagnostiziert werden.

Die Lokalisation der Erkrankung und des Schmerzes sollte dann bei der Therapie von Gefäßerkrankungen mitberücksichtigt werden. Generell wird zwischen arteriell bzw. venös wirksamen Arzneien unterschieden. Beide sind vasoaktiv wirksam. Sie greifen direkt am Gefäß an.

4.1 Bluthochdruck (Hypertonie)

Eine **Erhöhung des Blutdrucks** liegt vor, wenn regelmäßige Blutdruckmessungen eine Erhöhung des durchschnittlichen Werts auf über 140/90 mmHg ergeben. Oft wird der Bluthochdruck erst dann bemerkt, wenn bereits sklerotische Veränderungen an den Gefäßen eingetreten sind. Häufige Frühsymptome sind Ohrensausen, Herzrasen und Unruhezustände.

Eine solche sog. arterielle Hypertonie steigert das Risiko, an einer anderen Herz-Kreislauf-Störung zu erkranken. Die größte Gefahr besteht in einer Hirnblutung, die als Spätfolge oftmals Lähmungen hinterläßt oder sogar tödlich verlaufen kann.

Begünstigende Faktoren für eine arterielle Hypertonie sind z.B. ein untrainiertes Kreislaufsystem, also ein Mangel an Bewegung, aber auch Übergewicht und Nikotinabusus.

Neben den medikamentösen Therapiemöglichkeiten sollten unbedingt folgende Maßnahmen ergriffen werden: Umstellung auf eine gesunde Ernährung (fettreduziert, salzarm), Einschränkung des Alkoholkonsums, Verzicht auf Rauchen und regelmäßige sportliche Ausdauerbetätigung.

Phytotherapeutika bei Bluthochdruck	**s. Seite**
Rauwolfiawurzel	**→275**
Mistelkraut	**→247**

4.2 Hypotone Kreislaufschwäche

Ein **erniedrigter Blutdruck**, arterielle Hypotonie, mit Ruhewerten unter 100/60 mmHg hat meist keine organischen Ursachen. Eine solche hypotone Dysregulation kann sich durch Müdigkeit, Schwindelattacken, Kollapsneigung und auch durch vermehrtes Frieren bemerkbar machen. Begünstigende Faktoren sind jugendliches Alter, niedriges Körpergewicht und das weibliche Geschlecht.

Im Gegensatz zur Hypertonie sind beim zu niedrigen Blutdruck keine Folgeschäden zu erwarten. Es werden, sofern dies also notwendig scheint, bevorzugt Kardiotonika eingesetzt.

Kardiotonika	**s. Seite**
Kampfer	**→201**
Ginsengwurzel	
Lavendelblüten	**→221**
Rosmarinblätter	**→285**

4.3 Herzinsuffizienz

Bei der Herzinsuffizienz (**Herzschwäche**) ist das Herz nicht mehr in der Lage, Blut in ausreichender Menge zu befördern. Als Symptome können geschwollene Beine, Kurzatmigkeit und schlechtes Schlafen auf der linken Körperseite auftreten. Die Herzinsuffizienz ist die häufigste Folge einer länger bestehenden degenerativen Herzerkrankung.

Die Herzschwäche ist eine ernstzunehmende Erkrankung. Es sollte unbedingt ein Arzt aufgesucht werden. Dieser wird dann auch eine entsprechende Therapie einleiten.

Heilpflanzen können bei milden Formen der Herzinsuffizienz eingesetzt werden (NYHA I + II). Bei schwereren Formen (NYHA III + IV) kommen andere Medikamente zur Anwendung.

Medikamente bei Herzinsuffizienz	s. Seite
Adoniskraut	→**84**
Maiglöckchenkraut	→**232**
Meerzwiebel	→**240**
Weißdorn	→**346**
Herzgespannkraut	→**180**

Beim Vorliegen einer Herzinsuffizienz können auch harntreibende Phytotherapeutika, sog. Aquaretika eingesetzt werden (→**60**).

4.4 Funktionelle Herzbeschwerden

Unter **funktionellen Herzbeschwerden** werden anfallsartig auftretende Beschwerden verstanden, wie Herzstolpern, Erhöhung des Pulses und Angst, ohne daß jedoch eine organische Ursache vorliegt.

Medikamente bei funktionellen Herzbeschwerden	s. Seite
Adoniskraut	→**84**
Herzgespannkraut	→**180**
Weißdorn	→**346**
Maiglöckchenkraut	→**232**
Meerzwiebel	→**240**

4.5 Periphere und zentrale arterielle Durchblutungsstörungen

Durchblutungsstörungen an den Beinen, die sogenannte arterielle Verschlußkrankheit (AVK), machen sich meist durch eine verkürzte Gehstrecke bemerkbar. Die auch Schaufensterkrankheit genannte Störung zwingt den Betroffenen aufgrund der auftretenden Schmerzen oft schon nach weniger als 200 m stehenzubleiben. Vor Einnahme der pflanzlichen Präparate sollte zunächst eine ärztliche Abklärung erfolgen. Durch ein gezieltes Gehtraining kann die Durchblutung auch verbessert werden.

Zentrale Durchblutungsstörungen können sich durch veränderte Gedächtnisleistungen bemerkbar machen. Diese Hirnleistungsstörungen können manchmal auch mit Schmerzen einhergehen. Primär sollte immer ein Arzt zu Rate gezogen werden.

Medikamente bei arteriellen Durchblutungsstörungen	**s. Seite**
Förderung der zerebralen u. peripheren arteriellen Durchblutung	
Ginkgoblätter (Wirkstoffgehalt standardisiert)	**→161**

4.6 Arteriosklerose

Die **Arteriosklerose** der Gefäße ist, umgangssprachlich ausgedrückt, eine Arterienverkalkung. Es kommt zu Verhärtungen, Verdickungen, Elastizitätsverlusten der Gefäßwand und zu Lumeneinengungen. Als Ursache kommen u.a. in Betracht Bluthochdruck, **Hyperlipidämie (Fettstoffwechselstörung)**, Alter und eine familiäre Belastung. Phytotherapeutika können bei regelmäßiger Einnahme z.B. vorbeugend auf Fettstoffwechselstörungen wirken..

Medikamente bei altersbedingten Gefäßerkrankungen und Fettstoffwechselstörungen	**s. Seite**
Reduktion des durch Ernährung erhöhten Fettstoffgehalts im Blut, Verminderung der Verklumpung von Blutplättchen	
Knoblauchzwiebel	**→211**
Zwiebel	**→354**
Sojalezithin	**→311**

Um einer Arteriosklerose vorzubeugen, sollte natürlich auch ein Bluthochdruck entsprechend behandelt werden (→**40**).

4.7 Venenerkrankungen

Bei **Venenerkrankungen** sind meistens die Beine betroffen. Es kommt häufig zu Spannungs- und Schweregefühlen, Stauungserscheinungen und Schmerzen bei längerem Stehen. Es können brennende Schmerzen und Beinkrämpfe hinzutreten. Meist verläuft die Erkrankung chronisch.

Pflanzliche Medikamente wirken unterstützend, insbesondere bei **chronischer Veneninsuffizienz** mit gestörter venöser Drainage. Die pharmakologisch untersuchten Wirkstoffe (Äszine im Roßkastanienextrakt) bewirken im Bereich der kleinsten Blutgefäße (Kapillaren) eine Verminderung des Übertritts von Flüssigkeit in das Gewebe (antiexsudativ, antiödematös). Eine Rückbildung bereits vorhandener organischer Veränderungen kann nicht erwartet werden. Die Präparate sollten über 2-3 Monate angewendet werden, also nicht nur so lange, wie der Patient Beschwerden hat.

Der Extrakt der **Roßkastanie** ist in der Behandlung von Venenleiden und hämorrhoidalen Beschwerden (→**56**) die am häufigsten verwendete Pflanze. Der wichtigste Inhaltsstoff ist das Äszin, ein Triterpensaponin mit antiödematöser und ödemprotektiver Wirkung. In Studien konnte sogar gezeigt werden, daß auch eine lokale Gabe in Form einer Salbe die erwünschte Wirkung hat.

Vasoaktive Präparate	**s. Seite**
antiexsudativ, antiödematös, venentonisierend	
Hamamelisblätter/-rinde	→**172**
Roßkastaniensamen	→**286**
Steinkleekraut	→**318**
Mäusedornwurzelstock	→**231**

5. Bewegungsapparat

Bei Verletzungen des Bewegungsapparats wie Muskelprellungen, Zerrungen (Distorsionen), Quetschungen und Verstauchungen entstehen meistens Blutergüsse, **Hämatome**. Diese Blutansammlungen im Weichteilgewebe führen zu einer Schwellung und können erhebliche Schmerzen verursachen.

Zur Behandlung werden bevorzugt durchblutungsfördernde, kühlende und abschwellende Präparate eingesetzt. Pflanzliche Inhaltsstoffe sind oft in synthetischen Medikamenten als Bestandteil enthalten und zeigen entzündungshemmende, fibrinolytische und durchblutungsfördernde Eigenschaften.

Phytotherapeutika bei Hämatomen	s. Seite
Ananas	→**88**
Arnikablüten	→**96**
Beinwellwurzel/-kraut/-blätter	→**105**
Roßkastaniensamen	→**286**
Schachtelhalmkraut	→**296**
Steinkleekraut	→**318**

6. Schmerz, Rheuma

Unter dem Begriff **Rheuma** werden unterschiedlichste Erkrankungen zusammengefaßt. Die wichtigsten davon sind der Muskelrheumatismus, die degenerative Arthrose und das entzündliche Gelenkrheuma (chronische Polyarthritis).

Die rheumatischen Erkrankungen sind gemeinsam gekennzeichnet durch die Begleitsymptome Gelenk- und Muskelschmerzen. Das Entzündungsgeschehen verursacht eine Schwellung und Überwärmung. Häufig kommt es im Verlauf der Krankheit zu Bewegungseinschränkungen.

Drogen mit analgetisch-antiphlogistischen, d.h. schmerzstillenden und entzündungshemmenden Eigenschaften eignen sich gut zur symptomatischen Therapie dieser entzündlichen Erkrankungen. Die Ursache des Rheumas läßt sich durch Naturheilmittel nicht beheben, aber Linderung kann erreicht werden.

6.1 Muskelrheumatismus

Einseitige körperliche Belastungen und monotone Körperhaltungen führen leicht zu Muskelschmerzen und Verspannungen der Muskulatur. Neben einer verbesserten Körperhaltung, Entspannung und Massagen können auch Naturheilmittel therapeutisch eingesetzt werden.

Medikamente bei Muskelrheumatismus	s. Seite
Arnikablüten	→96
Birkenblätter	→113
Brennesselkraut	→121
Kampfer	→201
Eukalyptusöl	→146
Fichtennadelöl	→152
Fichtenspitzen, frische	→153
Guajakholz	→169
Heublumen	→182
Kiefernnadelöl	→208
Kiefernsprossen	→209
Lärchenterpentin	→219
Mädesüßblüten/-kraut	→230

Minzöl	→245
Pappelrinde/-blätter	→255
Paprikafrüchte	→257
Pfefferminzöl	→266
Senfsamen, weiß	→307
Terpentinöl, gereinigtes	→328
Weidenrinde	→344

6.2 Degenerative Gelenkerkrankungen (Arthrosen)

Verletzungen von Gelenken, ein Übermaß an körperlicher Arbeit, aber auch Stoffwechselkrankheiten wie Diabetes können zu einem Gelenkverschleiß führen. Arthrosen sind vorwiegend Erkrankungen des älteren Menschen.

Degenerative Gelenkerkrankungen verlaufen über Jahre hinweg mit wechselnder Symptomatik. Es kommt nach abgelaufenem Entzündungsgeschehen zu einem zunehmenden Funktionsverlust des Gelenks mit Bewegungseinschränkung und Schmerzen. Charakteristisch dafür ist der sog. Anlaufschmerz, also das Auftreten von Schmerzen bei der Bewegung aus der Ruheposition heraus.

Das Ausmaß der therapeutischen Erfolge mit pflanzlichen Heilmitteln ist bei dem wechselhaften Krankheitsbild der Arthrose nur schwer einzuschätzen. Vielfach werden die Erfolge von den Betroffenen ganz unterschiedlich bewertet.

Medikamente bei Arthrosen	s. Seite
Mistelkraut	→247
Rosmarinblätter	→285
Teufelskrallenwurzel	→330

6.3 Entzündliches Gelenkrheuma

Entzündliches Gelenkrheuma tritt bei Erkrankungen wie Morbus Bechterew, Psoriasis oder Bindegewebskrankheiten auf. Die häufigste Form ist die chronische Polyarthritis. Sie wird auch rheumatoide Arthritis genannt.

Beim entzündlichen Gelenkrheuma kommt es zu einer Schwellung, Rötung und Erhitzung des Gelenks. Das Gelenk ist morgens oft steif und schmerzt. Als Ursache wird eine Störung des Immunsystems angenommen.

Entzündliches Gelenkrheuma kann phytotherapeutisch durch **Teufelskrallenwurzel** (→**330**) unterstützt werden.

7. Stoffwechsel, Hormone

7.1 Gicht

Die **Gicht** ist eine Stoffwechselkrankheit. Sie entsteht durch eine erhöhte Harnsäuremenge im Körper, insbesondere einer Erhöhung im Blut (Hyperurikämie). Dabei lagern sich Harnsäuresalze in den Gelenken ab. Es kommt zu typischen schubweisen Gelenkschmerzen (Gichtanfall) besonders im Großzehengrundgelenk, später zur Ausbildung von Gichtknoten und chronischen Veränderungen der Gelenke.

Als Ursache kommen in Betracht eine verminderte Harnsäureausscheidung durch die Nieren, Enzymstörungen, aber auch eine Überernährung.

Zur Langzeitbehandlung der Gicht werden bevorzugt synthetische Arzneien verwendet. Im akuten Gichtanfall beweist sich die Herbstzeitlose als sehr wirkungsvolles Medikament.

Medikamente für den Gichtanfall	s. Seite
Herbstzeitlose	→**179**

7.2 Fettsoffwechselstörungen

Zu den Fettstoffwechselstörungen, s. Arteriosklerose, →**43**.

7.3 Schilddrüsenüberfunktion (Hyperthyreose)

Die Hyperthyreose ist eine endokrine Erkrankung, die zu einer gesteigerten Produktion von Schilddrüsenhormonen führt. Ihr Kennzeichen ist eine Vergrößerung der Schilddrüse. Dies ist durch Abtasten oder durch eine Ultraschalluntersuchung feststellbar.

Erste Anzeichen einer solchen Schilddrüsenerkrankung können Heißhunger, Gewichtsabnahme, Durchfälle, Unruhezustände und Schweißausbrüche sein.

Der Wirkmechanismus von Wolfstrappkraut beruht auf ihrer thyreostatischen Eigenschaft. Es kommt dabei nicht nur zur Hemmung des Jodtransportes in die Schilddrüse, sondern auch zur Hemmung der Schilddrüsenhormonfreisetzung. Bei einem Verdacht auf Schilddrüsenüberfunktion sollte stets eine Abklärung beim Arzt stattfinden.

Medikamente bei Schilddrüsenüberfunktion	**s. Seite**
Wolfstrappkraut (antithyreotrop)	**→350**

8. Schlafstörungen, Psyche

Das Auftreten von **Schlafstörungen** und Unruhezuständen, oft begleitet von Nervosität, ist eine ständig zunehmende Erscheinung der heutigen zivilisierten Welt. Unruhe- und Erregungszustände werden gefördert durch Hektik und mangelnden Rhythmus des täglichen Lebens.

8.1 Schlafstörungen

Der Mensch benötigt den regelmäßigen Schlaf zu seiner körperlichen und geistigen Erholung. Ist dieser Vorgang gestört, so liegt eine Schlafstörung vor.

Die typische Störung ist die Einschlafstörung. Trotz totaler Erschöpfung kann der Schlaf nicht gefunden werden. Rasende Gedanken halten dann oft hellwach.

Es kommen eine ganze Reihe von Ursachen in Betracht, z.B. psychische Probleme, äußere Einflüsse wie Lärm, Einnahme von Drogen oder zu viel Alkohol, aber auch andere körperliche Beschwerden, wie Erkrankungen der Nieren und Harnwege. Bei länger anhaltender Symptomatik sollte ein Arzt aufgesucht werden.

Pflanzliche **Sedativa** können gut als Beruhigungs- und (Ein-) Schlafmittel verwendet werden. Es ist keine physische oder psychische Abhängigkeit zu erwarten. Auch bei Überdosierung entsteht kein narkotischer Effekt, es wird lediglich die Schlafbereitschaft gefördert. Ein weiterer Effekt ist die Erhöhung der Leistungsfähigkeit in Streßsituationen (Prüfungen, Lampenfieber).

Medikamente bei Schlafstörungen	**s. Seite**
Baldrianwurzel (sedativ, angstlösend)	**→102**
Haferstroh	**→170**
Hopfenzapfen (beruhigend, einschlaffördernd)	**→188**
Lavendelblüten (leicht sedierend)	**→221**
Melissenblätter (mild beruhigend)	**→242**
Passionsblumenkraut	**→258**
Kava-Kavawurzelstock (sedierend, krampflösend, muskelentspannend)	**→204**

8.2 Angst-, Spannungs- und Unruhezustände

Angst- und Unruhezustände sind oft Folge von zunehmender Erschöpfung, dem Mangel an ausreichender Erholung. Innere Unruhe, Unkonzentriertheit und Erschöpfung treten meist gemeinsam auf. Oft kommen zu diesen psychischen Störungen auch noch körperliche Beschwerden hinzu, wie z.B. Durchfall, Herzklopfen oder übermäßiges Schwitzen.

Angst- und Unruhzustände sind Teil unseres heutigen Lebens. Treten sie aber in einem Übermaß auf, so können pflanzliche Heilmittel verwendet werden.
Ein vertrauensvolles Gespräch mit dem Hausarzt oder Heilpraktiker sollte dennoch gesucht werden.

Sedativa und Anxiolytika	s. Seite
Hopfenzapfen (beruhigend, einschlaffördernd)	→188
Johanniskraut (sedierend, antidepressiv und angstlösend)	→194
Kava-Kavawurzelstock (sedierend, krampflösend, muskelentspannend)	→204
Rauwolfiawurzel (adstringierend, entzündungshemmend)	→277

8.3 Erschöpfungszustände

Bei geistiger **Erschöpfung** und zur Unterstützung der allgemeinen Vitalität, z.B. in der Rekonvaleszenz, können Naturheilmittel über einen längeren Zeitraum eingenommen werden. Geistige und körperliche Aktivität werden dabei gesteigert.

Medikamente bei Erschöpfungszuständen	s. Seite
analeptische Wirkung, d.h. zentrale Erregung	
Colasamen	→127
Eleutherococcus-senticosus-Wurzel	→139
Ginkgoblätter	→161
Ginsengwurzel	→163
Mateblätter	→237

8.4 Verstimmungszustände (Depressionen)

Depressionen äußern sich durch eine gedrückte Stimmung, Freudlosigkeit, eine Antriebsstörung oder auch ein vermindertes Selbstwertgefühl. Dadurch wird die Welt, die Zukunft, das ganze bisherige Leben in Frage gestellt. Es wird nicht erkannt, daß Veränderungen möglich sind und auch vorgenommen werden können.

Depressionen stellen kein einheitliches Erkrankungsbild dar. Es werden drei verschiedene Formen unterschieden:

Form	Ursache
somatogene Depression	schwere, chronische Erkrankungen
endogene Depression	nicht genau geklärt
psychogene oder reaktive Depression	Reaktion auf traumatische Erlebnisse oder Konfliktsituationen z. B. nach Todesfällen

Die Therapie von Depressionen beruht auf drei Säulen. Zunächst sollte, soweit möglich, die Ursache beseitigt werden. Dann stehen eine Psycho- und Soziotherapie sowie die Verordnung von Psychopharmaka im Vordergrund. Pflanzliche Präparate haben hier den Vorzug. Sie zeigen weniger Nebenwirkungen als entsprechende synthetische Antidepressiva.

Generell sollte bei länger anhaltender depressiver Verstimmung ein Arzt zu Rate gezogen werden.

Mildes Antidepressivum	s. Seite
Johanniskraut (sedierend, antidepressiv, angstlösend)	**→194**

8.5 Kopfschmerzen

Kopfschmerzen können unterschiedlichste Ursachen haben. Bei länger andauernder Symptomatik sollte ein Arzt aufgesucht werden.

Kopfschmerzmittel	s. Seite
Ginkgoblätter	**→161**
Weidenrinde	**→344**

8.6 Weitere psychische Erkrankungen

Erkrankung	Phytotherapeutikum	s. Seite
Neuralgien/Verspannungen	Fichtennadelöl	**→152**
Ohrensausen	Ginkgoblätter	**→161**
Schwindel	Ginkgoblätter	**→161**

9. Haut

Viele **Hautkrankheiten** sind synthetisch-medikamentös nach wie vor nur symptomatisch zu behandeln. In den letzten Jahren hat daher das Interesse der Hautärzte an Phytopharmaka stark zugenommen.

Durch pflanzliche Heilmittel kann eine ganze Reihe von Hautkrankheiten sehr differenziert und auch über einen längeren Zeitraum behandelt werden. Dabei werden die Präparate mit Hilfe von Umschlägen oder Salben aufgetragen. Eine weitere Applikationsmöglichkeit stellen die Badezusätze aus wäßrigen Pflanzenextrakten dar.

9.1 Entzündliche Hauterkrankungen

Quälender Juckreiz, offene Hautstellen sind die klassischen Symptome bei entzündlichen Hauterkrankungen. Therapeutisch gilt bei den entzündlichen Hauterkrankungen, **Dermatitis** und **Ekzem**, stets der Grundsatz: feucht auf feucht! Puder, Pasten oder Salben sind nicht angezeigt.

Feuchte Umschläge sollten regelmäßig erneuert werden, so daß diese nie ganz trocken sind.

Medikamente bei Dermatitis	s. Seite
Arnikablüten	→96
Bockshornsamen	→117
Fichtenteer, Buchenteer, Birkenteer, Wacholderteer	→152
Eichenrinde	→137
Hamamelisblätter/-rinde	→172
Huflattichblätter	→190
Kamillentee	→198
Malvenblüten	→234
Odermenningkraut	→250
Spitzwegerichkraut	→317
Syzygiumrinde	→324
Taubnesselblüten, weiße	→325
Walnußblätter	→342

Das **chronische Ekzem**, die sog. Juckflechte ist eine juckende, schubweise auftretende, entzündliche Hauterkrankung, oft mit anschließender Verdickung der oberen Hautschicht. Am häufigsten tritt es bei Neurodermitis als sog. **atopisches Ekzem** auf.

Medikamente bei Ekzem	s. Seite
Bittersüßstengel	→**115**

9.2 Seborrhoische Hauterkrankungen

Unter einer **Seborrhö** versteht man eine anlagemäßig vermehrte Talgdrüsenproduktion, oftmals verbunden mit einer gesteigerten Schweißdrüsensekretion. Dabei spielen hormonelle Faktoren eine Rolle. Androgen wirkende Substanzen und Wärmeeinwirkung fördern eine Seborrhö ebenso wie psychische Faktoren.

Medikamente bei Seborrhö	s. Seite
Haferstroh	→**170**
Stiefmütterchenkraut (antioxidativ, entzündungshemmend)	→**321**

9.3 Wundheilung, Verbrennungen

In der Behandlung von **Wunden** und **Hauteiterungen** sind pflanzliche Heilmittel schon seit alters her bekannt. Schwere Entzündungen sollten aber mit synthetischen Präparaten behandelt werden. Salben mit pflanzenhaltigen Substanzen zeigen zwar entzündungshemmende und granulationsfördernde Eigenschaften, sind aber in der Behandlung von nässenden Oberflächen den feuchten Umschlägen in der Heilungsförderung unterlegen. Als Regel sollte gelten: zunächst Wundreinigung, dann feuchte Umschläge und erst in der Ausheilungsphase die Salbe. Anwendungsbeispiele sind u.a. **Ulcus cruris** (offenes Bein), Wundsein durch langes Liegen oder leichte Verbrennungen.

Medikamente zur Wundheilung	s. Seite
Kamillenblüten (entzündungshemmend)	→**198**
Pappelknospen	→**254**
Perubalsam (antibakteriell, granulationsfördernd)	→**260**
Ringelblumenblüten (entzündungshemmend, granulationsfördernd)	→**282**
Roßkastaniensamen (antiexsudativ, ödemverringernd)	→**286**

Sonnenhutkraut, purpurfarbenes (Stärkung des Immunsystems)	→**312**
Schachtelhalmkraut	→**296**
Zwiebel	→**354**
bei Insektenstich	
Arnikablüten	→**96**
bei Verbrennungen	**s. Seite**
Perubalsam	→**260**

9.4 Hämorrhoiden

Hämorrhoiden sind oft sehr schmerzhafte und blutende knotenförmige Erweiterungen von Arterien bzw. Venen im Rektalbereich. Hervorgerufen werden solche Erweiterungen z. B. durch harten Stuhl, langes Sitzen und auch infolge von Geburten und dem damit verbundenen Pressen.

Medikamente bei Hämorrhoiden	s. Seite
Aloe, Kap Aloe	→**86**
Faulbaumrinde	→**148**
Kreuzdornbeeren	→**215**

9.5 Frostbeulen

Frostbeulen sind chronische Kälteschäden der Haut, rundliche teigige Schwellungen, die bei Erwärmung jucken und brennen.

Medikamente bei Frostbeulen	s. Seite
Hamamelisblätter/-rinde (entzündungshemmend, adstringierend)	→**172**
Hirtentäschelkraut	→**183**
Mäusedornwurzelstock (entzündungshemmend)	→**231**
Pappelknospen (entzündungshemmend, zusammenziehend)	→**254**
Perubalsam (granulationsfördernd)	→**260**
Steinkleekraut (antiexsudativ)	→**318**

9.6 Furunkulose

Ein **Furunkel** ist eine eitrige Entzündung eines Haarfollikels bzw. einer Talgdrüse. Furunkel werden durch Bakterien, meistens durch den Staphylococcus aureus verursacht. Wenn mehrere Furunkel gleichzeitig auftreten, wird von einer Furunkulose gesprochen.

Medikamente bei Furunkulose	s. Seite
Arnikablüten	→**96**

9.7 Herpes simplex

Herpes simplex tritt mit Lippenbläschen auf und wird durch das Herpesvirus hervorgerufen. Die gruppenartige Anordnung der Bläschen ist ebenso typisch wie die Schmerzsymptomatik und der Juckreiz in der Abheilungsphase. Der Inhalt der wasserhellen Bläschen ist zunächst hoch infektiös und trübt sich dann im Verlauf eitrig ein, bevor schließlich die Bläschen eintrocknen. Die trockenen Herde sind nicht mehr infektiös. Immungeschwächte Menschen sollten sich nach Möglichkeit vor einer Infektion mit dem Herpesvirus schützen.

Rezidive treten gerne während der Monatsblutung, nach Sonneneinstrahlung oder als Begleiterscheinung anderer Infekte auf.

Medikamente bei Herpes simplex	s. Seite
Melissenblätter (antiviral)	→**242**
Sonnenhutkraut, purpurfarbenes (Stärkung des Immunsystems)	→**312**

9.8 Spitze Kondylome

Kondylome sind warzenähnliche, spitze Wucherungen (Hyperplasien) im Bereich der Genitalien und des Afters. Sie entstehen durch eine Infektion mit dem Papillomvirus und werden durch Geschlechtsverkehr übertragen. Eine fachärztliche Untersuchung ist zu empfehlen.

Medikamente bei spitzen Kondylomen	s. Seite
Podophyllumwurzelstock/-harz (antimitotisch)	→**268**

9.9 Hyperhidrosis

Eine vermehrte Schweißbildung, **Hyperhidrosis**, kann an einzelnen Stellen oder generalisiert auftreten. Vielfältige Ursachen, wie z.B. Wechseljahre der Frau (→**64**),

Schilddrüsenerkrankungen oder Kontaktallergien (→**54**), können diese erhöhten Schweißabsonderungen hervorrufen oder begünstigen.

Medikamente bei Hyperhidrosis	**s. Seite**
Hemmung der Schweißdrüsensekretion	
Salbeiblätter	→**292**
Walnußblätter	→**342**

10. Nieren, Harnwege

Phytotherapeutika bieten bei **Erkrankungen der ableitenden Harnwege** eine ganze Reihe von therapeutischen Möglichkeiten. Besonders bei Entzündungen der ableitenden Harnwege, bei Miktionsbeschwerden und vorbeugend bei der Bildung von Nieren- und Harnleitersteinen und im Rahmen der sog. Durchspülungstherapie sind pflanzliche Heilmittel besonders gut geeignet. Bei Nierenerkrankungen, insbesondere den Erkrankungen des eigentlichen Nierengewebes (Parenchym), werden Phytotherapeutika nicht oder nur in geringem Maße eingesetzt.

Grundsätzlich sollte bei der Behandlung von Erkrankungen der Harnwege auf eine vermehrte Ausscheidung mit ausreichender Flüssigkeitszufuhr geachtet werden. Bei einer Durchspülungstherapie sollten zusätzlich ca. 2-3 Liter pro Tag getrunken werden. Vorsichtig sollte man bei Herz- und Niereninsuffizienz sein! Hier besteht durch die erhöhte Trinkmenge die Gefahr einer akuten Verschlechterung des Gesundheitszustandes (Dekompensationsgefahr)!

10.1 Harnwegsinfekte

Harnwegsinfekte sind meist bakteriell-entzündliche Erkrankungen der Harnwege. Sie können auf die Blase beschränkt sein, aber auch die Nieren erfassen.

Bakterielle Entzündungen des Nierenbeckens (Pyelonephritis) und des Nierengewebes sind oft schwerwiegende Krankheitsbilder. Sie äußern sich durch Fieber, Schüttelfrost, Rücken- und Flankenschmerzen, Übelkeit, Erbrechen und eventuell Beschwerden beim Wasserlassen. Es sollte unbedingt ein Arzt aufgesucht werden.

Blasenentzündungen (Zystitis) gehen einher mit Brennen und Schmerzen beim Wasserlassen, häufigem Wasserlassen, Harndrang, unwillkürlichem Harnabgang, Unterbauchschmerzen und gelegentlich blutigem Urin.

Eine **Harnröhrenentzündung** (Urethritis) äußert sich durch Schmerzen, Beschwerden beim Wasserlassen und Ausfluß. Bei Chronizität kann als Folge eine Verengung der Harnröhre auftreten.

Antibiotika werden bei der Behandlung insbesondere von chronischen, symptomarmen Harnwegsinfekten inzwischen nicht mehr so häufig eingesetzt wie noch vor wenigen Jahren. Pflanzliche Medikamente bieten hier eine sinnvolle

Alternative. Die schwach antibakteriell wirksamen Naturheilmittel beschleunigen die Ausscheidung der Keime aus dem Harntrakt.

Medikamente bei Harnwegsinfekten	**s. Seite**
Bärentraubenblätter (harndesinfizierend)	→**100**
Goldrutenkraut (harntreibend, entzündungshemmend, krampflösend)	→**166**
Meerrettichwurzel (antimikrobiell)	→**238**
Orthosiphonblätter (harnfördernd, krampflösend)	→**253**

Durch Stimulation der Immunabwehr können **chronisch-wiederkehrende Harnwegsinfekte** verhindert werden. Zumindest kann die Zeitspanne bis zum Auftreten der nächsten Erkrankung verlängert werden.

Medikamente bei rezidivierenden Harnwegsinfekten	**s. Seite**
Sonnenhutkraut, purpurfarbenes (Stärkung des Immunsystems)	→**312**

10.2 Durchspülungstherapie

Bei Erkrankungen der Harnwege ist eine Erhöhung der Harnausscheidung (Diurese) von therapeutischem Vorteil. Um diese pflanzlichen Diuretika von den synthetischen abzugrenzen, werden sie auch Aquaretika genannt.

Eine Durchspülungstherapie mit Aquaretika macht insbesondere Sinn bei unspezifischen Schmerzen beim Wasserlassen, bei der Reizblase, zur Vorbeugung bei Urolithiasis (Bildung von Nieren- und Harnleitersteinen) und bei Harnwegsinfekten (→**59**).

Aquaretika	**s. Seite**
Birkenblätter	→**113**
Brennesselkraut	→**121**
Goldrutenkraut	→**166**
Hauhechelwurzel	→**175**
Liebstöckelwurzel	→**225**
Löwenzahnwurzel/-kraut	→**228**
Orthosiphonblätter	→**253**
Petersilienkraut/-wurzel	→**263**

Queckenwurzelkraut	→**272**
Sandelholz, weiß	→**294**
Schachtelhalmkraut	→**296**
Spargelwurzelstock	→**315**
Wacholderbeeren	→**340**

10.3 Nieren- und Harnleitersteine

Beim erstmaligen Auftreten von **Steinen in den Nieren** und den ableitenden Harnwegen (**Urolithiasis**) spielen Phytotherapeutika nur eine untergeordnete Rolle. Pflanzliche Heilmittel werden dann diuretisch. also im Sinne einer Durchspülungstherapie (→**60**) eingesetzt.

Bei der **Vorbeugung von Steinleiden** spielen Phytotherapeutika eine wichtige Rolle. Dem Wiederauftreten einer Urolithiasis kann durch folgende Medikamente entgegengewirkt werden:

Vorbeugende Medikamente bei Steinleiden (Urolithiasis)	s. Seite
Goldrutenkraut	→**166**
Hauhechelwurzel	→**175**
Orthosiphonblätter	→**253**

Beim Auftreten von sog. **Nierengrieß** kann auch eine sog. Durchspülungstherapie durchgeführt werden (→**60**). Hierbei werden insbesondere Birkenblätter (→**113**) und Brennesselkraut (→**121**) verwendet.

10.4 Harnwegskoliken

Durch den Abgang von Nieren- und Harnleitersteinen (→**61**) kann es zu krampfartigen Schmerzen im Bereich der ableitenden Harnwege kommen (Harnwegskoliken).

Medikamente bei Harnwegskoliken	s. Seite
krampflösende Wirkung an der glatten Muskulatur	
Pestwurzwurzelstock	→**262**

10.5 Prostatahyperplasie

Die **Prostatahyperplasie** ist eine Vergrößerung der Vorsteherdrüse des Mannes. Es kann dabei insbesondere zu einer erschwerten Harnentleerung kommen (Miktionsbeschwerden, „Schuhpisser"). Außerdem treten häufiger Harndrang und Schmerzen beim Wasserlassen auf. Schließlich kann es sogar zum totalen Harnverhalt, dem Unvermögen, bei gefüllter Blase Wasser zu lassen, oder zum Nierenversagen kommen. Die gutartige Vergrößerung der Prostata ist eine Domäne der Phytotherapie.

Medikamente bei Prostatahyperplasie	s. Seite
Brennesselwurzel	→**122**
Kürbissamen	→**218**
Pappelrinde/-blätter	→**255**
Sägepalmenfrüchte	→**290**
Gartenbohnenhülsen, samenfreie	→**118**

10.6 Funktionelle Beschwerden

Die **Enuresis nocturna** ist das nächtliche **Einnässen** des Kindes. Die unwillkürliche Blasenentleerung nach Vollendung des 4. Lebensjahrs ist entweder psychisch oder organisch bedingt. Phytotherapeutisch kann **Johanniskraut** (→**194**) zum Einsatz kommen.

Die sog. **Reizblase**, die v.a. bei Frauen vorkommt, ist gekennzeichnet durch häufigen Harndrang und eine vermehrte Miktionsfrequenz, also eine erhöhte Häufigkeit des Wasserlassens. Bei der Reizblase können **Sägepalmenfrüchte** (→**290**) und **Kürbissamen** (→**218**) verordnet werden.

Bei **Impotenz**, d.h. der Unfähigkeit des Mannes, den Geschlechtsakt auszuüben, sollen Sägepalmenfrüchte (→**290**) Wirkung zeigen.

11. Gynäkologische Erkrankungen

Um schwerwiegende Frauenkrankheiten auszuschließen, sollte vor der Verordnung und Einnahme von Naturheilmitteln eine fachärztliche Untersuchung stattfinden. Oft stellen Phytotherapeutika dann eine sinnvolle Ergänzung zu anderen schulmedizinischen Therapieformen dar.

11.1 Schmerzhafte Regelblutung (Dysmenorrhö)

Dysmenorrhöen sind schmerzhafte Regelblutungen. Häufige Symptome sind Bauch- und Rückenschmerzen während der Monatsblutung.

Medikamente bei Dysmenorrhö	s. Seite
Gänsefingerkraut (Erhöhung des Muskeltonus an der Gebärmutter und eine Erhöhung der Kontraktionsfrequenz)	**→157**
Traubensilberkerzen-Wurzelstock (östrogenartige Wirkung)	**→336**

11.2 Menorrhagien, Metrorrhagien

Eine zu lange und außerhalb der Regelblutungszeit auftretende Monatsblutung wird **Menorrhagie** genannt, eine zu lange dauernde Regelblutung **Metrorrhagie**.

Einmalige Verschiebungen bzw. Veränderungen der Monatsblutung benötigen zunächst keine Therapie. Sie sollten allerdings weiter beobachtet werden.

Medikamente bei Menor- und Metrorrhagien	s. Seite
Hirtentäschelkraut führt zu Uteruskontraktionen	
Hirtentäschelkraut	**→183**

11.3 Prämenstruelles Syndrom (PMS)

Unter dem **prämenstruellen Syndrom** versteht man körperliche und psychische Veränderungen, die ca. 7-10 Tage vor der Regelblutung eintreten und mit dem Beginn der Blutung wieder verschwinden.

Medikamente bei prämenstruellem Syndrom	s. Seite
Normalisierung des Hormonhaushalts (Prolaktin)	
Keuschlammfrüchte	**→206**
Mönchspfeffer	

11.4 Beschwerden in den Wechseljahren

Die Wechseljahre bezeichnen die Zeit, in der es zum Erliegen der Zyklusfunktionen und zum Erliegen der Hormonproduktion der Eierstöcke kommt. Es kommt im Klimakterium zu unregelmäßigen Regelblutungen und vegetativen sowie psychischen Störungen. Auftreten können z.B. Hitzewallungen, Schweißausbrüche, Schwindel, Herzklopfen, Schlaflosigkeit, Antriebsschwäche, Angstgefühle, Stimmungslabilität und Depressionen. Phytotherapeutika können bei regelmäßiger Einnahme eine Linderung der Symptome bewirken.

Medikamente bei klimakterischen Beschwerden	s. Seite
Traubensilberkerzen-Wurzelstock (östrogenartige Wirkung)	→336

11.5 Uterine Blutungen

Beim Auftreten von Blutungen aus der Gebärmutter sollte zunächst immer eine fachärztliche Untersuchung stattfinden! Erst wenn klar ist, daß es sich um eine harmlose **uterine Blutung** handelt, kommen Naturheilmittel zum Einsatz.

Medikamente bei uteriner Blutung	s. Seite
Hirtentäschelkraut (Förderung der Uteruskontraktionen)	→183

11.6 Fluor albus

Beim **Fluor albus**, dem weißlichen Ausfluß der Frau, kommt es zur Absonderung eines weißlichen Sekrets aus der Scheide (sog. Weißfluß). Auch hier muß zunächst eine fachärztliche Untersuchung stattfinden. Erst wenn der Ausfluß als funktionell eingestuft ist, sollte phytotherapeutisch behandelt werden.

Medikamente bei Fluor albus	s. Seite
adstringierende Wirkung	
Taubnesselblüten, weiße	→325
Frauenmantelkraut	→156

11.7 Parametropathia spastica

Unter der **Parametropathia spastica** versteht man Muskelverspannungen und Krampfzustände im kleinen Becken der Frau, ausgelöst durch neurovegetative Störungen. Die Parametropathia spastica wird auch **vegetative Dystonie des kleinen Beckens** genannt. Dabei treten krampfartige Schmerzen im Unterleib auf, mit Kreuzschmerzen, Ausfluß, Juckreiz der Scheide, Spannungsgefühlen der Brüste und Schmerzen bei der Regelblutung. Dieses psychosomatische Krankheitsbild kann unterstützend phytotherapeutisch behandelt werden.

Medikamente bei Parametropathia spastica	Wirkung	s. Seite
Schafgarbenkraut	krampflösend	→298
Schachtelhalmkraut		→296
Traubensilberkerzen-Wurzelstock	östrogenartige Wirkung	→336

11.8 Mastodynie

Die **Mastodynie** ist ein Spannungsgefühl in den Brüsten der Frau in der 2. Zyklushälfte, meist 1 Woche vor der Regelblutung und gehäuft bei Frauen ab dem 30. Lebensjahr. Gelegentlich treten dabei Stimmungsschwankungen und Übelkeit auf.

Medikamente bei Mastodynie	Wirkung	s. Seite
Keuschlammfrüchte	Normalisierung der Prolaktinausschüttung	→206
Wolfstrappkraut	antigonadotrop, prolaktinsenkend	→350
Mönchspfeffer		
Gänsefingerkraut	Förderung der Uteruskontraktionen	→157
Hirtentäschelkraut	Förderung der Uteruskontraktionen	→183
Traubensilberkerzen-Wurzelstock	östrogenähnliche Wirkung	→336

12. Immunsystem, Tumorerkrankungen

Das **Immunsystem** funktioniert durch ein komplexes Zusammenspiel vielfältiger Blutzellen und deren unterschiedliche Aufgabenverteilung. Dabei werden ganz alltägliche Angriffe von Bakterien ebenso bekämpft, wie bösartig veränderte Zellen. Erst durch Schwächung bzw. durch ein Ungleichgewicht innerhalb dieses Systems kommt es zur Erkrankung und im schlimmsten Fall zur Krebserkrankung.

Natürlich können pflanzliche Heilmittel Krebs nicht beseitigen. Bei hochdosierter Gabe können nachfolgende Medikamente aber Immunparameter beeinflussen (Vermehrung der T-Helferzellen) und erzielen so bei Tumorerkrankungen eine palliative Wirkung, also eine Verbesserung der Symptomatik.

Medikamente mit immunstimulierender Wirkung	s. Seite
Eleutherococcus-senticosus-Wurzel	→139
Heublumen	→182
Mistelkraut (zytostatisch, Immunstimulation)	→247
Sonnenhut (Stärkung des Immunsystems)	→312
Taigawurzel	
Ginsengwurzel (Infektionsschutz)	→163

Naturheilmittel

Liste der Naturheilmittel

Da in Literatur und allgemeinem Sprachgebrauch für ein und dieselbe Heilpflanze oft unterschiedliche Begriffe verwendet werden, ist auf den folgenden Seiten zunächst eine „Übersetzungsliste" aufgeführt. Aus dieser kann jeder in diesem Buch verwendete Begriff und die Seite, auf der die Pflanze dann näher erläutert wird, entnommen werden. Es wurden auch englischsprachige Begriffe mit aufgenommen. Dies ist insbesonders bei einer Recherche im Internet hilfreich.

Suchbegriff	Heilmittel (deutsch)	Heilmittel (latein.)	Englisch	Seite
A				
absinthii herba	Wermutkraut		wormwood/ vermouth	→**348**
adonidis herba	Adoniskraut		adonis	→**84**
Adoniskraut		adonidis herba	adonis	→**84**
agni casti fructus	Keuschlammfrüchte			→**206**
agrimoniae herba	Odermenningkraut			→**250**
aichemillae herba	Frauenmantelkraut			→**156**
allii cepae bulbus	Zwiebel		onion/bulb	→**354**
allii sativi bulbus	Knoblauchzwiebel		garlic	→**211**
aloe capensis	Aloe, aloe barbadensis, Kap Aloe		aloe	→**86**
Aloe, aloe barbadensis, Kap Aloe		aloe capensis	aloe	→**86**
althaeae radix/-folium	Eibischwurzel/-blätter		marshmallow	→**135**
Ananas		ananas comosus	pineapple	→**88**
ananas comosus	Ananas		pineapple	→**88**
Andornkraut		marrubii herba	horehound	→**90**
anethi fructus	Dillfrüchte		dill	→**132**
angelicae radix	Angelikawurzel			→**92**
Angelikawurzel		angelicae radix		→**92**

Suchbegriff	Heilmittel (deutsch)	Heilmittel (latein.)	Englisch	Seite
Brennesselwurzel		urticae radix	nettle	→122
Brombeerblätter		rubi fruticosi folium	blackberry/ boysenberry	→124
bursae pastoris herba	Hirtentäschelkraut		shepherd's purse	→183
C				
calendulae flos	Ringelblumenblüten		marigold	→282
camphora	Kampfer(-baum)		camphor	→201
capsici fructus	Paprikafrüchte		paprika	→257
cardamomi fructus	Kardamomen		cardamom	→203
cardui mariani fructus	Mariendistelfrüchte		milk thistle	→235
caricae papayae fructus	Melonenbaumfrüchte		melon/cantalope/cantaloupe	→244
carvi fructus, carvi aetheroleum	Kümmel, Kümmelöl		cumin/caraway	→217
caryophylli flos	Gewürznelken		clove	→159
centaurii herba	Tausendgüldenkraut			→327
chelidonli herba	Schöllkraut			→303
Chinarinde		cinchonae cortex		→125
cichorium intybus	Wegwarte		chicory	→343
cimicifuge rhizoma	Traubensilberkerzen-Wurzelstock			→336
cinchonae cortex	Chinarinde			→125
cinnamomi ceylanici cortex	Zimtrinde		cinnamon	→352
citri sinensis pericarpium	Orangenschalen		orange	→252
cnici benedicti herba	Benediktenkraut			→109
coffeae carbo	Kaffeekohle			→197
colae semen	Colasamen		cola nut	→127
Colasamen		colae semen	cola nut	→127
colchicum autumnale	Herbstzeitlose		meadow saffron	→179
condurango cortex	Condurangorinde			→128

Suchbegriff	Heilmittel (deutsch)	Heilmittel (latein.)	Englisch	Seite
Condurangorinde		condurango cortex		→128
convallariae herba	Maiglöckchenkraut		lily of the valley	→232
coriandi fructus	Korianderfrüchte		coriander/ cilantro	→214
crataegus, folium/floribus/ fructus	Weißdorn/-blätter/ -blüten/-früchte		hawthorne/ whitethorn	→346
cucurbitae peponis semen	Kürbissamen		cucurbit/ pumpkin/ gourd	→218
curcumae longae rhizoma	Curcumawurzelstock		turmeric	→130
Curcumawurzelstock	Gelbwurzel	curcumae longae rhizoma	turmeric	→130
cynarae folium	Artischockenblätter		artichoke	→98
D				
Dillfrüchte		anethi fructus	dill	→132
droserae herba	Sonnentaukraut			→314
dulcamares stipites	Bittersüßstengel		bittersweet	→115
E				
echinacae purpurae herba	Sonnenhutkraut, purpurfarbenes		sunhat	→312
Efeublätter		hederae helicis folium	ivy	→133
Eibischwurzel/-blätter		althaeae radix/-folium	marshmallow	→135
Eichenrinde		quercus cortex	oak	→137
eleutherococci senticosi radix	Eleutherococcus-senticosus-Wurzel			→139
Eleutherococcus-senticosus-Wurzel	Ginseng, sibirischer	eleutherococci senticosi radix		→139
Engelwurz	Angelikawurzel	angelicae radix		→92
Enzianwurzel		gentianae radix	gentian	→141
equiseti herba	Schachtelhalmkraut		horse tail	→296
Erdrauchkraut		fumariae herba		→143
eucalypti aetheroleum	Eukalyptusöl		eucalyptus	→146

Suchbegriff	Heilmittel (deutsch)	Heilmittel (latein.)	Englisch	Seite
eucalypti folium	Eukalyptusblätter		eucalyptus	→144
Eukalyptusblätter		eucalypti folium	eucalyptus	→144
Eukalyptusöl		eucalypti aetheroleum	eucalyptus	→146
F				
faex medicinalis	Hefe, medizinische		yeast/barm	→176
farfarae folium	Huflattichblätter		foalfoot	→190
Faulbaumrinde		frangulae cortex		→148
Fenchelfrüchte/-öl		foeniculi fructus	fennel	→150
Fichtennadelöl		piceae aetheroleum	spruce/fir	→152
Fichtenspitzen, frische		piceae turiones recentes	spruce/fir	→153
filipendulae ulmariae flos / herba	Mädesüßblüten/-kraut, Spierstaude			→230
Flohsamen		psyllii semen	psyllium	→154
Flußkraut	Eibisch	althaeae radix/-folium	marshmallow	→135
foeniculi fructus	Fenchelfrüchte/-öl		fennel	→150
foenugraeci semen	Bockshornsamen			→117
frangulae cortex	Faulbaumrinde			→148
Franzosenholz	Guajakholz, Franzosenholz	guajaci lignum		→169
Frauenmantelkraut		aichemillae herba		→156
fumariae herba	Erdrauchkraut			→143
G				
galangae rhizoma	Galgantwurzelstock			→158
galeopsidis herba	Hohlzahnkraut			→184
Galgantwurzelstock		galangae rhizoma		→158
Gänsefingerkraut		potentillae anserinae herba		→157
Gartenbohnenhülsen, samenfrei		phaseoli fructus sine semine		→118

Suchbegriff	Heilmittel (deutsch)	Heilmittel (latein.)	Englisch	Seite
Gelbwurzel	Curcumawurzelstock	curcumae longae rhizoma	turmeric	→130
gentianae radix	Enzianwurzel		gentian	→141
Gewürznelken		caryophylli flos	clove	→159
ginkgo biloba folium	Ginkgoblätter			→161
Ginkgoblätter		ginkgo biloba folium		→161
ginseng radix	Ginsengwurzel		ginseng	→163
Ginseng, sibirischer	Eleutherococcus-senticosus-Wurzel	eleutherococci senticosi radix		→139
Ginsengwurzel		ginseng radix	ginseng	→163
Glockenbilsenkraut/-Wurzelstock		scopoliae rhizoma		→165
Goldrutenkraut		solidaginis herba	goldenrod	→166
graminis flos	Heublumen			→182
graminis rhizoma	Queckenwurzelstock		couch grass	→272
grindeliae herba	Grindeliakraut			→168
Grindeliakraut		grindeliae herba		→168
guajaci lignum	Guajakholz, Franzosenholz			→169
Guajakholz		guajaci lignum		→169
H				
Haferstroh		avenae stramentum	oat	→170
hamamelidis folium/-cortex	Hamamelisblätter/-rinde			→172
Hamamelisblätter/-rinde		hamamelidis folium/-cortex		→172
Harongablätter/-rinde		harunganae folium/-cortex		→174
harpagophyti radix	Teufelskrallenwurzel, südafrikanische		devil's claw	→330
harunganae folium/-cortex	Harongablätter/-rinde			→174
Hauhechelwurzel		ononidis radix		→175

Suchbegriff	Heilmittel (deutsch)	Heilmittel (latein.)	Englisch	Seite
hederae helicis folium	Efeublätter		ivy	→133
Hefe, medizinische		faex medicinalis	yeast/barm	→176
Heidelbeeren		myrtilli fructus	huckleberry/ blueberry	→178
helichrysi flos	Ruhrkrautblüten			→289
Herbstzeitlose		colchicum autumnale	meadow saffron	→179
Herzgespannkraut		leonuri cardiacae herba	motherwort	→180
Heublumen		graminis flos		→182
hippocastani semen	Roßkastaniensamen		chestnut	→286
Hirtentäschelkraut		bursae pastoris herba	shepherd's purse	→183
Hohlzahnkraut		galeopsidis herba		→184
Holunderblüten		sambuci flos	elder	→186
Hopfenzapfen		lupuli strobulus	vine/hop	→188
Huflattichblätter		farfarae folium	foalfoot	→190
hyoscyami folium	Hyoscyamusblätter			→111
Hyoscyamusblätter		hyoscyami folium		→111
hyperici herba	Johanniskraut		rose of Sharon	→194
I				
Ingwerwurzel		zingiberis rhizoma	ginger	→191
Isländisches Moos		lichen islandicus	Iceland moss	→193
J				
Jambulbaumrinde	Syzygiumrinde	syzygii cumini cortex		→324
Johanniskraut		hyperici herba	rose of Sharon	→194
juglandis folium	Walnußblätter		walnut	→342
juniperi fructus	Wacholderbeeren		juniper	→340
K				
Kaffeekohle		coffeae carbo		→197

Suchbegriff	Heilmittel (deutsch)	Heilmittel (latein.)	Englisch	Seite
Kamillenblüten		matricariae flos	camomile	→**198**
Kampfer(-baum)		camphora	camphor	→**201**
Kardamomen		cardamomi fructus	cardamom	→**203**
Katzenpfötchen	Ruhrkrautblüten	helichrysi flos		→**289**
Kava-Kavawurzelstock		piperis methystici rhizoma		→**204**
Keuschlammfrüchte		agni casti fructus		→**206**
Kiefernadelöl		pini aetheroleum	fir/pine	→**208**
Kiefersprossen		pini turiones	fir/pine	→**209**
Knoblauchzwiebel		allii sativi bulbus	garlic	→**211**
Königskerzenblüten		verbasci flos		→**213**
Korianderfrüchte		coriandi fructus	coriander/ cilantro	→**214**
Kraftwurz	Arnika	arnica flos	arnica	→**96**
Kreuzdornbeeren		rhamni cathartici fructus		→**215**
Kümmel, Kümmelöl		carvi fructus, carvi aetheroleum	cumin/cara-way	→**217**
Kürbissamen		cucurbitae pepo-nis semen	cucurbit/ pumpkin/ gourd	→**218**
L				
lamii albi flos	Taubnesselblüten, weiße		deadnettle	→**325**
Lärchenterpentin		terebinthina lacri-cina	larch	→**219**
lavandulae flos	Lavendelblüten		lavender	→**221**
Lavendelblüten		lavandulae flos	lavender	→**221**
lecithinum ex soja	Sojalecithin		soy/soya	→**311**
Leinsamen		lini semen	linseed/flax-seed/flax seed	→**223**
leonuri cardiacae herba	Herzgespannkraut		motherwort	→**180**
levistici radix	Liebstöckelwurzel		lovage	→**225**

Suchbegriff	Heilmittel (deutsch)	Heilmittel (latein.)	Englisch	Seite
lichen islandicus	Isländisches Moos		Iceland moss	→**193**
Liebstöckelwurzel		levistici radix	lovage	→**225**
Lindenblüten		tiliae flos	lime/linden/ lime-tree	→**227**
lini semen	Leinsamen		linseed/flax-seed/flax seed	→**223**
liquiritiae radix	Süßholzwurzel		liquorice	→**322**
Löwenzahnwurzel/-kraut		taraxaci radix cum herba	dandelion	→**228**
lupuli strobulus	Hopfenzapfen		vine/hop	→**188**
lycopi herba	Wolfstrappkraut			→**350**
M				
Mädesüßblüten/-kraut		filipendulae ulmariae flos / herba		→**230**
Maiglöckchenkraut		convallariae herba	lily of the valley	→**232**
malvae flos/-folium	Malvenblüten/-blätter		hollyhock/ malva/mallow	→**234**
Malvenblüten/-blätter		malvae flos/-folium	hollyhock/ malva/mallow	→**234**
Malve, weiße	Eibisch, Flußkraut	althaeae radix/-folium	marshmallow	→**135**
Mariendistelfrüchte		cardui mariani fructus	milk thistle	→**235**
marrubii herba	Andornkraut		horehound	→**90**
mate folium	Mateblätter			→**237**
Mateblätter		mate folium		→**237**
matricariae flos	Kamillenblüten		camomile	→**198**
Mäusedornwurzelstock		rusci aculeati rhizoma		→**231**
Meerrettichwurzel		armoraciae rusticanae radix	horseradish	→**238**
Meerzwiebel		scillae bulbus	squill	→**240**

Suchbegriff	Heilmittel (deutsch)	Heilmittel (latein.)	Englisch	Seite
meliloti herba	Steinkleekraut		stone clover	→318
melissae folium	Melissenblätter		melissa/balm	→242
Melissenblätter		melissae folium	melissa/balm	→242
Melonenbaumfrüchte		caricae papayae fructus	melon/cantalope/cantaloupe	→244
menthae arvensis aetheroleum	Minzöl		mint	→245
menthae piperitae aetheroleum	Pfefferminzöl		peppermint	→266
menthae piperitae folium	Pfefferminzblätter		peppermint	→265
menyanthis folium	Bitterkleeblätter		bitter clover	→114
millefolii herba/-flos	Schafgarbenkraut/-blüten		yarrow	→298
Minzöl		menthae arvensis aetheroleum	mint	→245
Mistelkraut		visci albi herba	mistletoe	→247
myrrha	Myrrhe		myrrh	→249
Myrrhe		myrrha	myrrh	→249
myrtilli fructus	Heidelbeeren		huckleberry/blueberry	→178
O				
Odermenningkraut		agrimoniae herba		→250
ononidis radix	Hauhechelwurzel			→175
Orangenschalen		citri sinensis pericarpium	orange	→252
Orthosiphonblätter		orthosiphonis folium		→253
orthosiphonis folium	Orthosiphonblätter			→253
P				
Pappelknospen		populi gemma	poplar/cottonwood	→254
Pappelrinde/-blätter		populi cortex/-folium	poplar/cottonwood	→255
Paprikafrüchte		capsici fructus	paprika	→257

Suchbegriff	Heilmittel (deutsch)	Heilmittel (latein.)	Englisch	Seite
passiflorae herba	Passionsblumenkraut		passion	→258
Passionsblumenkraut		passiflorae herba	passion	→258
Perubalsam		balsamum peruvianum		→260
Pestwurzwurzelstock		petasitidis rhizoma		→262
petasitidis rhizoma	Pestwurzwurzelstock			→262
Petersilienkraut/-wurzel		petroselini herba/-radix	parsley	→263
petroselini herba/-radix	Petersilienkraut/-wurzel		parsley	→263
Pfefferminzblätter		menthae piperitae folium	peppermint	→265
Pfefferminzöl		menthae piperitae aetheroleum	peppermint	→266
phaseoli fructus sine semine	Gartenbohnenhülsen, samenfrei			→118
piceae aetheroleum	Fichtennadelöl		spruce/fir	→152
piceae turiones recentes	Fichtenspitzen, frische		spruce/fir	→153
pimpinellae radix	Bibernellwurzel		burnet	→110
pini aetheroleum	Kiefernnadelöl		fir/pine	→208
pini turiones	Kiefernsprossen		fir/pine	→209
piperis methystici rhizoma	Kava-Kavawurzelstock			→204
plantaginis lanceolatae herba	Spitzwegerichkraut		ribwort	→317
podophylli peltati rhizoma/-resina	Podophyllumwurzelstock/-harz		mandrake	→268
Podophyllumwurzelstock/-harz		podophylli peltati rhizoma/-resina	mandrake	→268
polygalae radix	Senegawurzel			→306
polygoni avicularis herba	Vogelknöterichkraut		knotgrass	→339
Pomeranzenschale		aurantii pericarpium	Seville/bitter orange	→269

Suchbegriff	Heilmittel (deutsch)	Heilmittel (latein.)	Englisch	Seite
populi cortex/-folium	Pappelrinde/-blätter		poplar/cottonwood	→255
populi gemma	Pappelknospen		poplar/cottonwood	→254
potentillae anserinae herba	Gänsefingerkraut			→157
Primelwurzel		Primulae radix	primrose	→271
primulae flos	Schlüsselblumenblüten		cowslip/ primrose	→271 →301
Primulae radix	Primelwurzel		primrose	→271
pruni spinosae fructus	Schlehdornfrüchte		blackthorn	→300
psyllii semen	Flohsamen		psyllium	→154
Purpursonnenkraut	Sonnenhutkraut, purpurfarbenes	echinacae purpurae herba	sunhat	→312
Q				
Queckenwurzelstock		graminis rhizoma	couch grass	→272
Quendelkraut		serpylli herba		→274
quercus cortex	Eichenrinde		oak	→137
R				
raphani sativi radix	Rettich		radish	→278
ratanhiae radix	Ratanhiawurzel			→275
Ratanhiawurzel		ratanhiae radix		→275
rauwolfiae radix	Rauwolfiawurzel			→277
Rauwolfiawurzel		rauwolfiae radix		→277
Rettich		raphani sativi radix	radish	→278
Rhabarber		rhei radix	pieplant/ rhubarb	→280
rhamni cathartici fructus	Kreuzdornbeeren			→215
rhei radix	Rhabarber		pieplant/ rhubarb	→280
Ringelblumenblüten		calendulae flos	marigold	→282
rosae flos	Rosenblüten		rose	→284
Rosenblüten		rosae flos	rose	→284
Rosmarinblätter		rosmarini folium	rosemary	→285

Suchbegriff	Heilmittel (deutsch)	Heilmittel (latein.)	Englisch	Seite
rosmarini folium	Rosmarinblätter		rosemary	→285
Roßkastaniensamen		hippocastani semen	chestnut	→286
rubi fruticosi folium	Brombeerblätter		blackberry/ boysenberry	→124
Ruhrkrautblüten	Katzenpfötchen	helichrysi flos		→289
rusci aculeati rhizoma	Mäusedornwurzel-stock			→231
S				
sabalis serrulati fructus	Sägepalmenfrüchte			→290
Sägepalmenfrüchte		sabalis serrulati fructus		→290
Salbeiblätter (dreilappig)		salviae trilobae folium	sage	→292
salicics cortex	Weidenrinde		willow	→344
salviae trilobae folium	Salbeiblätter (dreilap-pig)		sage	→292
sambuci flos	Holunderblüten		elder	→186
Sandelholz weiß		santali albi lignum	sandalwood	→294
saniculae herba	Sanikelkraut			→295
Sanikelkraut		saniculae herba		→295
santali albi lignum	Sandelholz weiß		sandalwood	→294
saponariae rubrae radix	Seifenwurzel, rote			→305
Schachtelhalmkraut		equiseti herba	horse tail	→296
Schafgarbenkraut/-blüten		millefolii herba/ -flos	yarrow	→298
Schlangenwurzel	Rauwolfiawurzel	rauwolfiae radix		→277
Schlehdornfrüchte		pruni spinosae fructus	blackthorn	→300
Schlüsselblumenblüten	Primel	primulae flos	cowslip/ primrose	→271 →301
Schöllkraut		chelidonli herba		→303
scillae bulbus	Meerzwiebel		squill	→240

Suchbegriff	Heilmittel (deutsch)	Heilmittel (latein.)	Englisch	Seite
scopoliae rhizoma	Glockenbilsenkraut/-Wurzelstock			→165
Seifenwurzel, rote		saponariae rubrae radix		→305
Senegawurzel		polygalae radix		→306
Senfsamen, weißer		sinapis albae semen	mustard	→307
sennae folium	Sennesblätter			→308
Sennesblätter		sennae folium		→308
serpylli herba	Quendelkraut			→274
sinapis albae semen	Senfsamen, weißer		mustard	→307
Sojalecithin		lecithinum ex soja	soy/soya	→311
solidaginis herba	Goldrutenkraut		goldenrod	→166
Sonnenhutkraut, purpurfarbenes		echinacae purpurae herba	sunhat	→312
Sonnentaukraut		droserae herba		→314
Spargelwurzelstock		asparagi rhizoma	aspargus	→315
Spierstaude	Mädesüßblüten/-kraut	filipendulae ulmariae flos / herba		→230
Spitzwegerichkraut		plantaginis lanceolatae herba	ribwort	→317
Steinkleekraut		meliloti herba	stone clover	→318
Sternanisfrüchte		anisi stellati fructus	star-anise	→320
Stiefmütterchenkraut		viloae tricoloris herba	pansy/pansies/viola	→321
Süßholzwurzel		liquiritiae radix	liquorice	→322
symphytum officiniale	Beinwellwurzel			→105
syzygii cumini cortex	Syzygiumrinde			→324
Syzygiumrinde	Jambulbaumrinde	syzygii cumini cortex		→324
T				
taraxaci radix cum herba	Löwenzahnwurzel/-kraut		dandelion	→228

Suchbegriff	Heilmittel (deutsch)	Heilmittel (latein.)	Englisch	Seite
Taubnesselblüten, weiße		lamii albi flos	deadnettle	→325
Tausendgüldenkraut		centaurii herba		→327
terebinthina lacricina	Lärchenterpentin		larch	→219
terebinthinae aetheroleum rectificatum	Terpentinöl, gereinig-tes		turpentine	→328
Terpentinöl, gereinigtes		terebinthinae aetheroleum recti-ficatum	turpentine	→328
Teufelskrallenwurzel, süd-afrikanische		harpagophyti radix	devil's claw	→330
thymi herba	Thymiankraut		thyme	→332
Thymiankraut		thymi herba	thyme	→332
tiliae flos	Lindenblüten		lime/linden/ lime-tree	→227
Tolubalsam		balsamum toluta-num		→334
tormentillae rhizoma	Tormentillwurzelstock			→335
Tormentillwurzelstock		tormentillae rhi-zoma		→335
Traubensilberkerzen-Wurzelstock		cimicifuge rhizoma		→336
U				
urticae herba/-folium	Brennesselkraut/ -blätter		nettle	→121
urticae radix	Brennesselwurzel		nettle	→122
uvae ursi folium	Bärentraubenblätter			→100
uzarae radix	Uzarawurzel			→338
Uzarawurzel		uzarae radix		→338
V				
valerianae radix	Baldrianwurzel		valerian	→102
verbasci flos	Königskerzenblüten			→213
viloae tricoloris herba	Stiefmütterchenkraut		pansy/pan-sies/viola	→321
visci albi herba	Mistelkraut		mistletoe	→247

Suchbegriff	Heilmittel (deutsch)	Heilmittel (latein.)	Englisch	Seite
Vogelknöterichkraut		polygoni aviculares herba	knotgrass	→339
W				
Wacholderbeeren		juniperi fructus	juniper	→340
Walnußblätter		juglandis folium	walnut	→342
Wegwarte		cichorium intybus	chicory	→343
Weidenrinde		salicics cortex	willow	→344
Weißdorn/-blätter/-blüten/-früchte		crataegus, folium/floribus/fructus	hawthorne/whitethorn	→346
Wermutkraut		absinthii herba	wormwood/vermouth	→348
Wolfstrappkraut		lycopi herba		→350
Z				
Zimtrinde		cinnamomi ceylanici cortex	cinnamon	→352
zingiberis rhizoma	Ingwerwurzel		ginger	→191
Zwiebel		allii cepae bulbus	onion/bulb	→354

Adoniskraut

adonidis herba

Foto: Sertürner Bildarchiv

- **Beschreibung:**
  Adoniskraut bevorzugt hohes Steppengras und sonnige Hügel. Die Pflanze steht unter Naturschutz. Adoniskraut gelangt in gebündelter Form aus getrockneten Teilen der Adonis vernalis (geruchlos und bitter) aus Bulgarien, Rußland und Ungarn in den Handel. Gesammelt wird das blühende Kraut ohne Wurzeln (April–Mai).
- **Inhaltsstoffe:**
  Enthalten sind herzwirksame Glykoside (Adonitoxin, Cymarin und Flavonoide) mit Digoxin-Digitoxin-artiger Wirkung (pharmakokinetisch verwandt mit k-Strophantin).
- **Wirkungen:**
  Die Droge enthält herzwirksame Glykoside, hauptsächlich Adonitoxin, das positiv inotrop wirkt.
- **Anwendungsgebiete:**

leichte Herzinsuffizienz (NYHA I–II)
funktionelle Herzbeschwerden (besonders bei Unruhezuständen durch die zentralsedierende Wirkung)

- **Dosierung:**

Tagesdosis	0,5g Adonispulver (max. Tagesdosis 1,0 g)

Eine Kombination mit Weißdornpräparaten (→**346**) scheint sinnvoll.

■ **Darreichungsform:**

Droge zum Einnehmen (in unterschiedlicher Zubereitung) nur in Kombinationspräparaten auf dem Markt.

■ **Handelspräparate:**

Convallysan® N, Trpf. (mit Maiglöckchen →**232**, Weißdorn →**346** u.a.)
Miroton®Drg. (Lsg. mit Meerzwiebel →**240** und Maiglöckchen →**232**), Knoll
Miroton®N forte, Drg., Trpf., Knoll

■ **Nebenwirkungen:**
Übelkeit, Erbrechen, Herzrhythmusstörungen (Nebenwirkung der Glykoside bei Überdosierung)

■ **Wechselwirkungen:**
Verstärkte Wirkung bei gleichzeitiger Gabe von Saluretika, Einnahme von Abführmitteln, Chinidin, Kalzium und bei Langzeittherapie mit Glukokortikoiden.

■ **Gegenanzeigen:**
Gleichzeitige Einnahme von Digitalispräparaten oder Kaliummangel.

Aloe, aloe barbadensis, Kap Aloe

aloe barbensis, aloe capensis

Foto: Sertürner Bildarchiv

- **Beschreibung:**
Entspricht den eingetrockneten Zellsäften aus den Blättern verschiedener Aloe-Arten, die in Ostafrika, Südafrika und auf den Antillen hergestellt werden. Curacao-Aloe besteht aus dem eingedickten Saft der Blätter von Aloe barbadensis Miller. Kap Aloe (Aloe capensis) besteht aus dem eingedickten Saft der Blätter einiger Arten der Gattung Aloe. Ost- und Südafrika sind die Urheimatgebiete, aber auch im Mittelmeerraum und in bestimmten Gegenden Indiens kommt die Pflanze vor.

- **Inhaltsstoffe:**
Aloe enthält Hydroxyanthracen-Derivate, hauptsächlich Barbaloin/Aloin, Bitterstoffe und Harze. In Kap Aloe befinden sich Aloinoside A und B.

- **Wirkungen:**
Die enthaltenen Anthranoide haben eine abführende Wirkung. Es kommt zur Volumenzunnahme des Darminhalts, zur Verstärkung des Füllungsdrucks und so zur Anregung der Darmperistaltik.

- **Anwendungsgebiete:**

Verstopfung (Obstipation)
Analfissuren, Hämorrhoiden oder bei rekto-analen Eingriffen Reduzierung der Preßarbeit durch weiche Stühle (bei Herzinsuffizienz oder Schlaganfall)

- **Dosierung:**

Tagesdosis	0,05g–0,2g Aloepulver mit kochendem Wasser aufgießen. Max. 1–2 Wochen anwenden.

■ **Darreichungsformen:**

Pulver, Trockenextrakt in flüssiger und fester Form zur oralen Anwendung.

■ **Handelspräparate:**

Aloe-Trockenextrakt	**Kräuterlax®**A Kräuter-Drg., Dolorgiet
Aloe-Extrakt	**Dr. Janssens Teebohnen®**N normal/verstärkt, Dr. Janssen **Rheogen®** Drg., Rhobugen
Trockenextrakt aus Kap-Aloe	**Aristo L®** Kps., Steiner

■ **Nebenwirkungen:**
Bei kurzfristiger Anwendung sind keine bekannt. Bei Mißbrauch können Elektrolytverluste auftreten. Es kann zur harmlosen Rotfärbung der Urins kommen.

■ **Wechselwirkungen:**
Bei chronischem Gebrauch ist eine Verstärkung der Herzglykosidwirkung möglich (durch den auftretenden Kaliummangel).

■ **Gegenanzeigen:**
Unklare Bauchbeschwerden, Darmverschluß (Ileus), während der Schwangerschaft und Stillzeit.

Ananas

ananas comosus

- **Beschreibung:**
Die Ananaspflanze (Ananas comosus, Familie Bromeliaceae) ist ursprünglich heimisch in Mittel- und Südamerika sowie in Westindien. Zur Arzneimittelherstellung werden sowohl die Früchte als auch die Stengel verwendet. Darin enthalten sind Gemische aus eiweißspaltenden (proteolytischen) Enzymen. Die bei der Ernte anfallenden Ananasstengel (Herstellungsländer: Hawaii, Taiwan, Japan) werden mit Wasser ausgepreßt. Es werden zwei Handelssorten unterschieden: Stengelbromelain und Fruchtbromelain.
- **Inhaltsstoffe:**
Das ausgepreßte Extrakt enthält wäßrige Enzyme und andere Eiweiße, die mittels Azeton und Methanol ausgefällt, gesammelt und dann getrocknet werden. Außerdem sind Zucker, Vitamin C, Mineralstoffe, Fruchtsäuren, Vanillin und eine geringe Menge an ätherischem Öl enthalten.
- **Wirkungen:**
Bromelain zeigt in Experimenten entzündungshemmende (antiphlogistische) Wirkung und Einflüsse auf die Blutgerinnung (Verlängerung von Blutungs- und Prothrombinzeit, verlängerte Reaktionszeiten im Thrombelastogramm, Hemmung der Thrombozytenaggregation). Weiterhin konnte eine günstige Wirkung bei posttraumatischen und postoperativen Schwellungen festgestellt werden.
- **Anwendungsgebiete:**

Traumatische Ödeme
Verdauungsbeschwerden im Rahmen von Pankreaserkrankungen

Dosierung:

Tagesdosis	80–400 mg Rohbromelain (entspricht 200–1000 FIP-Einheiten)

Darreichungsformen:

Rohbromelain für galenische Zubereitungen als Obst.

Handelspräparate:

Bromelain-POS® Tbl., Ursapharm
Traumanase® Drg., -forte Drg., Nattermann
Wobenzym® N, Drg., Granulat (mit Pankreatinin, Papain →**244** und Rutosid →**286**)

Nebenwirkungen:
Magenbeschwerden, gelegentlicher Durchfall, evtl. leichte Hautirritationen in Form von Rötungen und/oder Juckreiz.

Wechselwirkungen:
Bei gleichzeitiger Therapie mit Antikoagulanzien verstärken sich die Wirkungen auf die Blutgerinnung.

Gegenanzeigen:
Blutungsneigung, Schwangerschaft (evtl. embryotoxisch, Blutungsgefahr), Koagulopathie, schwere Leber- und Nierenschäden.

Andornkraut

marrubii herba

Foto: A. Brousseau, E. Vogel

- **Beschreibung:**
  Besteht aus dem zur Blütezeit (Juni–September) geernteten Kraut von marrubium vulgare (Lippenblütlergewächs). Die Heimat der Pflanze ist Südeuropa. Sie wächst auf Schuttplätzen, an Hecken und Zäunen. Zur Zeit wird die Droge zur Medikamentenherstellung aus Osteuropa und Marokko bezogen.
- **Inhaltsstoffe:**
  Bitterstoffe, Gerbstoffe und geringer Anteil an ätherischen Ölen.
- **Wirkungen:**
  Durch den Bitterstoffgehalt der Pflanze wirkt diese bei Appetitlosigkeit und Dyspepsie. Der Gerbstoffgehalt ermöglicht eine Anwendung bei Katarrhen der Atemwege.
- **Anwendungsgebiete:**

Appetitlosigkeit (besonders in Kombination mit anderen Bitterstoffdrogen)
Erkältungskrankheiten (besonders bei Husten)
Durchfall

- **Dosierung:**

Tagesdosis	4,5g Droge oder 2–6 Eßlöffel Preßsaft

■ **Darreichungsformen:**

als Tee	1 Teelöffel feingeschnittene Droge mit 1 Tasse kochendem Wasser übergießen, 10 Min. ziehen lassen, danach abseihen. Bei Verdauungsbeschwerden vor den Mahlzeiten 1 Tasse trinken. Bei Erkältungskrankheiten mehrmals tgl. 1 Tasse mit Honig gesüßt zu sich nehmen.
als Preßsaft	aus frischem Andornkraut Saft durch Abpressen herstellen und 3x tgl. zu den Mahlzeiten 1 Eßlöffel davon einnehmen.

Eine kombinierte Einnahme mit Pfefferminze →**265**, Löwenzahn →**228** und Curcuma →**130** in Magen-Darm-Mitteln ist sinnvoll.

■ **Handelspräparate:**
Freie Rezeptur zur Anwendung als Tee möglich.

Andornkraut-Fluidextrakt	**Angocin**® Bronchialtrpf., Repha

■ **Nebenwirkungen, Wechselwirkungen und Gegenanzeigen:**
Keine bekannt.

Angelikawurzel, Engelwurz

angelicae radix

Foto: A. Brousseau, E. Vogel

- **Beschreibung:**
  Die Angelikawurzel ist der unterirdische Teil der im nördlichen Europa verbreiteten Angelica archangelica und gehört zur Familie der Doldenblütler. Angelikawurzel besteht aus den getrockneten Wurzeln und Wurzelstöcken von angelica archangelica und deren Zubereitungen. Bevorzugt wachsend an Flußufern und auf Wiesen.
- **Inhaltsstoffe:**
  Die Droge enthält ätherische Öle, Bitterstoffe, Gerbstoffe, Harze, Wachse, Cumarin und Cumarinderivate (z.B. Angelicin, Bergapten).
- **Wirkungen:**
  Die Droge zeigt krampflösende Wirkung an der glatten Muskulatur des Magen-Darm-Trakts. Außerdem fördert sie die Magensaftsekretion.
- **Anwendungsgebiete:**

Appetitlosigkeit (verdauungsfördernd)
dyspeptische Beschwerden (bei leichten Magenkrämpfen, Völlegefühl, Blähungen)

- **Dosierung:**

Tagesdosis	4,5g Droge

Darreichungsformen:

als Tee	1 Teelöffel der feingeschnittenen Droge mit 1 Tasse kaltem Wasser ansetzen und kurz aufkochen oder mit kochendem Wasser überbrühen. Jeweils 30 Min. vor den Mahlzeiten 1 Tasse ungesüßt trinken.
als Fluidextrakt (1:1)	1,5–3 g Droge
als Tinktur (1:5)	1,5 g
als ätherisches Öl	10 bis 20 Tropfen

Kombinationen mit anderen Bitterstoffdrogen als „Amarum" oder als Tonicum aromaticum scheinen sinnvoll. Die gleichzeitige Anwendung mit Kümmel →**217**, Fenchel →**150**, Enzianwurzel →**141** und Pfefferminzöl →**265** unterstützt die Wirkung.

Handelspräparate:

Es ist als Fertigarznei ausschließlich in Kombinationspräparaten enthalten:
Abdomilon® Liquid, Cesra
Digestivum-Hetterich® Trpf., N Trpf., Hetterich
Iberogast® Trpf., Steigerwald

Nebenwirkungen:
Die enthaltenen Furocumarine machen lichtempfindlicher und können so mit UV-Bestrahlung zu Hautentzündungen führen. Daher sollte während der Einnahme eine längere Sonneneinstrahlung vermieden werden.

Wechselwirkungen und Gegenanzeigen:
Keine bekannt.

Anisfrüchte

anisi fructus

Foto: Sertürner Bildarchiv

- **Beschreibung:**
  Beheimatet ist die Pflanze im Orient, aber auch in Rußland, Indien und im Mittelmeerraum Europas. Bei uns kommt Anis im Gewürzgarten vor. Zur Arzneimittelherstellung wird die reife Frucht einjähriger Anispflanzen gesammelt und dann getrocknet. Die Anispflanze gehört zu der Familie der Doldenblütler und blüht in den Monaten Juli bis September.
- **Inhaltsstoffe:**
  Sie enthält mindestens 2% ätherisches Öl, hauptsächlich Anethol (Phenolabkömmling).
- **Wirkungen:**
  Anis vefügt über schleimbefördernde Eigenschaften, indem das Flimmerepithel der Bronchialschleimhaut angeregt wird. Außerdem besitzt Anis krampflösende und antibakterielle Wirkungen.
- **Anwendungsgebiete:**

Husten, Blähungen, Magenbeschwerden

- **Dosierung:**

Tagesdosis	3g Droge (entsprechend 0,06g ätherisches Öl)

Darreichungsformen:

als Tee	1 gehäufter Teelöffel zerstoßene oder grob gepulverte Droge mit 1 Tasse kochendem Wasser übergießen und 10 bis 15 Min. in einem bedeckten Gefäß ziehen lassen. Danach abseihen. Mehrmals tgl. 1 Tasse trinken.
als ätherisches Öl	Mehrmals tgl. 3 Tropfen auf 1 Stück Zucker einnehmen.
als Inhalat	3–5 Tropfen ätherisches Öl in heißem Wasser etwa 10–15 Min. einatmen.
äußere Anwendung	Als halbfeste und flüssige Formen mit 5–10% Anisöl.

Kombinationen mit anderen sekretolytischen und/oder sekretomotorischen Drogen ist sinnvoll (Fenchel →**150**).

Handelspräparate:

Hauptsächlich wird Anis in Kombinationspräparaten angeboten, wie z.B. Bronchialtees oder Expektoranzien.
Aspasmon® N, Trpf. (mit Pfefferminzöl →**266** und Kümmelöl →**217**)
Bronchoforton® Kps. (mit Eukalyptusöl →**144** und Pfefferminzöl →**266**), Sanofi Winthrop
Hevert-Husten-Bronchial-Tee® (mit Lindenblüten →**227**, Thymian →**332**, Malvenblüten →**234**)
Ipalat®-Pastillen (mit Fenchelöl →**150**), Pfleger
Sinuforton® Drg., Trpf. (mit Thymian →**332**), Sanofi Winthrop

Nebenwirkungen:
Gelegentlich können allergische Hautreaktionen an der Haut, an den Atemwegen und/oder im Magen-Darm-Trakt auftreten.

Wechselwirkungen:
Keine bekannt.

Gegenanzeigen:
Allergie gegen Anis oder Anethol.

Arnikablüten

arnicae flos

Foto: A. Brousseau, E. Vogel

- **Beschreibung:**
  Arnica montana stammt aus Spanien, Italien und dem ehemaligen Jugoslawien. Arnica chamissonis ist in Nordamerika heimisch. Beide stehen unter Naturschutz. Es werden die frischen, getrockneten, ganzen oder teilweise zerfallenen Blütenstände von Arnica montana (Wundkraut, Kraftwurz) oder Arnica chamissonis (Nordamerikanischer Wiesenarnika) verwendet. Arnika wächst auf wenig oder gelegentlich gedüngten Bergwiesen und in Heidekrautbeständen im Gebirge. Die arzneilich verwendete Droge stammt aus Spanien.
- **Inhaltsstoffe:**
  Arnikablüten enthalten als Hauptbestandteile Sesquiterpenlactone, Flavonoide, ätherisches Öl mit Thymol und Thymolderivaten, Phenolcarbonsäuren, Cynarin, Kaffeesäure und Cumarine.
- **Wirkungen:**
  Bei topischer Anwendung lassen sich entzündungshemmende, schmerzlindernde und antiseptische Eigenschaften feststellen. Zusätzlich konnte im Tierexperiment bei Einnahme eine Beeinflussung der Herz-Kreislauf-Funktion durch Zunahme des Koronarflusses, durch Zunahme des Herzminutenvolumens und durch Abnahme des peripheren Widerstands registriert werden.
- **Anwendungsgebiete:**

traumatische Ödeme, Hämatome, Distorsionen (Zerrungen), Prellungen
rheumatische Muskel- und Gelenkbeschwerden

Entzündungen der Mund- und Rachenschleimhaut
oberflächliche Hautentzündungen, Furunkulose, Insektenstiche

Dosierung:

Abhängig von der Anwendung: Als Standardzulassung sollen etwa 2–3 g (1–2 Teelöffel voll) Arnikablüten mit heißem Wasser (150 ml) übergossen werden und nach 10 Min. durch ein Teesieb gegeben werden. Eine Kombination mit Kamille →**198** scheint sinnvoll.

Darreichungsformen:

als Aufguß	2 Teelöffel zerkleinerte Droge mit 1 Tasse kochendem Wasser übergießen, ca. 10 Min. ziehen lassen und danach abseihen. Mehrmals tgl. die Umschläge auf die erkrankte Körperpartie auftragen.
als Tinktur	1 Teil Arnikablüten und 10 Teile Ethanol 70% v/v DAB 10.
als Umschlag	Arnika-Tinktur 3–10fach mit Wasser verdünnen.
als Mundspülung	Tinktur 10fach verdünnen und mehrmals tgl. gurgeln.
als Salbe	10–20% Tinktur (höchstens 25%) in einer neutralen Salbengrundlage
als Öl	Auszug aus 1 Teil Droge + 5 Teilen leicht angewärmtem, fettem Pflanzenöl. Nach 30 Min. Droge abtrennen und das Arnikaöl in eine neutrale Salbengrundlage verarbeiten. Die Salbe sollte 5–10% Öl und maximal 15% Arnikaöl enthalten.

Handelspräparate:

Enthalten Arnika montana.

Arnikablüten-Fluidextrakt	**Vasotonin®** Gel, Merz + Co.
Öl-Extrakt aus Arnikablüten	**Arthrosenex®** AR Salbe, Brenner-Efeka Pharma/LAW

Arnika-Tinktur	**Arnika-Kneipp®** Salbe oder Gel, Kneipp **Arnika®**N Salbe, Spitzner/Schwabe **Arnika-Salbe LAW**, LAW **doc Salbe nach Dr. Müller-Wohlfahrt**, Sportmedizin-Team **Hoevenol®** A Einreibung, Hoernecke **Hyzum®** N, Tinktur-Lsg., Merckle

- **Nebenwirkungen:**
  Arnikatinktur in konzentrierter Form ist ein potentes Allergen und kann an bereits vorgeschädigter Haut (z.B. Ulcus cruris) Ödeme und Bläschenbildung induzieren. Bei längerer Anwendung können Ekzeme oder Nekrosen auftreten.
- **Wechselwirkungen:**
  Mit anderen Arzneimitteln keine bekannt.
- **Gegenanzeigen:**
  Allergie gegen Arnika, gegen Korbblütler (Kamillenblüten, Ringelblumen oder Scharfgarbe).

Artischockenblätter

cynarae folium

Foto: Sertürner Bildarchiv

- **Beschreibung:**
  Ursprünglich soll die Artischocke in Äthiopien beheimatet gewesen sein und kam dann im 17. Jahrhundert nach Europa. Heutzutage wird sie gezüchtet, und zwar in Italien, Spanien, Rumänien und den USA (Florida). Sie gehört in die Familie der Korbblütler. Arzneimitteltechnisch genutzt wird die gesamte Pflanze. In den Mittelmeerländern wird die Artischocke als Gemüse verzehrt. Die unteren Teile der Blütenhüllblätter und der

Blütenstandsboden werden gegessen. Zur arzneilichen Anwendung werden die Artischockenblätter verwendet. Sie bestehen aus frischen und getrockneten Laubblättern von Cynara scolymus und deren Zubereitungen. Die Blätter werden vorwiegend als Nieren- und Harntee verabreicht. Das Artischockenkraut hingegen wird als Gallenwegstherapeutikum zur Förderung der Gallensekretion und des Gallenflusses eingesetzt und beeinflußt so die Leberfunktion.

Inhaltsstoffe:

In der Droge enthalten sind Kaffeoylchinasäurederivate wie Cynarin und Bitterstoffe. Die Inhaltsstoffe regen den Gallenfluß an. Kombinationen mit anderen Gallentherapeutika sind sinnvoll.

Wirkungen:

Es konnten im Experiment gallenflußanregende (cholagoge), leberzellschützende (hepatoprotektiv) und fettsenkende (lipidsenkende) Eigenschaften nachgewiesen werden.

Anwendungsgebiete:

Verdauungsbeschwerden
vorbeugend bei Gallensteinleiden

Dosierung:

Tagesdosis	6g Droge

Darreichungsformen:

Tee	1 Teelöffel feingeschnittene Droge mit 1 Tasse Wasser übergießen und 10 Min. ziehen lassen, danach abseihen. Vor den Mahlzeiten 1 Tasse trinken.

Handelspräparate:

Artischockenpreßsaft	**florabio naturreiner Heilpflanzensaft Artischocke®** Florabio
Artischockenblätter-Extrakt	**Cynacur®** Dragees, Biocur **ratioHepar®** Dragees, ratiopharm
Artischockenblätter-Fluidextrakt	**Cyna bilisan®** Flüssigkeit, Repha **Repha Nemacynar®** Nestmann

Artischockenblätter-Trockenextrakt	**Carminagal®** N Drg., Galenika Hetterich **Cynafol®** Drg., Kanoldt **Cynarix®** N Drg., -Saft, Pflüber **Hepar-POS®** Kps., Ursapharm **Hepar-SL®** forte Kps., Sertürner **Hewechol®** Artischockendragees, Hevert **Sabona Hepagallin®** N Drg., Pflüger

- **Nebenwirkungen und Wechselwirkungen:**
  Bisher keine bekannt.
- **Gegenanzeigen:**
  Allergie gegen Artischocken und andere Korbblütler, Verschluß der Gallenwege. Bei Gallensteinleiden nur nach Rücksprache mit dem Arzt anwenden.

Bärentraubenblätter

uvae ursi folium

Foto: Sertürner Bildarchiv

- **Beschreibung:**
  Die Bärentraube ist im Aussehen der Preiselbeere sehr ähnlich und kommt weit verbreitet in der kühlgemäßigten Nadelwaldzone der nördlichen Halbkugel vor. Ihre Blütezeit sind die Monate April bis Juni. Die Herstellung der Arznei erfolgt mit den frischen und getrockneten Laubblättern von Arctostaphylos uvae ursi (Heidekrautgewächs), die im Spätsommer und im Herbst gesammelt werden.
- **Inhaltsstoffe:**
  Getrocknete Blätter enthalten 6% Hydrochinon-Derivate. Weiterhin sind in den Bärentraubenblättern Flavonoide, Gerbstoffe, organische Säuren und Monotropein enthalten.

■ **Wirkungen:**
Durch die bakteriostatisch wirkenden Hydrochinonkonjugate an der Glukuronsäure und der Schwefelsäure hat die Droge eine harndesinfizierende Wirkung. Dies setzt allerdings einen alkalischen pH-Wert des Harns voraus, den man durch reichlich Zufuhr von pflanzlichen Nahrungsmitteln erreichen kann.

■ **Anwendungsgebiete:**

entzündliche Erkrankungen der ableitenden Harnwege
Nicht längere Zeit ohne ärztlichen Rat einnehmen.

■ **Dosierung:**

Tagesdosis	10g feingeschnittene oder pulverisierte Droge (entsprechend 400–700mg Arbutingehalt)

■ **Darreichungsformen:**

als Tee-Kaltmazerat	2 Teelöffel Bärentraubenblätter mit 1 Tasse Wasser kalt ansetzen und mehrere Stunden ziehen lassen, kurz erhitzen und abseihen. Mehrmals tgl. 1 Tasse trinken.
als Tee-Aufguß	2 Teelöfel Droge mit 1 Tasse Wasser heiß aufbrühen, 5 Min. ziehen lassen, abseihen. Mehrmals tgl. 1 Tasse trinken.

■ **Handelspräparate:**

Bärentrauben-blätter-Extrakt	**Arctuvan®** N Drg., Klinge **Spreewälder Pflanzenextr. Bärentr.-blätter** N® Spreewald-Pharma
Bärentrauben-blätter-Trocken-extrakt	**Cystinol®** akut Drg., Schaper & Brümmer

■ **Nebenwirkungen:**
Übelkeit und Erbrechen.

■ **Wechselwirkungen:**
Bei anderen Arzneimitteln, die zu einer Säuerung des Harns führen, ist mit einer abgeschwächten Wirkung zu rechnen.

- **Gegenanzeigen:**
  Keine bekannt.

Baldrianwurzel

valerianae radix

- **Beschreibung:**
  Verwendet werden die sorgfältig getrockneten Wurzeln von Valeriana officinalis Linne. Baldrian ist sicherlich eine der bekanntesten Heilpflanzen überhaupt. Die Pflanze blüht in den Monaten Juni bis August. Sie wächst bei uns auf Wiesen und an Flußufern. Die Droge besteht aus Zubereitungen des Wurzelstocks, der Wurzeln und Wurzelausläufer. Die Wirksamkeit wurde zunächst nur der Valeriana officinalis zugesprochen, später kamen die Valepotriate hinzu. Der Wirkmechanismus ist bis heute nicht sicher aufgeklärt.
- **Inhaltsstoffe:**
  Die Baldrianwurzel enthält mindestens 5% ätherisches Öl. Dieses enthält Valerensäuren. Kombinationen mit Johanniskraut (Sedativum, Anxiolytikum →**194**) oder anderen mild wirkenden Sedativa scheinen sinnvoll.
- **Wirkungen:**
  Die Abbauprodukte der Valepotriate (z.B. Baldrinal, Homobaldrinal, Methylpyrrylketon) sind hauptsächlich für die sedative und angstlösende Wirkung des Baldrians verantwortlich. Die Sesquiterpene (Valerensäure) und deren Derivate besitzen dagegen eher spasmolytische und muskelrelaxierende Wirkungen.
- **Anwendungsgebiete:**

nervöse Unruhezustände (Beruhigungs-, Entspannungsmittel)
Einschlafstörungen (Schlafbereitschaft wird gefördert)

■ **Dosierung:**

Tagesdosis	max. 15 g Droge am Tag

■ **Darreichungsformen:**

als Tee	2 Teelöffel zerkleinerte Baldrianwurzel mit 1 Tasse Wasser aufgießen. Danach 5 Min. ziehen lassen und abseihen. Mehrmals am Tag eine Tasse trinken.
als Tinktur (1:5)	Mehrmaliges Einnehmen von 15–20 Trpf. über den Tag verteilt.
als Vollbad	100 g zerkleinerte Droge mit 2 l Wasser heiß aufgießen, 10 Min. abgedeckt ziehen lassen, abseihen und diesen Aufguß in das Badewasser geben.

■ **Handelspräparate:**

Baldrian-Öl	**RubieDorm** Zäpf. für Säuglinge u. Kinder, RubiePharm
Baldrianwurzel-Extrakt	**Recvalysat®** Bürger Lösung, Ysatfabrik

Baldrianwurzel-Trockenextr.	**Baldrian-Dispert**® Drg., – stark am Tag Drg., Solvay **Baldrian Lichtenstein**® Lichtenstein **Baldrian-Phyton**® Drg., -Trpf., Merckle **Benedorm**® Baldrian Drg., Asta Medica AWD **Biosedon**® Drg. (mit Hopfen →**188** und Passionsblume →**258**), Biocur **Convergal**® Kps. (mit Hopfen →**188** und Passionsblume →**258**) **Euvegal**® Drg. N (enthält Hopfen →**188**), Spitzner **Euvegal**® forte, Drg. (enthält Melisse →**242**), Spitzner **Luvased**®. Drg., Trpf. (mit Hopfenzapfenextrakt →**188**), Brenner-Efeka Pharma/LAW **Sedariston**® Trpf. (mit Johanniskraut →**194** und Melisse →**242**), Steiner **Sedariston Konzentrat**® Kps. (mit Johanniskraut →**194**), Steiner **Sedonium**® Drg., Lichtwer **Sedinfant**® Sirup (mit Melisse →**242** und Passionsblume →**258**), Biocur **Valdispert**® Drg., -125 Drg., Solvay

- **Nebenwirkungen, Wechselwirkungen und Gegenanzeigen:**
  Bisher keine bekannt.

Beinwellwurzel

symphytum officiniale

Foto: Sertürner Bildarchiv

- **Beschreibung:**
  Bereits in der asiatischen Medizin und bei der nordamerikanischen Volksmedizin der Indianer wurde Beinwellwurzel bevorzugt bei Gelenkleiden und Rheumatismus verwendet. Auch als Schmerztherapeutikum bei neuralgischen Beschwerden und bei Schmerzen, die von inneren Organen ausstrahlen, wird sie verwendet. Beinwellwurzel besteht aus frischen und getrockneten Teilen von unterirdischen Symphytum officinale, Beinwellkraut aus oberirdischen Teilen von Symphytum officinale und die Beinwellblätter aus den Blättern. Beinwellwurzel wächst bevorzugt an feuchten Stellen, z.B. Wiesen und Äckern.
- **Inhaltsstoffe:**
  Enthalten sind Allantoin, Gerbstoffe, Vitamin B_{12}, Titerpene und Schleim-Polysaccharide.
- **Wirkungen:**
  Besonders Allantoin besitzt granulationsfördernde Eigenschaften. Kallusbildung und antimitotische Wirkungen werden diesem Wirkstoff zugeschrieben.
- **Anwendungsgebiete:**

Prellungen, Zerrungen, Quetschungen, Verstauchungen, Geschwüre
Anregung der Knochenheilung (keine gesicherten Daten; da Alternativen fehlen, sollte es versucht werden)

- **Dosierung:**

Tagesdosis	maximal 1 µg 1 ppm/g bei Fertigarzneimitteln

Maximale Anwendungsdauer von 4 Wochen sollte nicht überschritten werden.

- **Darreichungsformen:**

als Salben oder andere galenische Zubereitungen (Umschläge)

- **Handelspräparate:**

Kytta Balsam® N, Merck
Kytta Plasma® Umschlagpaste (mit Lavendelöl →**221** und sibirischem Fichtennadelöl →**152**), Merck
Kytta Salbe® (mit Johanniskrautöl →**194**, Calendulaöl →**282**, Lavendelöl →**221** und sibirischem Fichtennadelöl →**152**), Merck

- **Nebenwirkungen und Wechselwirkungen:**
Sind keine bekannt.

- **Gegenanzeigen:**
Schwangerschaft, Stillzeit und Kindesalter.

Belladonna, Tollkirsche

belladonnae folium/radix

Foto: Sertürner Bildarchiv

- **Beschreibung:**
  Belladonna, die Tollkirsche, ist in Europa weit verbreitet und gehört zur Gattung der Nachtschattengewächse. Sie wächst gerne auf Kalkgestein und ist eine tödlich giftige Pflanze. Die Droge kann aus Wurzeln, aus getrockneten Blättern oder aus blühenden Zweigspitzen hergestellt werden. Meistens werden die Blätter zur Arzneimittelherstellung verwendet. Belladonnablätter werden bevorzugt zur Herstellung von Tinkturen verwendet. Die Droge wird häufig als Basis synthetischer Medikamente verwendet. Belladonna eignet sich nicht gut als Kombinationspräparat. Es sollte bevorzugt als Monopräparat eingenommen werden.
- **Inhaltsstoffe:**
  Alkaloide (hauptsächlich L-Hyposcyamin), Atropin und Skopolamin
- **Wirkungen:**
  Atropa belladonna zeigt parasymphatikolytische/anticholinerge Eigenschaften. Der neuromuskuläre Transmitter Azetylcholin wird von den Inhaltsstoffen kompetitiv gehemmt, und zwar vorwiegend die muscarinische Wirkung des Azetylcholins. Daraus resultieren die Wirkungen auf das vegetative Nervensystem, auf die glatte Muskulatur und auf das zentralnervöse Nervensystem. Spasmolytische Wirkungen zeigen sich besonders im Magen-Darm-Trakt und an der Gallenblase. Betrachtet man das Wirkprofil der Belladonnapflanze, so ergibt sich eine Alternative zu synthetischen Spasmolytika. Belladonna-Alkaloide (Skopolamin) besitzen außerdem eine antiemetische Wirkung und können so bei Übelkeit, Erbrechen und Kinetosen eingesetzt werden.

Anwendungsgebiete:

kolikartige Schmerzen im Bereich des Magen-Darm-Trakts und der Gallenwege
Bewegungskrankheiten (Kinetosen)

Dosierung:

Belladonnae pulvis normatus:

Tagesdosis	max. 0,6g Droge
Einzeldosis	0,005g–1,0g; max. 0,2g

Belladonnae radix:

Tagesdosis	max. 0,3g
Einzeldosis	0,05g; max. 0,1g

Belladonnaextrakt:

Tagesdosis	max. 0,15g
Einzeldosis	0,01g; max. 0,05g

Darreichungsformen:

Geschnittene Droge als Aufguß und als Trockenextrakte; pulverisierte Droge für andere galenische Zubereitungen und zur inneren Anwendung.

Handelspräparate:

Belladonnablätter-Extrakt	**Belladonnysat®** Bürger Lösung, Ysatfabrik **Belladonnysat®** Bürger Saft, Ysatfabrik
Extr. Radix Belladonnae sicc.	**Tremoforat®**Tbl., Klein
Kombinationspräparat	**Belladonna-Strath®** Trpf. (mit Schöllkraut →**303** u. Baldrian →**102**)

Nebenwirkungen:

Beruhen auf den obengenannten Eigenschaften und treten vorwiegend bei Überdosierungen auf: Mundtrockenheit, Krampfzustände (Überdosierung), Akkommodationsstörungen, Hautrötungen, Hauttrockenheit, Wärmestau, Abnahme der Schweißsekretion u.a.

- **Wechselwirkungen:**
  Vorsicht ist bei Kombination mit anderen Medikamenten geboten, die ein ähnliches Wirkspektrum haben, z.B. trizyklische Antidepressiva.
- **Gegenanzeigen:**
  Tachykarde Arrhythmien, Prostataadenome mit vorhandener Restharnbildung, Engwinkelglaukom, akutes Lungenödem, mechanische Verengungen im Magen-Darm-Trakt.

Benediktenkraut

cnici benedicti herba

Foto: Sertürner Bildarchiv

- **Beschreibung:**
  Stammt von der Bitterdistel (Fam. Asteraceae) ab und kommt im Mittelmeerraum als heimische Staude vor. Gesammelt werden die Blätter und die krautigen Zweigspitzen mit den Blüten.
- **Inhaltsstoffe:**
  Die Droge enthält Bitterstoffe (Cnicin, Sesquiterpenlactone) und ätherisches Öl.
- **Wirkungen:**
  Förderung von Speichel- und Magensaftsekretion.
- **Anwendungsgebiete:**

(entsprechen den Bitterstoffdrogen)
Appetitlosigkeit
dyspeptische Beschwerden

- **Dosierung:**

Tagesdosis	4–6g Droge

Darreichungsformen:

als Tee	2 Teelöffel mit 1 Tasse kochendem Wasser aufgießen, 30 Min. ziehen lassen, dann abseihen. Bis zu 3 Tassen pro Tag trinken.

Nebenwirkungen:
Allergische Reaktionen möglich.

Wechselwirkungen:
Keine bekannt.

Gegenanzeigen:
Allergie gegen Benediktenkraut oder andere Korbblütler.

Bibernellwurzel

pimpinellae radix

Beschreibung:
Die Pflanze kommt auf Wiesen, Gräbern und auf sonnigen Hängen vor. Beim Sammeln ist Vorsicht geboten, da Verwechslungsgefahr mit anderen Doldenblütlern besteht. Bibernellwurzel wird als Wurzelstock und als Wurzel im Frühjahr gesammelt und dann zubereitet. Kombinationen mit anderen Saponindrogen erscheinen sinnvoll. Ihre Blütezeit sind die Monate Juni–August.

Inhaltsstoffe:
Die Droge enthält ätherische Öle, Gerbstoffe, Cumarine und Saponine.

Wirkungen:
Die Droge zeigt sekretomotorische und sekretolytische Eigenschaften hauptsächlich an der Bronchialschleimhaut und kann somit als mildes Expektorans eingesetzt werden.

Anwendungsgebiete:

Erkältungskrankheiten (katarrhalische Infekte der Atemwege, Halsentzündungen)

■ **Dosierung:**

Tagesdosis	6–12 g Droge (6–15 ml Bibernelltinktur = 15%)

■ **Darreichungsformen:**

als Tee	2 Eßlöffel mit 1 Tasse Wasser kalt ansetzen, kurz aufkochen oder mit kochendem Wasser übergießen, nach wenigen Min. abseihen. Mehrmals tgl. 1 Tasse mit Honig gesüßt trinken.
als Tinktur	Mehrmals tgl. 20–30 Trpf. in wenig Wasser verdünnt einnehmen.

■ **Handelspräparate:**

Bronchicum® Elixier N, Rhone-Poulenc Rohrer
Melrosum®-Hustensirup N, Rhone-Poulenc Rohrer
oder freie Rezeptur

■ **Nebenwirkungen/Wechselwirkungen/Gegenanzeigen:**
Sind keine bekannt.

Bilsenkraut

hyoscyami folium

■ **Beschreibung:**
Bilsenkraut wird bis zu 60 cm hoch. Die Blüten bilden einen krugförmigen schmutziggelben Kelch. Bilsenkrautblätter, auch Hyoscyamusblätter genannt, werden getrocknet und dann zur Arzneimittelherstellung verwendet.

Bilsenkraut Photo: DHU

- **Inhaltsstoffe:**
  Enthalten sind Gesamtalkaloide von ca. 0,05%. Berechnet wird dies als Hyoscyamin und Skopolamin.
- **Wirkungen:**
  Bilsenkraut wirkt parasymphatolytisch an den muskarinartigen Rezeptoren. Dadurch kommt es zur selektiven Wirkung am vegetativen Nervensystem und an der glatten Muskulatur. Es zeigt sich auch eine leicht sedierende Wirkung.
- **Anwendungsgebiete:**

Krämpfe im Magen-Darm-Trakt

- **Dosierung:**

Tagesdosis	max. 3g (entsprechend 1,2–2,1mg Gesamtalkaloid)
Einzeldosis	0,5g (entsprechend 0,25–0,35mg Gesamtalkaloid)

- **Darreichungsformen:**
  Eingestelltes Hyoscyamuspulver und galenische Zubereitungen.
- **Handelspräparate:**
  Keine Fertigarzneimittel bekannt. Freie Rezeptur.
- **Nebenwirkungen:**
  Mundtrockenheit, Sehstörungen, Herzrhythmusbeschwerden, Miktionsstörungen.
- **Wechselwirkungen:**
  Mit anderen ähnlich wirkenden Medikamenten kommt es zur Wirkverstärkung.
- **Gegenanzeigen:**
  Herzrhythmusstörungen. Prostataleiden, Engwinkelglaukom, akutes Lungenödem, Stenosen im Magen-Darm-Trakt.

Birkenblätter

betulae folium

Foto: Sertürner Bildarchiv

- **Beschreibung:**
  Unterschieden werden die Hänge- und die Moorbirke. Die Hängebirke ist größer und bevorzugt trockene Standorte. Die Zweige sind mit warzigen Harzdrüsen besetzt. Die jungen Birkenblätter werden im Mai und Juni gesammelt und dann frisch oder getrocknet weiterverarbeitet.
- **Inhaltsstoffe:**
  Die Droge enthält Flavonoide und Saponine, Gerbstoffe und ätherisches Öl.
- **Wirkungen:**
  Bei ausreichender Trinkmenge wirkt die Droge harntreibend (Aquaretikum).
- **Anwendungsgebiete:**

Harnwegsinfekte
Nierengrieß
rheumatische Beschwerden

- **Dosierung:**

Tagesdosis	6–10g Droge

- **Darreichungsformen:**

als Tee	2 Eßlöffel mittelfeingeschnittene Droge mit 1 Tasse heißem Wasser übergießen. Zirka 10 Min. ziehen lassen und dann abseihen. Davon mehrmals tgl. 1 Tasse trinken.

- **Handelspräparate:**

Birkenblätter Pflanzensaft Kneipp® Kneipp
Blasen-Nieren-Tee Stada® N, Stada
Blasen-Nieren-Tee Uroflux® N (mit Bärentraubenblättern →**100**, Schachtelhalm →**296**, Goldrute →**166** u.a.), Rhone-Poulenc Rohrer

- **Nebenwirkungen/Wechselwirkungen:**
Sind keine bekannt.

- **Gegenanzeigen:**
Ödeme bei eingeschränkter Herz- oder Nierenfunktion.

Bitterkleeblätter

menyanthis folium

Foto: Sertürner Bildarchiv

- **Beschreibung:**
Bitterklee kommt an sumpfigen Standorten der nördlichen Zone vor und blüht in den Monaten Mai bis Juli. Zur Arzneimittelherstellung werden nur die Blätter verwendet. Heutzutage wird die Pflanze aus Rußland, aus Polen und dem ehemaligen Jugoslawien importiert.

- **Inhaltsstoffe:**
Bitterkleeblätter gehören zu den Bitterstoffdrogen. Weitere Inhaltsstoffe sind geringe Mengen an Gerbstoffen und Flavonoide. Kombination mit anderen Bitterstoffdrogen erscheint günstig.

- **Wirkungen:**
Es kommt zur Zunahme der Speichelsekretion und reflektorisch zur Magensaftproduktion.

Anwendungsgebiete:

Appetitlosigkeit
dyspeptische Beschwerden

Dosierung:

Tagesdosis	1,5g–3g Droge

Darreichungsformen:

als Tee	1 Teelöffel feingeschnittene Droge mit 1 Tasse kochendem Wasser aufbrühen oder mit kaltem Wasser ansetzen. 10 Min. ziehen lassen und dann abseihen. Eine Tasse 30 Min. vor den Mahlzeiten trinken.

Handelspräparate:
Fertigarzneien sind keine vorhanden.
Freie Rezeptur wird empfohlen.

Nebenwirkungen/Wechselwirkungen/Gegenanzeigen:
Sind keine bekannt.

Bittersüßstengel

dulcamares stipites

Beschreibung:
Die Stengel müssen 2–3 Jahre alt sein und im Frühjahr vor dem Austreiben der Blätter oder im Spätherbst nach dem Abfallen der Blätter gesammelt werden.

Foto: Sertürner Bildarchiv

Inhaltsstoffe:
Enthält Gerbstoffe, Steroidalkaloide und Steroidsaponine.

- **Wirkungen:**
  Wirkt adstringierend, antimikrobiell und schleimhautreizend. Eine anticholinerge Wirkung wird den enthaltenen Steroidalkaloiden zugeschrieben. Die antiphlogistische Wirkung beruht auf dem enthaltenen Wirkstoff Solasodin.
- **Anwendungsgebiete:**

Appetitlosigkeit
chronisches Ekzem

- **Dosierung:**

Tagesdosis	1–3 g Droge

Kombinationen mit anderen Gerbstoffen können **nicht** empfohlen werden.

- **Darreichungsformen:**

Tee-Aufguß/ Abkochung	2 Teelöffel Droge werden mit 0,5 l Wasser heiß übergossen. Ungefähr 15 Min. ziehen oder 10 Min. kochen lassen. Danach abseihen und 3x tgl. 1 Tasse trinken.
Umschlag	Mehrmals tgl. Umschlag mit der Abkochung.

- **Handelspräparate:**
  Sind keine bekannt. Freie Rezeptur.
- **Nebenwirkungen/Wechselwirkungen/Gegenanzeigen:**
  Sind keine bekannt.

Bockshornsamen

foenugraeci semen

Foto: Sertürner Bildarchiv

- **Beschreibung:**
  Bockshornklee ist ein einjähriges Kraut. Die stark riechende Pflanze gehört zu den Schmetterlingsblütengewächsen und blüht in den Monaten Mai bis Juni. Sie kommt vom Mittelmeer bis nach Zentralasien wild vor. Gesammelt werden die reifen Samen. Vor der Weiterverarbeitung müssen die Samen getrocknet werden.
- **Inhaltsstoffe:**
  Enthalten sind Schleim und Bitterstoffe. Kombination mit anderen Bitterstoffdrogen scheint sinnvoll.
- **Wirkungen:**
  Der Anwendung kann keine genaue pharmakodynamische Wirkung zugeschrieben werden.
- **Anwendungsgebiete:**

Appetitlosigkeit
lokale Entzündungen

- **Dosierung:**

Tagesdosis zur inneren Anwendung	6g Droge
Tagesdosis zur äußeren Anwendung	50g gepulverte Droge auf 1l Wasser

■ **Darreichungsformen:**

als Tee	2 Teelöffel Droge werden in 2 Tassen kaltem Wasser 3 Stunden stehengelassen und danach abgeseiht. Mit Honig gesüßt sollte 1 Tasse mehrmals tgl. getrunken werden.
als Umschlag	50g Pulver mit 1 l Wasser zu einer Paste zusammenrühren. Dieser feuchte Brei wird als Umschlag auf die entzündete Stelle gelegt.

■ **Handelspräparate:**
Fertigarzneien sind keine bekannt.

■ **Nebenwirkungen:**
Überempfindlichkeiten der Haut.

■ **Wechselwirkungen/Gegenanzeigen:**
Sind keine bekannt.

Bohne, Gartenbohnenhülsen

phaseoli fructus sine semine

Foto: Sertürner Bildarchiv

■ **Beschreibung:**
Gesammelt werden Gartenbohnenhülsen. Diese werden dann von den Samen befreit, weil diese ungekocht giftig sind. Es dürfen nur reife Hülsen verwendet werden.

■ **Inhaltssoffe:**
Enthalten sind Phaseolin, Phytoalexine und Flavonoide.

■ **Wirkungen:**
Die Droge wirkt harntreibend.

Anwendungsgebiete:

Zur Unterstützung bei erschwerter oder schmerzhafter Urinentleerung.

Dosierung:

Tagesdosis	5–15g Droge

Darreichungsformen:

als Tee	1 Eßlöffel mit 1 Tasse kochendem Wasser übergießen und ca. 10 Min. bedeckt stehenlassen, anschließend abseihen. Zwischen den Mahlzeiten 1 Tasse frisch zubereiteten Tee trinken.

Handelspräparate:
Keine Fertigarznei bekannt. Freie Rezeptur ist empfehlenswert.

Nebenwirkungen/Wechselwirkungen/Gegenanzeigen:
Sind keine bekannt.

Boldoblätter

boldo folium

Beschreibung:
Boldo ist ein immergrüner Baum, der botanisch betrachet zu den Lorbeerbaumgewächsen gehört und in Chile beheimatet ist. Verwendet werden die getrockneten Blätter.

Inhaltsstoffe:
Der eigentliche Inhaltsstoff ist das Boldin, ein Aporphinalkaloid. Weiterhin enthalten sind Flavonoide und ätherische Öle.

Wirkungen:
Alkaloide wirken krampflösend, choleretisch und fördernd auf die Magensaftsekretion.

Anwendungsgebiete:

dyspeptische Beschwerden
leichte krampfartige Magen-Darm-Störungen

Dosierung:

Tagesdosis	4,5g Droge

Darreichungsformen:

als Tee	2 Teelöffel feingeschnittene Droge mit 1 Tasse kochendem Wasser übergießen und 10 Min. ziehen lassen. Danach abseihen. 2–3x tgl. 1 Tasse warm trinken.

Handelspräparate:

Boldo Hanosan® Trpf.
(mit Löwenzahn →**228**, Curcuma →**130**, Schafgarbe →**298** u.a.)
Cynarzym® N, Drg. (mit Schöllkraut →**303**, Artischocke →**98**)

Nebenwirkungen/Wechselwirkungen:

Sind keine bekannt.

Gegenanzeigen:

Gallengangsverschluß, schwere Lebererkrankungen, keine Dauermedikation.

Brennesselkraut/-blätter

urticae herba/folium

Foto: Sertürner Bildarchiv

- **Beschreibung:**
  Die Brennessel wächst bevorzugt in der Nähe von menschlichen Behausungrn. Bereits im Altertum wurde die Brennessel verwendet. Brennesselkraut kann getrocknet oder frisch verwendet werden. Meist sammelt man die oberirdischen Anteile der Brennesselpflanze. Die Blätter werden während der Blütezeit gesammelt (am besten mit Handschuhen) und ebenfalls frisch oder getrocknet verwendet.
- **Inhaltsstoffe:**
  Brennesselkraut und Brennesselblätter enthalten Mineralsalze (Kalzium, Kaliumsalze sowie Kieselsäure). In den Haaren der Blätter sind biogene Amine, Histamin und Serotonin enthalten.
- **Wirkungen:**
  Experimentell konnte bisher nur eine gewisse diuretische Eigenschaft nachgewiesen werden (Aquaretikum). Dies scheint auf den hohen Kaliumgehalt der Droge zurückzuführen zu sein und vestärkt durch eine ausreichende Flüssigkeitszufuhr zum Tragen kommt.
- **Anwendungsgebiete:**

entzündliche Erkrankungen der ableitenden Harnwege (Durchspülungstherapie)
Vorbeugung bei Nierengrieß
rheumatische Beschwerden (Begleittherapie)

- **Dosierung:**

Tagesdosis	8–12 g Droge

- **Darreichungsformen:**

als Tee	2 Teelöffel geschnittene Brennesselblätter oder Brennesselkraut mit 1 Tasse kochendem Wasser übergießen, 10 Min. ziehen lassen, dann abseihen und mehrmals am Tag 1 Tasse trinken.
Frischsaft/Preßsaft	3x tgl. 1 Eßlöffel einnehmen.

- **Handelpräparate:**

Brennesselblätter-Fluidextrakt	**Urtica-Hevert Rheumatrofen®** Hevert
Brennessel-Trockenextrakt	**Arth-Sabona®** Drg., Sabona **Rheumaless®** Kaps., Pharmaton **Rheuma-Hek®** Kaps., Strathmann
Brennesselkraut-Preßsaft	**florabio naturreiner Heilpflanzensaft Brennessel®** Florabio **Kneipp Brennessel-Pflanzensaft®** Kneipp **Kneipp Pflanzendragee Brennessel®** Kneipp

- **Nebenwirkungen/Wechselwirkungen:**
Bisher keine bekannt.

- **Gegenanzeigen:**
Ödeme infolge eingeschränkter Herz- und Nierenfunktion.

Brennesselwurzel

urticae radix

- **Beschreibung:**
Brennesselwurzel besteht aus den unterirdischen Teilen von Urtica dioica, Urtica urens und/oder aus deren Hybriden.

- **Inhaltsstoffe:**
Die Droge enthält Sitosterin und Skopoletin.

- **Wirkungen:**
  Besonders bei Prostataleiden kann die Restharnmenge erhöht werden. Diese Wirkung wird auf Phytosterolon zurückgeführt.

- **Anwendungsgebiete:**

Miktionsbeschwerden bei Prostataadenom (Stadium I–III)

- **Dosierung:**

Tagesdosis	4–6 g Droge

- **Darreichungsformen:**

als Tee	1 Teelöffel grob gepulverte Droge mit 1 Tasse kaltem Wasser ansetzen, zum Sieden erhitzen.
als Tinktur/Spiritus (1:10)	Einige Trpf. auf die schmerzenden Stellen einreiben.

- **Handelspräparate:**

Brennesselwurzel-Extrakt	**Urtica APS**® Filmtabl., APS
Brennesselwurzel-Fluidextrakt	**Prostagalen**® Trpf., Galenika Hetterich **Prostawern Urtica**® Liquidium Trpf., Pharma Wernigerode
Brennesselwurzel-Trockenextrakt	**Bazoton**® N Kps, -uno Filmtbl., Kanoldt **Logomed**® Prostata-Kps., Logomed **Prostaforton**® Kps., Sanofi Winthrop **Prostaherb**® N Urticae Drg., Redel **Prostaneurin**® Filmtbl., Heumann **Prostata**® Stada Filmtbl., Stadapharm **Serless**® Sertürner **Uro-Pos**® Filmtabl., Ursapharm **Urtica plus**® N Kps., Hoyer **Urticaprostat**® uno Kps., Azupharm **Urticur Kps.**® Biocur **Urtipret**® Kps., Bionorica

- **Nebenwirkungen:**
  Manchmal können leichte Magen-Darm-Beschwerden auftreten.
- **Wechselwirkungen:**
  Sind keine bekannt.
- **Gegenanzeigen:**
  Sind keine zu beachten.

Brombeerblätter

rubi fruticosi folium

Foto: Sertürner Bildarchiv

- **Beschreibung:**
  Der Brombeerstrauch wuchert in der Ebene und auf den Bergen, aber auch auf Schuttplätzen und hat keine einheitliche Blütezeit. Er kann von Mai bis in den Winter hinein blühen.
  Die Blätter werden in der Blütezeit gesammelt, getrocknet und fermentiert und dann zur Drogenherstellung verwendet. Aus den Früchten kann Saft hergestellt werden.
- **Inhaltsstoffe:**
  Enthalten sind Gerbstoffe, organische Säuren, Flavonoide, Vitamin C und ätherisches Öl.
- **Wirkungen:**
  Adstringierende Wirkung an den Schleimhäuten.
- **Anwendungsgebiete:**

unspezifischer akuter Durchfall (Reise- oder Sommerdiarrhö)
leichte Entzündungen der Mund- und Rachenschleimhaut

- **Dosierung:**

Tagesdosis	4–5g Droge

■ **Darreichungsformen:**

als Tee	1 gehäufter Teelöffel feingeschnittene Droge mit 1 Tasse kochendem Wasser übergießen. 10–15 Min. ziehen lassen, danach abseihen. Mehrmals tgl. 1 Tasse zwischen den Mahlzeiten trinken oder zum Gurgeln und Spülen des Mund- und Rachenraums.

■ **Handelspräparate:**
Freie Rezeptur. Fertigarzneimittel sind keine bekannt.

■ **Nebenwirkungen/Wechselwirkungen/Gegenanzeigen:**
Keine bekannt.

Chinarinde

cinchonae cortex

■ **Beschreibung:**
Die Heimat des Chinabaums sind die Schluchten der Anden im nördlichen Südamerika. Heutzutage werden Chinabäume in Indien, im Kongo und in Java gezüchtet. Gesammelt werden die getrocknete Rinde und die Hybriden des kultivierten Baumes.

■ **Inhaltsstoffe:**
Enthalten sind Gesamtalkaloide von mindestens 30% und max. 60% vom Typ des Chinins. Außerdem enthalten sind Bitterstoffe, Gerbstoffe und Chinasäure.

■ **Wirkungen:**
Enthalten sind vor allem Chinolinalkaloide bzw. Katechingerbstoffe. Beide steigern die Speichelsekretion und Magensaftsekretion.

- **Anwendungsgebiete:**

Appetitlosigkeit
dyspeptische Beschwerden (Blähungen, Völlegefühl)

- **Dosierung:**

Tagesdosis	1–3 g Droge

- **Darreichungsformen:**

als Tee	1 Teelöffel feingeschnittene Droge mit 1 Tasse kochendem Wasser übergießen, 10 Min. ziehen lassen und danach abseihen. Zur Anregung des Appetits jeweils 30 Min. vor den Mahlzeiten 1 Tasse trinken. Bei Verdauungsbeschwerden 30 Min. nach dem Essen 1 Tasse trinken.
als Fluidextrakt (1:1)	Mehrmals tgl. 15–20 Trpf. auf 1 Glas Wasser trinken
als Trockenextrakt	3x tgl. 1 Tablette oder Kapsel einnehmen.

- **Handelspräparate:**

Amara-Trpf.-Pascoe® S, Pascoe
Marvina®-Lsg.,
Sedovent® Trpf., Pharma Schwörer

- **Nebenwirkungen:**
Bei Einnahme von chininhaltigen Medikamenten kann es zu Überempfindlichkeitsreaktionen, Allergien oder Fieber kommen. Sehr selten kann es zur Verminderung der Blutplättchen kommen.

- **Wechselwirkungen:**
Bei Gabe von Antikoagulanzien kann es zur Wirkungsverstärkung kommen.

- **Gegenanzeigen:**
Schwangerschaft, bekannte Überempfindlichkeitsreaktionen gegen Chinin und Chinidin.

Colasamen

colae semen

■ **Beschreibung:**
Die Colapflanze ist ein Baum mit bis zu 12cm langen Früchten. Ursprüngliches Vorkommen im tropischen Westafrika, heute in vielen Ländern kultiviert. Die gesammelten Samenkerne stammen von verschiedenen Spezies der Gattung Cola Schott ab. Vor der Weiterverarbeitung werden sie von ihrer Samenschale befreit.

■ **Inhaltsstoffe:**
Die Droge enthält mindestens 1,5% Methylxanthine (Koffein, Theobromin) und Gerbstoff. Kombinationen werden nicht empfohlen.

■ **Wirkungen:**
Colasamen haben ein ähnliches Wirkspektrum wie die Methylxanthine, nur in abgeschwächter Form. Methylxanthine wirken u.a. atemanaleptisch, magensäurestimulierend, mobilitätssteigernd.

■ **Anwendungsgebiete:**

Erschöpfungszustände (geistige und körperliche)

■ **Dosierung:**

Tagesdosis	2–6g Colasamen

■ **Darreichungsformen:**

Trockenextrakt	Mehrmals tgl. bis zu max. 6g (Tagesdosis) einnehmen.
Fluidextrakt	3x tgl. mit einer Einzeldosis von 2,5g Fluidextrakt einnehmen.

Tinktur	3x tgl. als Einzeldosis, als Tagesdosis bis zu 30g einnehmen.
Wein	3x tgl. 2 Likörgläser nach dem Essen max. 180g als Colawein.

- **Handelspräparate:**
  Keine Fertigarznei, freie Rezeptur empfehlenswert.
- **Nebenwirkungen:**
  Wie bei Methylxanthinen können Einschlafstörungen, Übererregbarkeit, nervöse Unruhezustände und Magenbeschwerden auftreten.
- **Wechselwirkungen:**
  Verstärkend kann die Einnahme von anderen psychoanaleptisch wirkenden Medikamenten sein, aber auch koffeinhaltige Getränke.
- **Gegenanzeigen:**
  Bei bestehenden Magen- und Zwölffingerdarmgeschwüren.

Condurangorinde

condurango cortex

- **Beschreibung:**
  Die Stammpflanze ist ein Kletterstrauch. Sie ist in Südamerika zu Hause. Condurango wächst an den Westhängen der Kordilleren. Gesammelt wird die getrocknete Rinde der Zweige und Stämme.
- **Inhaltsstoffe:**
  Die Droge enthält Bitterstoffe, das sogenannte Condurangin. Es besteht eine geringgradige Verwandtschaft zu Progesteron. Kombinationspräparate sind sinnvoll.
- **Wirkungen:**
  Die Magensaftsekretion wird durch die Bitterstoffdroge Condurangorinde reflektorisch zur Sekretion der Magensäure angeregt.

■ **Anwendungsgebiete:**

Appetitlosigkeit

■ **Dosierung:**

Tagesdosis	3–5 g Droge

■ **Darreichungsformen:**

als Tee	1 Teelöffel feingeschnittene Droge mit 1 Tasse kochendem Wasser übergießen. 10 Min. ziehen lassen, abseihen, 1 Tasse jeweils vor den Mahlzeiten trinken.
als Tinktur (1:10)	2 Kaffeelöffel vor dem Essen einnehmen.
als Fluidextrakt	½–1 Teelöffel vor den Mahlzeiten einnehmen.
als Wein	1 Likörglas vor den Mahlzeiten einnehmen.

■ **Handelspräparate:**

ausschließlich Kombinationspräparate
Carvomin® Trpf. (mit Engelwurz →**92**, Kümmel →**217**, Pfefferminze →**265** u.a.), Madaus
Pankreaplex neu® Drg. (mit Mariendistelfrüchten →**235**, Sarsaparillenwurzel ...), Schaper & Brümmer
Pascopankreat Novo® Trpf. (mit Kümmel →**217**, Kamillenöl →**198**, Fenchel →**150** u.a.), Pascoe

■ **Nebenwirkungen/Wechselwirkungen/Gegenanzeigen:**
Sind bisher keine bekannt.

Curcumawurzelstock

curcumae longae rhizoma

Foto: Sertürner Bildarchiv

- **Beschreibung:**
  Der Curcumawurzelstock oder Gelbwurzel (Ingwergewächs) wächst in Indien und wird dort zum Würzen und Färben von Speisen verwendet. Die Pflanze hat ein fingerförmiges, knollenähnliches Aussehen (ähnlich Ingwerpflanze →191) und wird im Dezember bis Januar geerntet. Heute wird sie auch in Kulturen gezüchtet, u.a. im südlichen China und in anderen tropischen und subtropischen Gebieten. Nach dem Trocknen werden die Knollen in Scheiben geschnitten und weiterverarbeitet. Häufig in Gewürzmischungen (Curry) enthalten.
- **Inhaltsstoffe:**
  Enthalten sind 3–5% Dicinnamoylmethanderivate, berechnet als Curcumin. Davon sind mindestens 3% ätherische Öle, bezogen auf die getrocknete Droge, enthalten.
- **Wirkungen:**
  Belegt ist die dyspeptische Wirkung des Curcumins. Weiterhin kann eine cholezystokinetische und antiphlogistische Wirkung beschrieben werden. Die ätherischen Öle fördern die Galleproduktion der Leber.
- **Anwendungsgebiete:**

dyspeptische Beschwerden (Völlegefühl nach den Mahlzeiten)

- **Dosierung:**

Tagesdosis	1,5g–3g Droge

Darreichungsformen:

als Tee	1–2 Teelöffel feingeschnittene Droge mit 1 Tasse Wasser heiß aufgießen. 5 Min. ziehen lassen und dann abseihen. 1 Tasse vor den Mahlzeiten trinken.
als Tinktur (1:10)	3x tgl. 10–15 Trpf. mit etwas Wasser einnehmen.
feste Formen	3x tgl. entsprechend den Inhaltsstoffen der max. Tagesdosis der Droge oder Extrakte einnehmen.
als Gewürz	Eierspeisen, Fleischgerichte, indische Küche

Handelspräparate:

Curcumawurzel-Trockenextrakt	**Chelidonium®** Drg., Lomapharm **Cholagogum N Nattermann®** Kps., Trpf. (mit Schöllkraut →**303** u. Pfefferminzöl →**266**), Nattermann **Choldestal Krugmann®** Kps., Krugmann **Multichol®** N Drg., Pharmafrid **Sergast®** Kps., Sertürner

Nebenwirkungen:
Bei Dauermedikation oder Überdosierung kann eine Magenschleimhautreizung auftreten.

Wechselwirkungen:
Sind bisher keine bekannt.

Gegenanzeigen:
Verschluß der Gallenwege und/oder Gallensteinleiden.

Dillfrüchte

anethi fructus

- **Beschreibung:**
  Dill ist ein Doldengewächs und wird hauptsächlich als Gewürz verwendet. Seine Heimat ist der Orient. Anbau heute in vielen Ländern, auch in Deutschland. Gesammelt werden die trockenen Früchte der Pflanze.
- **Inhaltsstoffe:**
  In der Droge ist karvonreiches, ätherisches Öl enthalten.
- **Wirkungen:**
  Krampflösend an der glatten Muskulatur des Magen-Darm-Trakts (karminativ) und geringfügige bakteriostatische Wirkung.
- **Anwendungsgebiete:**

dyspeptische Beschwerden (Völlegefühl und Blähungen)
appetitanregend
leicht harntreibend

- **Dosierung:**

Tagesdosis	3 g Droge (entspricht 0,1 g–0,3 g ätherisches Öl)

- **Darreichungsformen:**

als Tee	1 Teelöffel gequetschte Dillfrucht mit 1 Tasse heißem Wasser aufgießen und 5 Min. ziehen lassen, dann abseihen. 3x tgl. vor dem Essen trinken.
als ätherisches Öl	vor den Mahlzeiten 2–3 Trpf. auf einem Stück Würfelzucker vor dem Essen einnehmen.
als Gewürz	

- **Handelspräparate:**
  Dillfrüchte sind in zahlreichen Karminativa enthalten. Freie Rezeptur empfehlenswert.
- **Nebenwirkungen/Wechselwirkungen/Gegenanzeigen:**
  Sind keine bekannt.

Efeublätter

hederae helicis folium

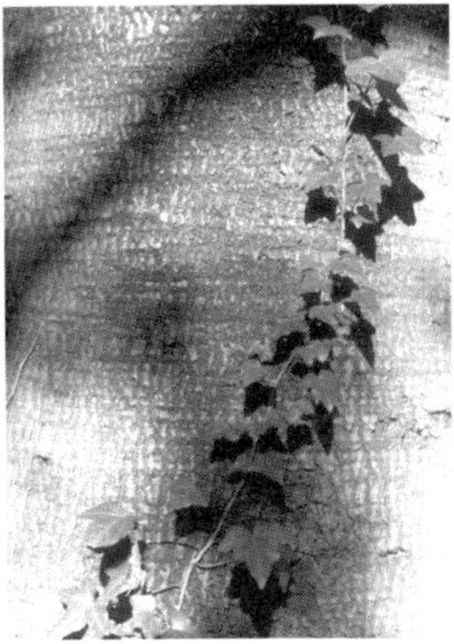

Foto: Sertürner Bildarchiv

- **Beschreibung:**
  Efeu ist in ganz Europa heimisch und blüht von August bis November. Vereinzelt kommt Efeu auf der Krim, im Kaukasus, in Kleinasien, Armenien, Zypern und im Libanon vor. Zur Zeit wird die Pflanze aus osteuropäischen Ländern importiert. Verwendet werden die Blätter und die Krautspitzen mit Blüten. Zur Weiterverarbeitung werden die Laubblätter getrocknet. Gesammelt wird im Frühjahr bis Sommer und nur aus dem unteren Bereich der nichtblühenden Pflanze.
- **Inhaltsstoffe:**
  Die Droge gehört zu den Saponindrogen, enthält Triterpensaponine, Glykoside, organische Säuren und verschiedene Mineralien.
- **Wirkungen:**
  Sekretolytische-expektorierende und spasmolytische Eigenschaften sind nachgewiesen worden.

Anwendungsgebiete:

Reizhusten
Katarrhe der Atemwege (besonders trockener Reizhusten)
Kombinationen mit anderen pflanzlichen Expektoranzien und Spasmolytika sind sinnvoll.

Dosierung:

Tagesdosis	0,5g–0,8g Droge

Darreichungsformen:

als Tee	½ Teelöffel feingeschnittene Droge mit 1 Tasse Wasser aufgießen. 10–15 Min. ziehen lassen und danach abseihen. Bis zu 3x tgl. 1 Tasse mit Honig gesüßt trinken.

Handelspräparate:

Efeublätter-Dickextrakt	**Hedelix®** Hustensaft, Trpf., Krewel Meuselbach
Efeublätter-Extrakt	**Cefapulmon®** mono Trpf., Cefak
Efeublätter-Fluidextrakt	**Hedlix®** Trpf., Krewel Meuselbach **Naranopect®** P Trpf., Pflüger
Efeublätter-Trockenextrakt	**Bronchoforton®** Trpf., Saft, Sanofi Winthrop **espa-tussin®** Hustensaft, -Trpf., Cefak **Prospan®** Trpf., Zäpfchen, Saft, Tbl., Engelhard **Sinuc®** Drg., Saft, Trpf., Biocur **Sinuc akut®** Brausetbl., Biocur
Kombinations-präparate	**Soledum®** Hustentropfen, Hustensaft, Cassella med (mit Thymian →**332**, Süßholzwurzel →**322**) **Tussiflorin®** forte, Trpf., Saft (mit Primelwurzel →**271** und Thymian →**332**),

Nebenwirkungen:
In hohen Konzentrationen können die Saponine schleimhautreizend wirken.

- **Wechselwirkungen/Gegenanzeigen:**
Sind keine bekannt.

Eibischwurzel/-blätter

althaeae radix/folium

- **Beschreibung:**
Eibisch (Flußkraut, Weiße Malve) ist eine behaarte Staude. Die Blütezeit sind die Monate Juni bis August. Vorkommen: auf salzigen Böden, feuchten Wiesen. Die Eibischwurzel wird in getrockneter, zerkleinerter, geschälter und ungeschälter Form zur Herstellung der Droge verwendet. Die Eibischblätter und Blüten sollen getrocknet eingesetzt werden.

- **Inhaltsstoffe:**
Vorwiegend sind Schleimstoffe enthalten. Kombination mit anderen Schleimdrogen oder Expektoranzien erscheinen sinnvoll.

- **Wirkungen:**
Die Reizlinderung des Hustens durch den hohen Schleimstoffgehalt ist die hauptsächliche Wirkung der Eibischpflanze.

- **Anwendungsgebiete:**

Katarrhe der Luftwege
trockener Reizhusten
Schleimhautreizungen im Mund- und Rachenraum

- **Dosierung:**

Tagesdosis	3–5g Droge

- **Darreichungsformen:**

als Tee	1 Eßlöffel Eibischwurzel oder 1 Teelöffel Eibischblätter mit 1 Tasse kaltem Wasser übergießen und 1–2 Stunden unter mehrmaligem Rühren stehenlassen, abseihen. Etwas angewärmt mehrmals tgl. 1 Tasse trinken.

- **Handelspräparate:**

Eibischwurzel-Mazerat	**Bronchitussin®** N, Tbl. **Biotuss®** N, Hustensaft, Spitzner **Eibisch Sirup®** Steigerwald

- **Nebenwirkungen:**
  Sind nicht bekannt.
- **Wechselwirkungen:**
  Resorption gleichzeitig eingenommener Medikamente kann verzögert werden.
- **Gegenanzeigen:**
  Sind keine bekannt.

Eichenrinde

quercus cortex

Foto: A. Brousseau, E. Vogel

- **Beschreibung:**
  Die Eiche kommt auf feuchten Böden, z.B. in Mischwäldern, vor. Die geschälte Rinde junger Triebe wird im Frühjahr gesammelt und getrocknet. Bevorzugt werden nur junge Zweige und Stockausschläge der Pflanze gesammelt.
- **Inhaltsstoffe:**
  Gerbstoffe und Flavonole sind die hauptsächlichen Inhaltsstoffe. Weitere sind Tannine und freie Gallussäure. Kombinationen mit anderen Gerbstoffpräparaten scheinen sinnvoll.
- **Wirkungen:**
  Gerbstoff ist adstringierend. Die Entzündungshemmung beruht auf dem Flavonolgehalt. Eichenrinde zeigt auch austrocknende Eigenschaften und sollte daher nicht länger als 1–2 Wochen angewendet werden.
- **Anwendungsgebiete:**

unspezifischer Durchfall
entzündliche Hauterkrankungen, z.B. nässende Dermatosen, juckreizstillend
Schleimhautentzündungen im Mund- und Rachenraum

- **Dosierung:**

Tagesdosis	3 g Droge

■ **Darreichungsformen:**

als Tee	½ Teelöffel feingeschnittene oder grob gepulverte Droge mit 1 Tasse kaltem Wasser ansetzen, kurz aufkochen, 5 Min. ziehen lassen, danach abseihen. Mehrmals tgl. 1 Tasse warm trinken.
als Spülung	2 Eßlöffel feingeschnittene Droge mit 3 Tassen Wasser aufkochen, 5 Min. ziehen lassen, dann abseihen. Mehrmals tgl. mit warmer Abkochung gurgeln.
als Umschlag	Mehrmals tgl. die kalte Lösung auf die erkrankte Hautstelle auflegen.
als Badezusatz	5g Droge mit 1 l Wasser aufkochen, 15–20 Min. ziehen lassen, abseihen und die Lösung in das Voll- oder Teilbad geben (Badedauer: 10–15 Min./Tag).

■ **Handelspräparate:**

Eichenrinden-Trockenextrakt	**Silvapin®** Eichenrinden-Extrakt E **Traxaton®** Tbl., Steigerwald

■ **Nebenwirkungen:**
Sind bisher keine bekannt.

■ **Wechselwirkungen:**
Resorption von Alkaloiden und anderen basischen Arzneistoffen können behindert werden.

■ **Gegenanzeigen:**
Großflächige Hautschäden, fieberhafte Infekte, Herzinsuffizienz oder Bluthochdruck. Immer dann, wenn Vollbäder im allgemeinen nicht gestattet sind.

Eleutherococcus-senticosus-Wurzel

eleutherococci senticosi radix

Beschreibung:
Eleutherococcus senticosus wird auch als „sibirischer Ginseng" bezeichnet. Es handelt sich um einen Strauch, der mit den Efeugewächsen verwandt ist. Eleutherococcus senticosus kommt in Sibirien und im nördlichen China vor. Zur Drogenherstellung wird die getrocknete Wurzel und/oder der Wurzelstock gesammelt und verarbeitet.

Inhaltsstoffe:
Die Droge enthält Phenylpropane, Lignane und Cumarinderivate. Saponine kommen nur in geringen Mengen vor (im koreanischen Ginseng →**163** vermehrt enthalten).

Wirkungen:
Innerhalb verschiedener Untersuchungsreihen konnte anhand von Streßmodellen bei Versuchstieren eine höhere Belastbarkeit bei Einnahme der Droge gezeigt werden. Weiterhin zeigte sich nach der Einnahme des Fluids bei gesunden Probanden eine Erhöhung der Lymphozyten, insbesondere der T-Lymphozyten.

Anwendungsgebiete:

Erschöpfungszustände (Müdigkeit, Schwäche, Konzentrationsschwäche)
Rekonvaleszenz
Immunstimulanz
Befindlichkeitsstörungen

Dosierung:

Tagesdosis	1–3 g Droge

Darreichungsformen:

als Tee	1 Teelöffel zerkleinerte Droge mit 1 Tasse kochendem Wasser übergießen. 15 Min. ziehen lassen, anschließend abseihen. Mehrmals tgl. ca. 1 Tasse leicht gesüßt trinken.

als Fluidextrakt (1:1)	Mehrmals tgl. 3–5 Trpf. auf 1 Glas Wasser einnehmen. Anwendungsdauer auf 3 Monate beschränken.

- **Handelspräparate:**

Eleutherococcus-senticosus-Wurzel-Fluidextr.	**Eleu-Kokk®**-M-Lsg., Pharmaton
Eleutherococcus-senticosus-Wurzel-Trockenextr.	**Eleu-Kokk®** Drg., Pharmaton **Vital-Kapseln-ratiopharm®** Kps., ratiopharm
Eleutherokokus-wurzel-Fluidextr.	**Taigutan®** Trpf., Mewes
Eleutherokokus-wurzel-Trockenextr.	**Eleutherococcus®** Lomapharm, **Sibirischer Ginseng®** Lomapharm

- **Nebenwirkungen/Wechselwirkungen:**
Ganz selten wurden Schlafstörungen beobachtet.

- **Gegenanzeigen:**
Manifester Bluthochdruck.

Enzianwurzel

gentianae radix

Foto: A. Brousseau, E. Vogel

- **Beschreibung:**
  Der gelbe Enzian wächst auf Kalkböden im Gebirge des südlichen Mitteleuropa und Südeuropa. Die Pflanze ist geschützt und darf nur aus Kulturen verwendet werden. Zur Herstellung der Droge werden getrocknete, nicht-fermentierte Wurzeln gesammelt.
- **Inhaltsstoffe:**
  Die Droge enthält Bitterstoffe. Mengenmäßig dominiert das Gentiopikrin.
- **Wirkungen:**
  Enzianwurzel ist ein typischer Vertreter der Bitterstoffdrogen und regt die Speichel- und Magensaftproduktion reflektorisch an.
- **Anwendungsgebiete:**

Appetitlosigkeit
dyspeptische Beschwerden (Völlegefühl, Blähungen)

- **Dosierung:**

Tagesdosis	2–4 g Droge
Einzeldosis	1 g Droge

- **Darreichungsformen:**

als Tee	Entweder 1 Teelöffel Enzianwurzel mit 1 Tasse Wasser kalt ansetzen, ca. 5 Min. ziehen lassen, abseihen, oder 1 Teelöffel feingeschnittene Droge mit 1 Tasse kochendem Wasser übergießen, 5 Min. ziehen lassen, dann abseihen. Den Tee 30 Min. vor den Mahlzeiten trinken.

als Tinktur (1:10)	Vor den Mahlzeiten 20–30 Tropfen in etwas Wasser einnehmen.
als Fluidextrakt	½ Likörglas unverdünnt vor den Mahlzeiten einnehmen.

- **Handelspräparate:**

Enzian-Tinktur	**Digestivum-Hetterich®** S Trpf., Hetterich
Enzianwurzel-Trockenextr.	**Enziagil®** Magenplus Kps., Sertürner
Kombinations-präparate	**Amara-Trpf.-Pascoe®** S (mit Chinarinde →**125**, Wermutkraut →**348**), Pascoe **Gastroflorin®** N Trpf. (mit Fenchel →**150**, Pfefferminzblättern →**265**), **Ullus®** Magentee

- **Nebenwirkungen:**
  In seltenen Fällen wurden bei empfindlichen Patienten Kopfschmerzen beobachtet.
- **Wechselwirkungen:**
  Sind keine bekannt.
- **Gegenanzeigen:**
  Magen- und Zwölffingerdarmgeschwüre.

Erdrauchkraut

fumariae herba

Foto: Sertürner Bildarchiv

- **Beschreibung:**
  Erdrauchkraut wächst an Schuttplätzen, auf Brachland, aber auch in Gärten und auf Ackerland.
  Es handelt sich um ein Mohngewächs.
  Gesammelt wird das Kraut ohne die Wurzeln in der Blütezeit von Juni–Juli.
- **Inhaltsstoffe:**
  Die Droge enthält als Hauptinhaltsstoff Isochinolinalkaloid und weitere Alkaloide, Bitterstoffe, Harze, Cholin, Schleimstoffe und Flavonglykoside.
- **Wirkungen:**
  Krampflösende Wirkung an den Gallenwegen und am Magen-Darm-Trakt.
- **Anwendungsgebiete:**

krampfartige Beschwerden der Gallenblase und Gallenwege
krampfartige Beschwerden des Magen-Darm-Trakts

- **Dosierung:**

Tagesdosis	6g Droge

- **Darreichungsformen:**

als Tee	2 Teelöffel zerkleinertes Erdrauchkraut mit 1 Tasse Wasser heiß aufgießen, 10 Min. ziehen lassen, dann abseihen. Mehrmals tgl. zu den Mahlzeiten 1 Tasse trinken.

Handelspräparate:

Erdrauchkraut-Fluidextr.	**Bomagall**® mono Trpf., Hevert
Erdrauchkraut-Trockenextr.	**Oddibil**® Drg., Nattermann
Fumaria-Extr.	**Bilobene**® Filmtbl., Merckle

Nebenwirkungen/Wechselwirkungen/Gegenanzeigen:
Sind keine bekannt.

Eukalyptusblätter

eucalypti folium

Foto: A. Brousseau, E. Vogel

Beschreibung:
Eukalyptus gehört zu den Myrtengewächsen. Die ursprüngliche Heimat des Eukalyptusbaumes ist Südwestaustralien und Tasmanien. Heutzutage wächst er u.a. in den Mittelmeerländern, im tropischen Asien und in Afrika. Gesammelt werden die älteren, getrockneten Laubblätter. Zur Drogenherstellung werden die Blätter und das durch Wasserdampfdestillation gewonnene Öl verwendet.

Inhaltsstoffe:
Enthalten sind mindestens 2% ätherisches Öl (Cineol) und Gerbstoffe als sogenannte Begleitstoffe.

- **Wirkungen:**
  Das ätherische Öl besitzt eine schleimlösende und krampflösende Wirkung, besonders an den Bronchien.
- **Anwendungsgebiete:**

Erkältungskrankheiten der oberen Luftwege (Husten, Bronchitis, Asthma)

- **Dosierung:**

Tagesdosis	4–6g Droge

- **Darreichungsformen:**

als Tee	2 Teelöffel feingeschnittene Eukalyptusblätter mit 1 Tasse heißem Wasser übergießen und 10 Min. ziehen lassen. Mehrmals über den Tag verteilt trinken.
als Tinktur (1:10)	Tagesdosis: 3–4g, 1 Teelöffel Tinktur mit etwas Wasser verdünnen und schluckweise über den Tag verteilt trinken

- **Handelspräparate:**
  Fertigarznei nicht bekannt. Freie Rezeptur empfohlen.
- **Nebenwirkungen:**
  Selten kann es zu Übelkeit, Erbrechen oder Durchfall kommen.
- **Wechselwirkungen:**
  Eukalyptus zeigt enzyminduzierende Wirkung in der Leber und kann somit andere Arzneimittel in ihrer Wirkung abschwächen.
- **Gegenanzeigen:**
  Entzündliche Erkrankungen des Magen-Darm-Trakts, Gallenwegserkrankungen, schwere Lebererkrankungen. Salben und andere Zubereitungen sollen nicht im Nasen-Gesichts-Bereich bei Säuglingen und Kleinkindern angewendet werden.

Eukalyptusöl

eucalypti aetheroleum

- **Beschreibung:**
  Anbaugebiete sind Neuseeland, Südamerika, Kalifornien und Südchina →144. Das Öl wird mittels Wasserdampfdestillation aus den frischen Blättern und Zweigspitzen gewonnen und dann für Balsam oder andere Einreibeformen verwendet.
- **Inhaltsstoffe:**
  Im ätherischen Eukalyptusöl sind mindestens 70% 1,8-Cineol enthalten und Begleitstoffe (Bitterstoffe, Harze u.a.).
- **Wirkungen:**
  Eukalyptusöl bewirkt eine Verflüssigung des zähen Schleims, wirkt leicht krampflösend und regt lokal die Durchblutung an.
- **Anwendungsgebiete:**

Erkältungskrankheiten (Husten, Asthma, Bronchitis)
rheumatische Beschwerden

- **Dosierung:**

Tagesdosis	0,3–0,6g Eukalyptusöl

- **Darreichungsformen:**

innere Anwendung	1 Trpf. auf ein Stück Zucker bei Bedarf einnehmen.
äußere Anwendung	– ölige und halbfeste Formen mit 5–20% ätherischem Öl – wäßrig-ethanolische Zubereitungen mit 5–10% ätherischem Öl

Handelspräparate:

Babiforton® Inhalat (mit Kiefernnadelöl →**208**, Pfefferminzöl →**266**), Sanofi Winthrop
Bronchicum® Balsam mit Eukalyptusöl, -Inhalat N, Rhone-Poulenc Rohrer
Bronchodurat® N, Salbe, Pohl-Boskamp
Bronchoforton® Kps. (mit Anisöl →**94**, Pfefferminzöl →**266**), Sanofi Winthrop
Bronchoforton® N, Salbe/Kombi (mit Kiefernnadelöl →**208**, Menthol →**266**), Sanofi Winthrop
Eucalyptus-ratiopharm® Erkältungskapseln, ratiopharm
Exeu® Kps., Biocur

Nebenwirkungen:
Sehr selten können bei innerer Anwendung Übelkeit, Erbrechen oder Durchfälle auftreten.

Wechselwirkungen:
Eukalyptus bewirkt eine Enzyminduktion in der Leber. Diese Enzyminduktion kann zur Abschwächung oder Verkürzung anderer Medikamente führen.

Gegenanzeigen:
Nur bei innerer Anwendung zu beachten: Magen-Darm-Erkrankungen, Gallenwegserkrankungen, schwere Lebererkrankungen. Bei Kleinkindern und Säuglingen sollten Eukalyptuszubereitungen nicht im Gesichtsbereich angewendet werden.

Faulbaumrinde

rangulae cortex

Foto: Sertürner Bildarchiv

Beschreibung:
Der Faulbaum ist ein baumartiger Strauch und kommt in Europa hauptsächlich in Auwäldern, an Wegrändern, Hecken und Erlenbrüchen vor. Gesammelt wird die getrocknete Rinde der Stämme und Zweige, bevorzugt im Frühjahr. Die Beeren dürfen nicht gesammelt werden, weil sie giftig sind.

Inhaltsstoffe:
Faulbaumrinde enthält mindestens 6% Hydroxyanthracen-Derivate. Auch enthalten sind Glucofrangulin A und B.

Wirkungen:
Durch den Gehalt der Anthrachinon-Glykoside bzw. deren Aglykone kommt es zur aktiven Sekretion von Elektrolyten und Wasser ins Darmlumen. Dabei kommt es gleichzeitig zur Hemmung der Wasser- und Elektrolytresorption aus dem Dickdarm. Der Darminhalt erfährt eine Volumenzunahme und regt so die Darmperistaltik an.

Anwendungsgebiete:

Verstopfung (Obstipation)
Defäkationserleichterung (Analfissuren, Hämorrhoiden)
Zur Vorbereitung von diagnostischen Eingriffen im Magen-Darm-Bereich

Dosierung:

Tagesdosis	20–180 mg Hydroxyanthracen-Derivate, maximal 1–2 Wochen

Darreichungsformen:

als Drogenpulver, Trockenextrakte, Aufgüsse	
als Tee	1 Teelöffel feingeschnittene Droge mit 1 Tasse kochendem Wasser übergießen, 10–15 Min. ziehen lassen, dann abseihen und vor dem Schlafen trinken. Mit kaltem Wasser angesetzt muß dies über Nacht ca. 12 Stunden ziehen können (Raumtemperatur), dann abseihen.

Handelspräparate:

Oft in Kombinationspräparaten enthalten.
Eupond-F® Drg.
Frux®-Drg.
Göppilax® Drg.
Hevertolax® mild, Trpf., Hevert

Nebenwirkungen:
Bei dauerndem Gebrauch kann es zu Elektrolytstörungen kommen. Selten konnten Pigmenteinlagerungen in der Darmmukosa beobachtet werden.

Wechselwirkungen:
Sollte eine Elektrolytstörung eingetreten sein, so kommt es durch den dabei aufgetretenen Kaliummangel zur Verstärkung der Herzglykosidwirkung.

Gegenanzeigen:
Darmverschluß, Schwangerschaft und Stillzeit.

Fenchelfrüchte/-öl

foeniculi fructus

Foto: A. Brousseau, E. Vogel

- **Beschreibung:**
  Der Fenchel ist im Mittelmeerraum beheimatet und wird heutzutage in fast allen südeuropäischen Ländern angebaut. Bei uns findet man ihn in Gärten. Verwendet werden die reifen Früchte, ganz selten die Wurzel. Die Pflanze blüht in den Monaten Juli bis September. Vorsicht, da Verwechslungsgefahr mit anderen Doldenblütlern besteht. Es handelt sich um Karminativa und löst bei der Einnahme ein Wärmegefühl und ein Aufstoßen aus.
- **Inhaltsstoffe:**
  Der Wirkstoff ist das ätherische Öl (mindestens 4–6%). Darin enthalten sind Fette, Eiweiße, Zucker, Anethol und Fenchon. Kombination mit anderen Expektoranzien oder Magen-Darm-Mitteln scheint sinnvoll.
- **Wirkungen:**
  Die krampflösende Wirkung an der glatten Muskulatur ist die Hauptwirkung von Fenchel. An der Bronchialschleimhaut kommt es durch die erhöhte Schlagfrequenz der Flimmerepithelien zum Abfließen des Sekrets. Im Magen-Darm-Trakt zeigt sich ebenfalls eine krampflösende Wirkung. Bei Verwendung von reinem ätherischen Öl kommt es zur Verstärkung einer Entzündung.
- **Anwendungsgebiete:**

Katarrhe der Luftwege (Husten)
dyspeptische Beschwerden (Völlegefühl, Meteorismus)
Beruhigungsmittel (bei Kindern)

Dosierung:

Tagesdosis	7,5 g Droge

Darreichungsformen:

als Tee	1 Teelöffel frisch gequetschter Fenchel mit 1 Tasse heißem Wasser aufgießen, ca. 5 Min. ziehen lassen, dann abseihen. Mehrmals tgl. 1–2 Tassen trinken.

Handelspräparate:

Fenchelfrüchte-Trockenextr.	**Roha®**-Fenchel Tee, tassenfertig Pulver, roha
Fenchelöl	Fenchelsaft N mit Bienenhonig Sirup, Chauvin ankerpharm

Häufig in Kombinationspräparaten:
Brust-Husten-Tee Stada® N, Stada
Eupatal® N, Trpf., Madaus
Gastricholan® N, Trpf., Südmedica
Gastroflorin® N, Trpf.
Kneipp Husten- und Bronchialtee®, Kneipp
Pascopankreat Novo®, Trpf., Pascoe

Nebenwirkungen/ Wechselwirkungen/Gegenanzeigen:
Sind keine bekannt.

Fichtennadelöl

piceae aetheroleum

Foto: A. Brousseau, E. Vogel

- **Beschreibung:**
Die Fichte ist weit verbreitet im mittel- und nordeuropäischen Raum. Das Öl wird aus den frischen Nadeln, Zweigspitzen und Ästen gewonnen.
- **Inhaltsstoffe:**
Enthalten sind Monoterpene, ätherische Öle und Harze.
- **Wirkungen:**
Fichtennadelöl zeigt an der Bronchialschleimhaut sekretolytische und antibakterielle Wirkung. An der äußeren Haut wirkt es durchblutungsfördernd.
- **Anwendungsgebiete:**

katarrhalische Infekte der Atemwege
rheumatische Beschwerden
neuralgiforme Schmerzen und Verspannungen

- **Dosierung:**
Je nach Indikation.
- **Darreichungsformen:**

Orale Anwendung	3x tgl. 4 Trpf. auf Zucker oder in Wasser einnehmen.
Inhalation	Mehrmals tgl. 2g Öl in heißes Wasser geben und inhalieren.
Salbe	Mehrmals tgl. mit 20–30%iger Salbe einreiben.
Badezusatz	5g Öl in ein Vollbad geben.

- **Handelspräparate:**

Kneipp Tonicum Bad® (mit Eukalyptusöl →**146**, Terpentinöl →**328**), Kneipp
Kytta Rheumabad® (mit Terpentinöl →**328** und Edeltannenöl), Merck

- **Nebenwirkungen:**
  Es kann zu verstärkten Reizerscheinungen an Haut und Schleimhäuten kommen, ein Bronchialspasmus kann verstärkt werden.
- **Wechselwirkungen:**
  Mit anderen Medikamenten sind keine bekannt.
- **Gegenanzeigen:**
  Asthma bronchiale, andere obstruktive Bronchialerkrankungen.

Fichtenspitzen, frische

piceae turiones recentes

- **Beschreibung:**
  Im Frühjahr werden ca. 10–15 cm lange Triebe der Fichte (→**152**) gesammelt und dann weiterverarbeitet.
- **Inhaltsstoffe:**
  Vor allem sind ätherische Öle enthalten, besonders Monoterpene.
- **Wirkungen:**
  Das Öl hat an der Bronchialschleimhaut schleimlösende Wirkung. Auch eine antibakterielle Wirkung ist vorhanden. An der äußeren Haut kommt es zur vermehrten Durchblutung.
- **Anwendungsgebiete:**

Katarrhe der Atemwege
Muskel- und Nervenschmerzen

- **Dosierung:**

Tagesdosis	5–6g Droge

- **Darreichungsformen:**

innere Anwendung	3x tgl. 4 Trpf. ätherisches Öl in Wasser oder auf einem Stück Zucker einnehmen.

zur Inhalation	Tgl. 2g Öl in heißes Wasser geben und die Dämpfe einatmen.
als Badezusatz	200–300g Droge in 1 l Wasser heiß aufbrühen und nach 5 Min. abgeseiht in ein Vollbad geben.

- **Handelspräparate:**
  Keine Fertigarznei vorhanden. In Kombinationspräparaten enthalten.
- **Nebenwirkungen/Wechselwirkungen/Gegenanzeigen:**
  Sind keine bekannt.

Flohsamenkraut

psyllii semen

- **Beschreibung:**
  Flohsamenkraut ist ein Wegerichkraut, das im westlichen Mittelmeergebiet vorkommt. Verwendet werden getrocknete, dunkelrot-braune Samen mit einer Quellungszahl von mindestens 10. Hauptsächlich kommen die Samen aus Kulturen in Frankreich.

Foto: Sertürner Bildarchiv

- **Inhaltsstoffe:**
  Enthalten sind Schleimstoffe (in der Samenschale), fettes Öl, Eiweiß und wenig Irioide.
- **Wirkungen:**
  Flohsamen wirken als Gleit- und Füllmittel und regulieren somit die Darmperistaltik. Es kommt zur Erhöhung des Stuhlvolumens und führt so zur schnelleren Darmpassage. Bei Durchfall kann die Darmperistaltik durch Flüssigkeitsbindung normalisiert werden.

Anwendungsgebiete:

Verstopfung
unterstützend bei Morbus Crohn und bei Durchfallerkrankungen
Es muß auf eine ausreichende Trinkmenge geachtet werden (1–2 Gläser Wasser/ Einnahme).

Dosierung:

Tagesdosis	10–30g Droge

Darreichungsformen:

als Tee	1 Teelöffel Droge mit 1 Tasse Wasser vorquellen, nach 30 Min. einnehmen und mindestens 2 Tassen Wasser noch dazu trinken.

Handelspräparate:

Agiocur® Granulat (mit Samenschalen), Madaus
Agiolind® Granulat
Plantocur® Granulat, Biocur
Psyllium Kneipp® Pulver, Kneipp

Nebenwirkungen:

Selten allergische Reaktionen. Zu Beginn kann es zu vermehrten Blähungen kommen.

Wechselwirkungen:

Die Resorption gleichzeitig eingenommener Medikamente kann verzögert werden.

Gegenanzeigen:

Darmverschluß oder Verengungen der Speiseröhre.

Frauenmantelkraut

aichemillae herba

Foto: Sertürner Bildarchiv

- **Beschreibung:**
  Frauenmantelkraut ist ein Rosengewächs, das hauptsächlich in Gebüschen, Wiesen und lichten Wäldern vorkommt. Während der Blütezeit von März bis Juli wird das frische Kraut gesammelt und dann getrocknet.
- **Inhaltsstoffe:**
  Hauptsächlich enthalten sind Gerbstoffe, Bitterstoffe, wenig ätherisches Öl und Flavonoide.
- **Wirkungen:**
  Durch den Gehalt an Gerbstoff wirkt die Droge adstringierend.
- **Anwendungsgebiete:**

unspezifischer, leichter Durchfall
Wechseljahrsbeschwerden der Frau
Hinweis: Durchfälle länger als 3–4 Tage sollten abgeklärt werden

- **Dosierung:**

Tagesdosis	5–10 g Droge

- **Darreichungsformen:**

als Tee	3 Teelöffel des Krautes mit 1 Tasse Wasser heiß aufgießen und 10 Min. ziehen lassen, abseihen. Davon 1–3 Tassen tgl. trinken.
als Tee-Kaltmazerat	3 Teelöffel Kraut mit kaltem Wasser ansetzen und 5 Stunden ziehen lassen; 1–3 Tassen tgl. trinken.

Handelspräparate:
Keine Fertigarznei bekannt. Freie Rezeptur in Kombination mit anderen Adstringenzien.

Nebenwirkungen/Wechselwirkungen/Gegenanzeigen:
Keine bekannt.

Gänsefingerkraut

potentillae anserinae herba

Foto: A. Brousseau, E. Vogel

Beschreibung:
Gänsefingerkraut wächst hauptsächlich an Wegesrändern und auf Äckern. Kurz vor oder während der Blütezeit vom Mai–September werden die frischen und getrockneten Blätter und Blüten gesammelt und zubereitet.

Inhaltsstoffe:
Enthalten sind Gerbstoffe, Tormentosid, Phytosterole, Flavonoide und Anthocyane.

Wirkungen:
Durch den Gehalt an Gerbstoff wirkt das Kraut adstringierend. Weiterhin konnte an der Gebärmutter eine Erhöhung des Muskeltonus und eine Erhöhung der Kontraktionsfrequenz festgestellt werden.

Anwendungsgebiete:

Entzündungen der Mund- und Rachenschleimhaut
schmerzhafte Regelblutung (Dysmenorrhoe)
unspezifische Durchfallserkrankungen

Dosierung:

Tagesdosis	4–6g Droge

Darreichungsform:

als Tee	1 Teelöffel kleingeschnittenes Gänsefingerkraut wird mit 1 Tasse Wasser heiß aufgegossen. Nach 10 Min. abseihen und mehrmals tgl. trinken.
als Aufguß	4g kleingeschnittene Droge mit ½l Wasser heiß aufgießen, 15 Min. ziehen lassen, abseihen und mit diesem mehrmals tgl. damit spülen.

Handelspräparate:

Gänsefinger-Trockenextr.	**Cefadian®** Filmtbl., Cefak

Als freie Rezeptur in Kombination mit anderen Adstringenzien.

Nebenwirkungen:
Selten Magenbeschwerden.

Wechselwirkungen/Gegenanzeigen:
Sind keine bekannt.

Galgantwurzelstock

galangae rhizoma

Beschreibung:
Es handelt sich um einen Ingwerstock, der auf der Insel Hainan und auf der Halbinsel Leitschou in China beheimatet ist. Der getrocknete Wurzelstock dient zur Herstellung der Droge. Wird auch als Gewürz verwendet.

Inhaltsstoffe:
Ätherisches Öl, Scharfstoffe (Galangol) und Flavonoide sind enthalten.

Wirkungen:
Die Droge hat krampflösende, entzündungshemmende und antibakterielle Wirkung.

Anwendungsgebiete:

Appetitlosigkeit
dyspeptische Beschwerden

Dosierung:

Tagesdosis	2–4g Droge

Darreichungsform:

als Tee	1 Teelöffel feingeschnittene oder grob gepulverte Droge wird mit 1 Tasse kochendem Wasser aufgegossen, muß dann in einem geschlossenen Gefäß 5–10 Min. stehen, danach abseihen. Mehrmals tgl. 1 Tasse trinken.
als Tinktur (1:10)	3x tgl. 10 Trpf. in lauwarmem Wasser 15 Min. vor den Mahlzeiten einnehmen.

Handelspräparate:

häufig in Kombinationspräparaten vorhanden, z.B. **Klosterfrau-Melissengeist®** als Monopräparat: **Jura-Konstanz-Hildegard®** Tbl.

Nebenwirkungen/Wechselwirkungen/Gegenanzeigen:
Sind keine bekannt.

Gewürznelken

caryophylli flos

Beschreibung:
Der Nelkenbaum ist immergrün und erreicht eine Höhe von 10–20m. Beheimatet ist die Pflanze auf den Molukken und auf den Philippinen, kultiviert wird sie u.a. in Malaysia und an der ostafrikanischen Küste. Die Knospen der Gewürznelken werden von Hand gepflückt und anschließend getrocknet. Zu Zeiten von Pest und Cholera im Mittelalter schrieben die Ärzte der Gewürznelke desinfizierende Wirkung zu und trugen diese als Kette bei Krankenbesuchen.

Inhaltsstoffe:
Enthalten sind mindestens 15–20% ätherisches Öl (bezogen auf die getrocknete Droge), ferner Oleanolsäure, Gallengerbstoffe und Phytosterine. Gerbstoffe und ätherisches Öl sind die Hauptträger der Wirkung.

Wirkungen:
Das ätherische Öl hat antiseptische, bakterizide, fungizide und virostatische Eigenschaften. Darüber hinaus zeigen die Gewürznelken lokal betäubende und krampflösende Eigenschaften.

Anwendungsgebiete:

Entzündungen im Mund-, Rachenraum
lokale Schmerzstillung in der Zahnheilkunde
Anregung des Magens, verdauungsfördernd

Dosierung:
Siehe Darreichungsformen.

Darreichungsformen:

als Mundwasser	Mit wäßriger Lsg. von 1–5% ätherischem Öl mehrmals tgl. gurgeln, bei starken Schmerzen unverdünnt 1–2 Trpf. auf den schmerzenden Zahn tupfen.
spezielle Zahntropfen	Bis zu 30% ätherisches Öl enthalten.
als Gewürz	In Getränken, Fruchtsäften, Backwaren etc.

Handelspräparate:

nur in Kombinationspräparaten enthalten **Amol®** -Heilkräutergeist

Nebenwirkungen:
In konzentrierter Form können Schleimhautreizungen auftreten.

Wechselwirkungen/Gegenanzeigen:
Keine bekannt.

Ginkgoblätter

ginkgo biloba folium

Foto: Sertürner Bildarchiv

- **Beschreibung:**
  Der Ginkgobaum wächst in Kulturen und als Wildbestand in Südfrankreich in der Nähe von Bordeaux. Er wurde in Ostasien als Tempelbaum eingesetzt. Verwendet werden die getrockneten Blätter.
- **Inhaltsstoffe:**
  Hauptsächlich enthalten sind Flavonoide, Procanidine, Diterpenoide, Ginkgolide und Bilobalid.
- **Wirkungen:**
  In Studien und in Tierexperimenten konnte die Förderung der zerebralen und peripheren arteriellen Durchblutung gezeigt werden. Bei Tieren zeigte sich außerdem eine Erhöhung der Hypoxietoleranz. Auch verbesserte sich die ATP und Glukoseutilisation. Die Senkung der Blutviskosität und die membranstabilisierende Wirkung der Ginkgoblätter sei ebenfalls erwähnt.
- **Anwendungsgebiete:**

Ohrensausen, Schwindel, Kopfschmerzen (bei akutem Hörsturz als Infusion)
Konzentrations- und Gedächtnisschwäche
Schlaf- und Beruhigungsmittel
arterielle periphere Durchblutungsstörungen (AVK)

- **Dosierung:**

Tagesdosis	50–100 mg
zur Infusion	100–200 mg

Darreichungsformen:

feste Form	3x tgl. 1–2 Tbl. oder Kps. nach den Mahlzeiten entsprechend der Tagesdosis.
flüssige Form	3x tgl. 20 Trpf. entsprechend der Tagesdosis in etwas Wasser nach dem Essen einnehmen.

Handelspräparate:

Trockenextr. aus Ginkgo-biloba-Blättern	**Duogink®** 300 Drg., duopharm **Gingiloba®** Lsg., -Filmtbl., Biocur **Gingium®** -Lsg., Hexal **Gingobeta®** 40 Filmtbl., -Trpf., betapharm **Gingopret®** Filmtbl., -Lsg., Bionorica **Ginkgobil-ratiopharm®** N Filmtbl., -Trpf., ratiopharm **Ginkgodilat®** Filmtbl., Azupharma **Ginkgo-Heumann®** Trpf., -Filmtbl., Heumann **Ginkgopur®** Filmtbl., -Trpf., Isis Puren **Ginkgo Stada®** Filmtbl., -Trpf., Stadapharm **ginkgo von ct 40®** Filmtbl., -Trpf., ct-Arznei **Isoginkgo®** Filmtbl., durachemie **Kaveri®** forte Trpf., -Filmtbl., Lichtwer **Rökan®** plus, -Filmtbl., Intersan **Rökan®** Filmtbl., -Trpf., Intersan **Rökan®** Novo Filmtbl., -intens Filmtbl., Schwabe **Tebonin®** -forte Lsg., -Filmtbl., Schwabe **Tebonin®** spezial Filmtbl., -intens Filmtbl., Schwabe

Nebenwirkungen:
Als Infusion sind gelegentlich Kreislaufstörungen, allergische Hautreaktionen und Venenentzündungen aufgetreten. Auch Magen-Darm-Beschwerden und Kopfschmerzen wurden beschrieben.

Wechselwirkungen/Gegenanzeigen:
Sind keine bekannt.

Ginsengwurzel

ginseng radix

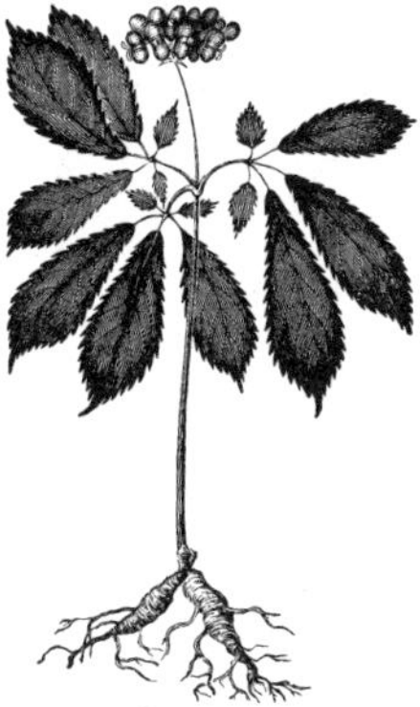

- **Beschreibung:**
Die Ginsengpflanze ist ein Efeugewächs und kommt in China, Nordkorea und Japan vor. Gesammelt werden die Haupt-, Neben- und Haarwurzeln der Ginseng-Pflanze (panax ginseng), die ca. 8 Jahre alt sein muß.
- **Inhaltsstoffe:**
Enthalten sind Ginsenoide, ätherisches Öl, Vitamin B_1 und Vitamin B_2.
- **Wirkungen:**
Innerhalb verschiedener Testabläufe konnte bei Versuchstieren eine Erhöhung der Belastbarkeit festgestellt werden. Es konnte eine Erhöhung des kortikalen Dopamin-, Noradrenalin- und Serotoninspiegels gemessen werden. Auch zyklisches AMP war erhöht. EEG-Messungen zeigten eine erhöhte Hirnrindentätigkeit. Im Tiermodell wurde auch eine höhere Überlebensrate nach Ginsengeinnahme festgestellt. Konzentrationverbesserungen und Steigerung der Aufmerksamkeit konnten beim Menschen nachgewiesen werden.
- **Anwendungsgebiete:**

Hypotonie
Erschöpfungszustände, allgemeine Schwäche
Rekonvaleszenz
Infektionsschutz

- **Dosierung:**

Tagesdosis	1–2g Droge

Dauer der Anwendung auf 3 Monate begrenzen. Zum späteren Zeitpunkt ist eine erneute Anwendung empfehlenswert.

- **Darreichungsformen:**

als Tee	1 Teelöffel feingeschnittene Droge mit 1 Tasse Wasser übergießen und 10 Min. ziehen lassen. Dann abseihen. 2x tgl. 1 Tasse nach den Mahlzeiten trinken.
Drogenpulver	Mehrmals tgl. in Form von Kps. oder Tbl. entsprechend der max. Tagesdosis einnehmen.
Fluidextrakt (1:2)	Mehrmals am Tag 10–20 Trpf. auf ein Glas Wasser einnehmen.

- **Handelspräparate:**

Ginsengwurzel	**Kneipp Ginseng®** Drg., Kneipp
Ginsengwurzel-Dickextr.	**Kumsan® Ginseng** tonikum, Whitehall-Much
Ginsengwurzel-Trockenextr.	**Ardey-aktiv®** Pastillen, Ardeypharm **Ginsana®** G 115 Kps., Pharmaton **Hevert®** -Aktivon mono Drg., Hevert **Orgaplasma®** Drg., Ardeypharm
Panax-Ginseng-Extrakt	**Ginsana G®** 115 Tonic, Pharmaton
Panax-Ginseng-wurzel	**Kumsan Ginseng®** Kps., Whitehall-Much

- **Nebenwirkungen/Wechselwirkungen/Gegenanzeigen:**
Bisher keine bekannt.

Glockenbilsenkraut/-wurzelstock

scopoliae rhizoma

- **Beschreibung:**
Gesammelt werden die Wurzelstöcke. Diese werden dann vor der Weiterverarbeitung getrocknet.

- **Inhaltsstoffe:**
Alkaloide, darunter 0,4% L-Hyoscyamin und Spuren von Skopolamin.

- **Wirkungen:**
Die Alkaloide wirken parasymphatikolytisch und bewirken so das Lösen von Krämpfen im Magen-Darm-Bereich.

- **Anwendungsgebiete:**

kolikartige Schmerzen im Magen-Darm-Trakt

- **Dosierung:**

Tagesdosis	Entsprechend 0,25mg Gesamtalkaloide bis max. 3mg (berechnet als Hyoscyamin).

- **Darreichungsformen:**
Nur in Kombinationspräparaten enthalten.

- **Handelpräparate:**

nur in Kombinationspräparaten enthalten
Chelidophyt® N, Trpf. (mit Schöllkraut →**303**, Pfefferminzblättern →**265**, Schafgarbenkraut →**298**), Hetterich
Gastrocaps® Tbl. (mit Süßholzwurzel →**322**, Fenchel →**150** u.a.)

- **Nebenwirkungen:**
Mundtrockenheit, verminderte Schweißsekretion, Hautrötungen. Es kann ein Glaukomanfall ausgelöst werden.

- **Wechselwirkungen:**
Eine Wirkungsverstärkung kann eintreten bei gleichzeitiger Einnahme von trizyklischen Antidepressiva.

- **Gegenanzeigen:**
  Engwinkelglaukom, Prostataadenom mit Restharn, Darmverschluß und Megakolon.

Goldrutenkraut

solidaginis herba

Foto: A. Brousseau, E. Vogel

- **Beschreibung der Droge:**
  Goldrutenkraut ist eine bis zu 1 m hohe Staude. Während der Blütezeit wird das echte Goldrutenkraut gesammelt und schonend getrocknet.
- **Inhaltsstoffe:**
  Enthalten sind Flavonoide, Saponine und Phenylglykoside.
- **Wirkungen:**
  Goldrutenkraut besitzt harntreibende Wirkung (Aquaretikum). Weiterhin zeigen sich entzündungshemmende und krampflösende Eigenschaften an der glatten Muskulatur.
- **Anwendungsgebiete:**

Vorbeugung von entzündlichen Erkrankungen der ableitenden Harnwege (bei Harnsteinen, Nierengrieß)

- **Dosierung:**

Tagesdosis	6–12 g Droge

■ **Darreichungsformen:**

als Tee	2 Teelöffel feingeschnittene Droge mit 1 Tasse heißem Wasser übergießen oder mit 1 Tasse kaltem Wasser ansetzen. Nach kurzem Aufkochen 10 Min. ziehen lassen, abseihen und dann mehrmals tgl. 1 Tasse trinken.

■ **Handelspräparate:**

Goldrutenkraut-Fluidextr.	**Nieral**® Trpf. 100, Schuck
Goldrutenkraut-Trockenextr.	**Calcufel**® Aqua Drg., Hevert **Cystinol long**® Kps., Schaper Brümmer **Nephrisol**® mono Lsg., Redel **Nieral**® 100 Tbl., Schuck Solidago **Steiner**® Tbl., Steiner **Stromic**® Kps., Strathmann
Kombinations-präparate	**Cefanephrin**® N, Trpf. (mit Bärentraubenblättern →**100**), Cefak **Cystinol**® Lsg. (mit Birkenblättern →**113**, Schachtelhalm →**296**, Bärentraubenblätter →**100**), Schaper & Brümmer **Hewenephron**® duo, Trpf. (mit Sonnenhut →**312**), Hevert **Nephro-Loges**® Flüssigkeit (mit Schachtelhalm →**296**, Hauhechel →**175**, Petersilie →**263**), Loges **Nieron**® S Kps. (mit Ammi visnaga = Bischofskraut, Löwenzahn →**228**), Hoyer **Blasen-Nieren-Tee Uroflux**® (mit Birkenblättern →**113**, Bärentraubenblättern →**100** u.a.), Rhone-Poulenc Rohrer

■ **Nebenwirkungen/Wechselwirkungen:**
Sind keine bekannt.

■ **Gegenanzeigen:**
Ödeme infolge von eingeschränkter Herz- und Nierentätigkeit.

Grindeliakraut

grindeliae herba

Foto: A. Brousseau, E. Vogel

- **Beschreibung:**
  Geerntet werden die Stengelspitzen und Blätter in der Blütezeit. Wenn sie getrocknet sind, können sie weiter zubereitet werden.
- **Inhaltsstoffe:**
  Die Droge enthält ätherisches Öl.
- **Wirkungen:**
  Bei In-vitro-Untersuchungen konnte eine antibakterielle Wirkung nachgewiesen werden.
- **Anwendungsgebiete:**

katarrhalische Infekte der Atemwege

- **Dosierung:**

Tagesdosis	4–6g Droge als Tee 3–6g Droge als Fluidextrakt 1,5–3ml (1:10) als Tinktur

- **Darreichungsformen:**

als Tee	1 Eßlöffel mit 1 Tasse heißem Wasser aufgießen, 10 Min. ziehen lassen, abseihen und mehrmals tgl. 1 Tasse warm trinken.
als Fluidextrakt	
als Tinktur	
als Grindeliasirup mit Fluidextrakt	Mehrmals tgl. 1 Teelöffel Sirup einnehmen.
als Grindeliatropfen mit Grindeliatinktur	Mehrmals tgl. 20 Trpf. auf 1 Glas Wasser einnehmen.

Handelspräparate:

Bronchicum® Elixier N, Rhone-Poulenc Rohrer **Melrosum®** Hustensirup N, Rhone-Poulenc Rohrer Auch in Kombinationspräparaten mit Bibernell →**110**, Primel →**271** und Thymian →**332**.

Nebenwirkungen:
Selten Magenschleimhautreizungen.

Wechselwirkungen/Gegenanzeigen:
Keine bekannt.

Guajakholz

guajaci lignum

Beschreibung:
Guajak (Franzosenholz) ist ein bis zu 15m hoher Baum. Beheimatet ist die Pflanze im tropischen Amerika. Für die Zubereitung wird der Kern und das Splintholz verwendet.

Inhaltsstoffe:
Enthalten sind Harze, ätherisches Öl und Saponine.

Wirkungen:
Bisher konnten keine organspezifischen Wirkungen nachgewiesen werden.

Anwendungsgebiete:

Behandlung von rheumatischen Beschwerden

Dosierung:

Tagesdosis	4–5g Droge

■ **Darreichungsformen:**

als Tee	1 Teelöffel grob zerkleinerte Droge mit 1 Tasse heißem Wasser übergießen, 10 Min. ziehen lassen und dann abseihen. Nach den Mahlzeiten 1 Tasse trinken.

■ **Handelspräparate:**

Guajakholz-Extr.	**Cefadolor®** Trpf., Cefak
Guajakholz-Trockenextrakt	**Cefadolor®** Fimtbl., Cefak

■ **Nebenwirkungen/Wechselwirkungen/Gegenanzeigen:**
Sind keine bekannt.

Haferstroh

avenae stramentum

■ **Beschreibung:**
Der Hafer ist ein Rispengras und gehört zu den Kulturpflanzen. Kurz vor der Vollblüte werden die getrockneten, gedroschenen Laubblätter und Stengel für die Herstellung gesammelt.

■ **Inhaltsstoffe:**
Die Droge enthält Kieselsäure.

■ **Wirkungen:**
Es liegen bisher keine tierexperimentellen oder klinisch-pharmakologischen Untersuchungen vor.

■ **Anwendungsgebiete:**

entzündliche seborrhoische Hauterkrankungen (juckreizstillend)

Foto: A. Brousseau, E. Vogel

■ **Dosierung:**

Äußere Anwendung	Einzeldosis 100g

■ **Darreichungsformen:**

Als Badezusatz	100g Droge werden mit 4l kochendem Wasser aufbereitet und auf Zimmertemperatur abgekühlt. Nach dem Abseihen die Auszugsflüssigkeit in das Vollbad geben.

■ **Handelspräparate:**

Haferstrohextrakt naturrein® Dr. Schupp
Auch als freie Rezeptur möglich.

■ **Nebenwirkungen/Wechselwirkungen/Gegenanzeigen:**
Sind keine bekannt.

Hamamelisblätter/-rinde

hamamelidis folium/-cortex

- **Beschreibung:**
  Hamamelis (Zaubernuß) ist ein bis zu 8 m hoher Strauch. Die Pflanze wächst an der Atlantikküste Nordamerikas, in Ostasien und an der kaukasischen Schwarzmeerküste. Gesammelt werden die Laubblätter im Herbst und nach Trocknung für die Herstellung verwendet. Im Frühjahr können auch die Rinde der Stämme und die Zweige von Hamamelis gesammelt werden.
- **Inhaltsstoffe:**
  Die Blätter enthalten 3–8% Gerbstoffe, und zwar hauptsächlich Gallotannine. Es sind auch Flavonoide und ätherisches Öl enthalten. Die Rinde enthält mindestens 4% Gerbstoffe.
- **Wirkungen:**
  Die Inhaltsstoffe wirken entzündungshemmend, adstringierend.
- **Anwendungsgebiete:**

leichte Hautverletzungen
lokale Entzündungen an Haut- und Schleimhäuten
Hämorrhoiden
Krampfaderbeschwerden
selten bei unspezifischen Durchfallserkrankungen

- **Dosierung:**

Tagesdosis zur inneren Anwendung	15–20 g Droge

Darreichungsformen:

Als Tee	1 Eßlöffel feingeschnittene Droge mit 1 Tasse Wasser aufkochen und 20 Min. ziehen lassen, dann abseihen. Mehrmals tgl. 1 Tasse trinken.
Aqua hamamelidis	Mehrmals tgl. 2 Teelöffel in etwas Wasser verdünnt einnehmen.
Als Aufguß für Umschläge	1 Eßlöffel klein zerschnittene Droge mit 1 Tasse Wasser aufkochen, 15 Min. ziehen lassen, abseihen. Mit dem kalten Aufguß mehrmals tgl. Umschläge auflegen.
Als Zäpfchen	Morgens und abends mit je 0,5g Hamamelisextr./pro Suppositorium.
Als Salbe/Gel	in 100g Salbengrundlage sind 5g Hamamelisextr. enthalten. Auf die erkrankten Stellen auftragen.

Handelspräparate:

Hamamelis-Extr.	**Hamasana**® Salbe, Robugen
Hamamelis-Frischdestillat	**Hamadest**® Lösung, Wörwag **Hametum**® Creme, Spitzner/Schwabe **Hametum**® Extr., Spitzner/Schwabe **Hametum**® Spitzner/Schwabe
Hamamelisblätter-Dickextr.	**Fiamelis**® Fettcreme, Teclapharm
Hamamelisblätter-Fluidextr.	**Hamamelis-Salbe**® N, LAW, Law
Hamamelisrinden-Tinktur	**Hamevis**® Tinktur, Truw
Hamamelisrinden-Trockenextr.	**Venoplant**® top, Schwabe
Hamameliswasser	**Eulatin**® N Salbe **Hamadest**® Salbe, Wörwag **Hamametum**® N, Hämorrhoidalzäpfchen (mit Roßkastaniensamen →**286**) **Hametum**® N, Kombinationspackung **Insuvena**® Drg. (mit Roßkastaniensamen →**286**)

Nebenwirkungen/Wechselwirkungen/Gegenanzeigen:
Sind keine bekannt.

Harongablätter/-rinde

harunganae folium/-cortex

Beschreibung:
Haronga ist ein in Zentral- und Ostafrika beheimateter, bis zu 12 m hoher Baum. Zur Herstellung der Droge können die Blätter und die Rinde verwendet werden, indem man sie von größeren Sträuchern sammelt und/oder von den Bäumen schält.

Inhaltsstoffe:
Leukocyane, hypercinähnliche Verbindungen, Gerbstoffe und Flavonoide.

Wirkungen:
Die Droge stimuliert die Ausschüttung des Bauchspeicheldrüsensekrets und stimuliert die Magensaftsekretion.

Anwendungsgebiete:

dyspeptische Beschwerden
bei leichten Störungen des Leber-Gallesystems (exokrine Pankreasinsuffizienz)

Dosierung:

Tagesdosis	7,5–15 mg eines wäßrig-alkoholischen Trockenextrakts entsprechen 25–50 mg Droge.

Darreichungsformen:

als Kapseln/Tabletten	1–2 Tbl. nach den Mahlzeiten einnehmen.

Nicht länger als 2 Monate anwenden.

Handelspräparate:

Haronga-Trockenextr.	**Bilan®** Tbl., Biocur

- **Nebenwirkungen:**
  Es kann eine Photosensibilisierung auftreten.
- **Wechselwirkungen:**
  Mit anderen Arzneimitteln nicht bekannt.
- **Gegenanzeigen:**
  Bauchspeicheldrüsenentzündungen, schwere Leberfunktionsstörungen, Verschluß der Gallenwege oder Gallensteinleiden, Darmverschluß.

Hauhechelwurzel

ononidis radix

Foto: Sertürner Bildarchiv

- **Beschreibung:**
  Hauhechel ist ein bis zu 60 cm hoher Halbstrauch, der besonders an sonnigen, trockenen Plätzen an Wald- und Wegesrändern vorkommt. Gesammelt werden die Wurzelstöcke und die Wurzeln der Pflanze.
- **Inhaltsstoffe:**
  Isoflavonoide, Gerbstoffe und geringe Mengen an ätherischem Öl.
- **Wirkungen:**
  Hauhechelwurzel wirkt leicht harntreibend (Aquaretikum).
- **Anwendungsgebiete:**

entzündliche Erkrankungen der ableitenden Harnwege
Nierengrieß, Harngrieß
vorbeugendes Mittel bei Harnsteinen

- **Dosierung:**

Tagesdosis	12 g Droge

- **Darreichungsformen:**

als Tee	1 Teelöffel zerkleinerte oder grob gepulverte Droge wird mit 1 Tasse kochendem Wasser übergossen und nach 30 Min. abgeseiht. Mehrmals tgl. 1 Tasse trinken.

- **Handelspräparate:**

Blasen-Nieren-Tee® N, Stada
Blasen-Nieren-Tee Uroflux®, Rhone-Poulenc Rohrer
Hevert-Heweberberol®-Tee, Hevert
nephro-loges® Lsg., Loges
Nephroselect® N, Liqu., Dreluso

- **Nebenwirkungen/Wechselwirkungen:**
Bisher keine bekannt.

- **Gegenanzeigen:**
Ödeme infolge von Herz- oder Niereninsuffizienz.

Hefe, medizinische

faex medicinalis

- **Beschreibung:**
Hefen sind einzellige Pilze. Medizinische Hefe besteht aus den Zellen von Saccharomyces cerevisiae Meyen und/oder Candida utilis Rodden und deren Zubereitungen.

- **Inhaltsstoffe:**
Enthalten sind Vitamine, speziell der B-Gruppe, Glukane und Mannane.

- **Wirkungen:**
Eine Hauptwirkung der medizinischen Hefe ist ihre antibakterielle Wirkung. Aufgrund des Vitamin-B-Gehalts können Mangelerscheinungen ausgeglichen werden.

Anwendungsgebiete:

Appetitlosigkeit
Vitamin-B-Mangel, z.B. in der Schwangerschaft
zur Vorbeugung bei chronischen Formen von Akne und Furunkulose

Dosierung:

Tagesdosis	6g Hefe

Darreichungsformen:
Galenische Zubereitungen zum Einnehmen.

Handelspräparate:

Levurinetten® Tbl. (mit B-Vitaminen)
Selenminerase® Tbl., G.N. Pharm

Nebenwirkungen:
Es kann zu migräneartigen Kopfschmerzen kommen, oder zu Blähungen.

Wechselwirkungen:
Bei gleichzeitiger Einnahme mit Monoaminooxydasehemmstoffen ist eine Blutdruckerhöhung beschrieben worden.

Gegenanzeigen:
Sind keine zu beachten.

Heidelbeeren

myrtilli fructus

Foto: A. Brousseau, E. Vogel

- **Beschreibung:**
  Die Heidelbeerpflanze ist ein bis zu 50cm hoher Halbstrauch. Sie ist häufig an schattigen Plätzen im Wald, in Torfmooren und Heiden zu finden. Die Pflanze blüht von Mai bis Juni. Gesammelt werden die Früchte und die Blätter. Diese werden dann für die Zubereitung bei 40–50°C getrocknet.
- **Inhaltsstoffe:**
  Enthalten sind Gerbstoffe, Anthocyane und Flavonglykoside. Hervorzuheben ist der hohe Gehalt an Mangan und Chrom.
- **Wirkungen:**
  Aufgrund des Gerbstoffgehalts (blaue Farbe – Hemmung des Bakterienwachstums) wirkt die Heidelbeere adstringierend und gegen Durchfall.
- **Anwendungsgebiete:**

innere Anwendung: unspezifischer akuter Durchfall (nur getrocknet)
äußere Anwendung: Schleimhautentzündungen im Mund- und Rachenraum Hautkrankheiten (Schuppenflechte)

- **Dosierung:**

Tagesdosis	20–60g Droge

- **Darreichungsformen:**

Früchte	Mehrmals tgl. 1 Eßlöffel voll Heidelbeeren kauen.
Dekoktum	2–3 Eßlöffel getrocknete Heidelbeeren mit 0,5l Wasser aufkochen, abseihen und damit mehrmals tgl. spülen.

- **Handelspräparate:**
  Freie Rezeptur.
- **Nebenwirkungen/Wechselwirkungen/Gegenanzeigen:**
  Sind keine bekannt.

Herbstzeitlose

colchicum autumnale

Foto: Sertürner Bildarchiv

- **Beschreibung:**
  Die Herbstzeitlosenblüten sehen wie blaue Krokusse aus. Die Herbstzeitlose wächst bevorzugt auf feuchten Wiesen und blüht ab September. Gesammelt werden die Samen im Juni/Juli, die Knollen im Juli/August. Im Herbst empfiehlt sich die Sammlung der frischen Blüten.
- **Inhaltsstoffe:**
  Enthalten sind Alkaloide, insbesondere das giftige Colchicin. Vor allem der Samen enthält mindestens 0,4%.
- **Wirkungen:**
  Colchicin ist ein Mitosehemmstoff. Die antiphlogistische und antichemotaktische Eigenschaft wird diesem Alkaloid zugeschrieben. Es hat keinen Einfluß auf den Purinstoffwechsel.
- **Anwendungsgebiete:**

akuter Gichtanfall

- **Dosierung:**

Tagesdosis	8 mg

Darreichungsformen:

als Dragees und als Tropfen

Handelspräparate:

Herbstzeitlosen-blüten-Preßsaft	**Colchicum**® Dispert, Drg., Heel **Colchysat**® Bürger, Trpf., Lsg., Ysatfabrik

Nebenwirkungen:
Durchfall, Erbrechen, Bauchschmerzen und eine Leukopenie können auftreten. Bei längerer Anwendung sind vereinzelt Hautveränderungen, Agranulozytose, aplastische Anämie, Myopathie und Haarausfall beschrieben worden.

Wechselwirkungen:
Bisher keine bekannt.

Gegenanzeigen:
Vorsichtig sollte man sein bei alten und geschwächten Menschen, bei Herz-, Nieren- oder gastrointestinalen Erkrankungen.

Herzgespannkraut

leonuri cardiacae herba

Beschreibung:
Herzgespann wird bis zu 1 m hoch. Das Kraut wächst in Osteuropa und in Mittelasien, aber auch in Europa. Hier bevorzugt an Zäunen, Hecken und an Wegrändern. Das blühende Kraut wird während der Blütezeit von Juli bis August gesammelt.

Foto: Sertürner Bildarchiv

Inhaltsstoffe:
Alkaloide, wie z.B. Stachydrin, Bitterstoffglykoside und Bufenolide, aber auch ätherisches Öl und Gerbstoffe sind enthalten.

Wirkungen:

Die Inhaltsstoffe bewirken eine geringfügige Blutdrucksenkung und eine leichte Beruhigung (Sedation).

Anwendungsgebiete:

nervöse Herzbeschwerden

Dosierung:

Tagesdosis	4,5g Droge

Darreichungsformen:

als Tee	1 Teelöffel feingeschnittene Droge mit 1 Tasse Wasser heiß aufgießen und 5 Min. ziehen lassen. Nach dem Abseihen 2x tgl. 1 Tasse trinken.

Handelspräparate:

Cardisetten® Drg., (mit Weißdorn →**346**, Baldrian →**102** u.a.)
Concardisett® Drg., Trpf. (mit Weißdorn →**346**, Maiglöckchen)
Mutellon® Trpf. (mit Wolfstrappkraut →**350** und Baldrian →**102**), Klein
Thyreogutt® Tbl., Trpf. (mit Wolfstrappkraut →**350**), Schwabe

Nebenwirkungen/Wechselwirkungen/Gegenanzeigen:

Sind bisher keiner bekannt.

Heublumen

graminis flos

- **Beschreibung:**
  Zur Herstellung werden Blütenteile, Früchte, Samen, kleine Blatt- und Stengelstücke von verschiedenen Wiesenpflanzen, vornehmlich Gräsern, wie Quecke, Trespe, Wiesenlolch u.a., gesammelt.
- **Inhaltsstoffe:**
  Die wirksamen Stoffe sind nicht sicher bekannt. Der typische Geruch kommt durch die enthaltenen Cumaringlykoside zustande.
- **Wirkungen:**
  Die lokale, äußere Anwendung erhöht die Durchblutung an der Auflagestelle und führt so über kutoviszerale Reize zur Beeinflussung von inneren Organen.
- **Anwendungsgebiete:**

degenerative Erkrankungen des rheumatischen Formenkreises (Schmerzlinderung, Muskellockerung, Aktivierung des Gewebestoffwechsels)
Erhöhung der körpereigenen Abwehr (grippaler Infekt)

- **Dosierung:**

siehe Fertigpräparat	Bad: 300–50 g
	Aufguß: 5–8 cm großer Leinensack mit Heublumen füllen

- **Darreichungsformen:**

als Heublumen-Sack für feuchtheiße Kompressen
als Bad

- **Handelspräparate:**

Florapress®
Herbatherm®
Kneipp Heupack®, Kneipp

- **Nebenwirkungen:**
  Selten allergische Hauterkrankungen.
- **Wechselwirkungen:**
  Keine bekannt.
- **Gegenanzeigen:**
  Offene Verletzungen, akute rheumatische Schübe, akute Entzündungen der Haut.

Hirtentäschelkraut

bursae pastoris herba

Foto: Sertürner Bildarchiv

- **Beschreibung:**
  Hirtentäschel ist ein zweijähriges Kraut, das bis zu 40 cm hoch wird. Die Pflanze kommt als Unkraut in Gärten, auf Äckern, an Wegen und Böschungen vor und blüht in den Monaten März–November. Gesammelt werden frische und getrocknete oberirdische Anteile der Pflanze (das Kraut).
- **Inhaltsstoffe:**
  Enthalten sind Flavonoide, ein Peptid mit blutstillender Wirkung und relativ viel Kaliumsalze.
- **Wirkungen:**
  Im Tierversuch konnte sowohl eine dosisabhängige Blutdrucksenkung als auch eine Blutdrucksteigerung bei stark erhöhter Dosis gezeigt werden. Ebenso konnten Uteruskontraktionen gemessen werden.
- **Anwendungsgebiete:**

Menstruationsbeschwerden (z.B. verlängerte Periodenblutung, Zusatzblutungen außerhalb der Periode)
Nasenbluten

oberflächliche Hautverletzungen
kreislaufstärkend

- **Dosierung:**

Tagesdosis	innere Anwendung: 10–15g Droge
Tagesdosis	Fluidextrakt: 5–8g Droge

- **Darreichungsformen:**

als Tee	1 Eßlöffel wird mit 1 Tasse siedendem Wasser übergossen und nach 15 Min. abgeseiht. Bis zu 4x tgl. einen frisch aufbereiteten Teeaufguß warm zwischen den Mahlzeiten trinken.
Fluidextrakt	3x tgl. 25 Trpf. auf 1 Glas Wasser einnehmen.
Umschlag	abgekühlten Teebeutel auf blutende Wunde legen

- **Handelspräparate:**
  Freie Rezeptur empfehlenswert, da keine Fertigarznei bekannt.
- **Nebenwirkungen/Wechselwirkungen/Ggenanzeigen:**
  Keine bekannt.

Hohlzahnkraut

galeopsidis herba

- **Beschreibung:**
  Der Hohlzahn ist ein einjähriges Kraut, das ein Höhe von bis zu 30cm erreicht. Es wächst hauptsächlich auf kalkhaltigem Boden. In der Blütezeit von Juni, Juli bis August werden die oberirdischen Pflanzenteile (das Kraut) gesammelt und dann im getrockneten Zustand weiterverarbeitet.
- **Inhaltsstoffe:**
  Gerbstoffe, Saponine, ätherisches Öl und Kieselsäure.

Wirkungen:

Durch den Gerbstoffgehalt wirkt die Pflanze adstringierend. Der Saponingehalt bewirkt eine Schleimlösung, Kieselsäure fördert die Schleimlösung und den Auswurf.

Anwendungsgebiete:

leichter Katarrh der Atemwege (Husten)

Dosierung:

Tagesdosis	6g Droge

Darreichungsformen:

als Tee	1 Eßlöffel feingeschnittene Droge mit 1 Tasse Wasser aufkochen und dann 10 Min. ziehen lassen. Tgl. 2 Tassen mit Honig leicht gesüßt über einen längeren Zeitraum trinken.

Handelspräparate:

hauptsächlich in Kombinationspräparaten **Pro-Pecton**® Trpf., Saft

Nebenwirkungen/Wechselwirkungen/Gegenanzeigen:

Sind keine bekannt.

Holunderblüten

sambuci flos

Foto: A. Brousseau, E. Vogel

- **Beschreibung:**
  Der Holunderstrauch wird häufig in Gärten, an Hecken und Bachufern gefunden. Die Holunderblüten werden im Mai–Juli gesammelt und vor der Weiterverarbeitung getrocknet und gesiebt.
- **Inhaltsstoffe:**
  In den Blüten sind ätherisches Öl, schweißtreibende Glykoside, Flavonoide, Hydroxyphenylkarbonsäuren und Ester vorhanden. Weiterhin kommen Steroide und Triterpene vor. In den reifen Früchten sind Vitamine und Mineralien enthalten.
- **Wirkungen:**
  Die Bronchialsekretion und die Schweißsekretion werden gesteigert.
- **Anwendungsgebiete:**

Katarrhe der Atemwege
trockener Reizhusten
fieberhafte Erkältungskrankheiten

- **Dosierung:**

Tagesdosis	10–15g Droge; als Bestandteil von Teemischungen oft enthalten.

- **Darreichungsformen:**

als Tee	2 Teelöffel Droge mit 1 Tasse kochendem Wasser übergießen, 15 Min. ziehen lassen. Mehrmals tgl. den Tee heiß trinken.

als Wein	20g Droge mit 1 l Wein mehrere Tage ziehen lassen, abseihen und vor der Einnahme nochmals kurz aufkochen lassen. Mehrmals tgl. 1 Glas trinken.

Handelspräparate:

Hevert Grippe Tee® (mit Thymiankraut →**332**, Weidenrinde →**344**, Malvenblüten →**234**), Hevert und andere Teemischungen

Nebenwirkungen/Wechselwirkungen/Gegenanzeigen:
Sind keine bekannt.

Hopfenzapfen

lupuli strobulus

Foto: Sertürner Bildarchiv

- **Beschreibung:**
  Der Hopfen ist ein Schlinggewächs. Während des Sommers werden die ganzen, getrockneten Blütenstände (Hopfenzapfen) der weiblichen Pflanze gesammelt. Die Hopfenzapfen werden auch für die Bierherstellung verwendet. Manchmal findet man den Hopfen noch wild in feuchten Gebüschen, an Ufern und Waldrändern. Ansonsten stammt er aus Kulturen.
- **Inhaltsstoffe:**
  Ätherisches Öl, Bittersäuren, Harzsubstanzen, Mineralstoffe und 2-Methyl-3-Butenol sind enthalten.
- **Wirkungen:**
  Die sedative (beruhigende, einschlaffördernde) Wirkung des Hopfens kommt durch den Inhaltsstoff 2-Methyl-3-Butenol zustande.
- **Anwendungsgebiete:**

Appetitlosigkeit
Einschlafstörungen
Unruhe, Angstzustände

- **Dosierung:**

Einzeldosis	0,5g Droge

■ **Darreichungsformen:**

als Tee	1 Teelöffel zerkleinerte Hopfenzapfen mit 1 Tasse heißem Wasser aufgießen und nach zehnminütigem Ziehenlassen trinken. Mittags und abends nach dem Essen.
Dragees, Tabletten	2x tgl. entsprechend der Menge 3g Einzeldosis einnehmen

■ **Handelspräparate:**

Hopfenzapfen-Extrakt	**Spreewälder Pflanzenextr. Hopfen**, Spreewald Pharma
Hopfenzapfen-Trockenextr.	**Bonased**® L Drg., Dologriet
Kombinations-präparate	**Convergal**® Kps. (mit Baldrian →**102**, Passionsblume →**258**) **Biosedon**® Drg. (mit Baldrian →**102** und Passionsblume →**258**), Biocur **Euvegal**® N, Drg. (mit Baldrian →**102**), Spitzner **Euvegal forte**®, Drg. (mit Melisse →**242**), Spitzner **Hovaletten**® N, Filmtbl. (mit Baldrian →**102**) **Hova-Zäpfchen**® für Kinder (mit Baldrian →**102**) **Kytta Sedativum**® N, Drg., Trpf. (mit Baldrian →**102**, Passionsblume →**258**, Mistelkraut →**247**), Merck **Lactidorm**® Beruhigungsdragees, Galactopharm **Luvased**®. Drg., Trpf. (mit Baldrianwurzelextrakt →**102**), Brenner-Efeka Pharma/LAW **Nervendragees-ratiopharm**® (mit Baldrian →**102** und Passionsblume →**258**), ratiopharm

■ **Nebenwirkungen/Wechselwirkungen/Gegenanzeigen:**
Keine bekannt.

Huflattichblätter

farfarae folium

Foto: Sertürner Bildarchiv

- **Beschreibung:**
  Der Huflattich blüht bereits im Februar und März und bevorzugt lehmigen und tonigen Boden. Oftmals wird er auf Ödland, auf Schuttplätzen, an Böschungen und Eisenbahndämmen gefunden. Für arzneiliche Zwecke werden die Laubblätter entweder frisch oder getrocknet gesammelt.
- **Inhaltsstoffe:**
  Enthalten sind Schleim- und Gerbstoffe, auch Flavonoide. Es können auch wechselnde Mengen an toxischen Pyrrolizidinalkaloiden enthalten sein. Der dafür geltende Grenzwert sollte beachtet werden.
- **Wirkungen:**
  Als Schleim- und Gerbstoffdroge wirkt Huflattich reizlindernd und entzündungshemmend.
- **Anwendungsgebiete:**

Katarrhe der Atemwege (Hustenreiz, Heiserkeit)
Entzündungen der Mund- und Rachenschleimhäute
oberflächliche Entzündungen der Haut

- **Dosierung:**

Tagesdosis	4,5g–6g Droge
Max. Tagesdosis an Pyrrolizidin-alkaloiden	1 µg

Darreichungsformen:

Als Tee	1–2 Teelöffel kleingeschnittene Droge mit 1 Tasse Wasser heiß aufgießen und 5 Min. ziehen lassen. Mehrmals tgl. 1 Tasse trinken, evtl. mit Honig gesüßt.

Handelspräparate:

Kneipp Huflattich Pflanzensaft®, Kneipp und freie Rezeptur

Nebenwirkungen/Wechselwirkungen:
Keine bekannt.

Gegenanzeigen:
Schwangerschaft, Stillzeit, Kindesalter.

Ingwerwurzel

zingiberis rhizoma

Beschreibung:
Ingwer besteht aus einem verzweigten Wurzelstock mit endständigen Blütenähren. Die ursprüngliche Heimat ist das Bismarck-Archipel. Sie wird auch in Indien, Malaysia, China und in anderen tropischen Gebieten gefunden und als Gewürz eingesetzt. Für die Zubereitung werden die geschälten, fingerlangen, frischen oder getrockneten Wurzelstöcke ausschließlich aus Kulturen verwendet.

Inhaltsstoffe:
Die Droge enthält ätherisches Öl und Scharfstoffe (Bsp. Gingerole)

- **Wirkungen:**
Durch die enthaltenen Scharfstoffe kommt es zur Förderung der Speichel- und Magensaftsekretion. Weiterhin wird die Darmperistaltik gefördert. Auch eine brechreizstillende Wirkung konnte gezeigt werden, besonders bei Reisekrankheit.

- **Anwendungsgebiete:**

Appetitlosigkeit
dyspeptische Beschwerden
Reisekrankheit

- **Dosierung:**

Tagesdosis	2–4g Droge

- **Darreichungsformen:**

Als Tee	1 Teelöffel grob gepulverte Droge mit 1 Tasse Wasser heiß aufgießen und dann 5–10 Min. ziehen lassen. Vor den Mahlzeiten 1 Tasse trinken.
Als Tinktur (1:5)	20 Trpf. in etwas Wasser vor den Mahlzeiten einnehmen.

- **Handelspräparate:**

Gastrosecur® Trpf. (mit Enzian →**141**, Kümmel →**217**, Zimt →**352** u.a.)
Zintona® Kps.

- **Nebenwirkungen/Wechselwirkungen:**
Keine bekannt.

- **Gegenanzeigen:**
Nicht bei Schwangerschaftserbrechen einnehmen.

Isländisches Moos

lichen islandicus

- **Beschreibung:**
  Der Name Isländisches Moos ist irreführend, da es sich nicht um Moos, sondern um eine Flechte handelt. Man findet die Pflanze in bergigen Gegenden, aber auch im Flachland. Oft kommt sie im Fichtelgebirge, im Riesengebirge und im Bayrischen Wald vor. Für die Arzneiherstellung kann die ganze Pflanze gesammelt werden. Sie wird nur in getrockneter Form verwendet.

- **Inhaltssoffe:**
  Schleimstoffe (bis zu 70%) und Bitterstoffe sind enthalten. Der bittere Geschmack kommt von den bitterschmeckenden Flechtsäuren. Weiterhin sind Jod, Enzyme, Vitamin A, B_1 und B_{12} enthalten.

- **Wirkungen:**
  Der Schleimstoffgehalt der Droge bewirkt eine Reizlinderung. Die leichte antimikrobielle Wirkung scheint von den Flechtsäuren zu kommen. Die Anwendung bei Appetitlosigkeit beruht auf dem Bitterstoffgehalt und seiner tonisierenden Wirkung.

- **Anwendungsgebiete:**

Schleimhautreizungen im Mund- und Rachenraum
Appetitlosigkeit

- **Dosierung:**

Tagesdosis	4–6g Droge oder 1,5g Extrakt

- **Darreichungsformen:**

Als Tee	1–2 Teelöffel feingeschnittene Droge mit 1 Tasse kochendem Wasser übergießen und 10 Min. ziehen lassen. Mehrmals tgl. 1 Tasse Tee trinken.
Lutschtabletten	mehrmals tgl. 1 Tablette im Mund zergehen lassen.

- **Handelspräparate:**

Isla-Mint®-Pastillen, Engelhard **IslaMoos**®-Pastillen, Engelhard

- **Nebenwirkungen/Wechselwirkungen/Gegenanzeigen:**
Keine bekannt.

Johanniskraut

hyperici herba

Foto: Sertürner Bildarchiv

- **Beschreibung:**
Johanniskraut ist eine bis zu 90cm hohe Staude. Johanniskraut kommt bevorzugt an Wegrändern, Dämmen, Büschen und lichten Wäldern vor. Während der Blütezeit von Juli bis September – am besten um Johanni, den 24. Juni – werden die Pflanzenteile (das Kraut) gesammelt und nach der Trocknung weiterverarbeitet.
- **Inhaltssoffe:**
Die Droge enthält Gesamt-Hypericin, Flavonoide, Gerbstoffe und ätherisches Öl.
- **Wirkungen:**
Durch das enthaltene Hypericin zeigt Johanniskraut Monoaminoxydaseeigenschaften. Es wirkt sedierend, antidepressiv und

angstlösend. Die öligen Lösungen zur äußeren Anwendung wirken entzündungshemmend durch den hohen Gehalt an Flavonoid.

Anwendungsgebiete:

psychovegetative Störungen
leichte depressive Verstimmungen
Angst, nervöse Unruhe
Nachbehandlung von Traumen und Myalgien

Dosierung:

Tagesdosis	2–4g Droge

Darreichungsformen:

Als Tee	1 Teelöffel feingeschnittene Droge mit 1 Tasse siedendem Wasser aufgießen und 10 Min. ziehen lassen. Morgens und abends 1 Tasse trinken.
Feste Form	2x tgl. entsprechend den Inhaltsstoffen von 4g Droge als Kapsel oder Tablette einnehmen.
Salbe	Mit fettem Öl aus der Droge gewonnenes Hypericumöl mehrmals tgl. auftragen.

Handelspräparate:

Johanniskraut-Extr.	**mct Psycho®** Dragees N, Eurim Pharm **Psychotonin®** M Tinktur zum Einnehmen, Steigerwald **Spreewälder Pflanzenextrakt Johanniskraut®** Spreewald-Pharma **Tonizin®** forte Drg., betapharm
Johanniskraut-Fluidextr.	**Cesradyston® 200** Trpf., Redel **Felis® Trpf.**, Biocur **Hyperforat®** Trpf., Amp., Klein **Tonizin®** Trpf., betapharm
Johanniskraut-Preßsaft	**florabio naturreiner Heilpflanzensaft Johanniskraut®**, Florabio

Johanniskraut-Trockenextr.	**Aristoforat®**180 Kps., Steiner Arznei **Aristoforat®**350 Kps., Steiner Arznei **Cesradyston®** 200 Kps., Redel **Esbericum®** Kps., forte, Schaper u. Brümmer **Felis forte® 425** Kps., -Drg., Biocur **Herbaneurin®** forte Kps., Herbapharma **Hewepsychon uno**v Drg., Hevert **Hyperforat®** Drg., Klein **Hypericaps®** duopharm **Hypericum-Phyton®** Trpf., -Kps., Merckle **Hypericum Stada®** N, Kps., Stada **Hyperimerck®** 260 mg Filmtbl., Merck Generika **Jarsin®** 300 Drg., Lichtwer **Johanniskraut Arcocaps®** Arkopharma **Johanniskrautdragees Jocapsan®** Alsitan **Johanniskraut-ratiopharm®** Kps., Trpf., ratiopharm **Jo-Sabona®** Kps., -Trpf., Sabona **Sedariston®** Trpf. (mit Baldrianwurzel →**102** und Melisse →**242**), Steiner **Sedariston Konzentrat®** Kps. (mit Baldrianwurzel →**102**), Steiner

- **Nebenwirkungen:**
  Selten kann es zu einer Photosensibilisierung kommen.
- **Wechselwirkungen/Gegenanzeigen:**
  Keine bekannt.

Kaffeekohle

coffeae carbo

Beschreibung:
Der Kaffeestrauch wird in den Tropen kultiviert. Die grünen Früchte werden von der Schale befreit, getrocknet, dann geröstet und gemahlen.

Inhaltsstoffe:
Kaffeekohle enthält Koffein und Chlorogensäure.

Pharmakodynamik:
Die Kaffeekohle hat adstringierende und adsorbierende Wirkung.

Anwendungsgebiete:

unspezifische akute Darmerkrankungen
Entzündungen im Mund- und Rachenraum

Dosierung:

Tagesdosis	9g gemahlene Kaffeekohle

Darreichungsformen:

Pulver, innere Anwendung	Mehrmals tgl. 1 Messerspitze oder 1 gestrichenen Teelöffel voll mit Wasser verrühren und einnehmen.
Pulver, äußere Anwendung	Auf die entzündete Schleimhaut auftragen.

Handelspräparate:

Carbo Königsfeld® Pulver, Müller Göppingen
Myrrhinil-Intest® Drg. (mit Myrrhe →**249** und Kamille →**198**), Repha

- **Nebenwirkungen:**
  Systemische Wirkungen des Koffeins treten nicht ein.
- **Wechselwirkungen:**
  Durch die Adsorptionsfähigkeit der Kaffeekohle kann die Adsorption anderer gleichzeitig eingenommener Medikamente beeinflußt werden. Kombinationspräparate sind nicht sinnvoll.
- **Gegenanzeigen:**
  Sind keine bekannt.

Kamillenblüten

matricariae flos

Foto: A. Brousseau, E. Vogel

- **Beschreibung:**
  Die Kamille bildet eine bis zu 50cm hohe Pflanze und blüht von Mai bis Juni. Sie wächst in nahezu ganz Europa auf Wiesen, an Wegrändern und Böschungen. Gesammelt werden die frischen Blütenknöpfchen der Pflanze. Wenn sie getrocknet sind, können sie weiterverarbeitet werden.
- **Inhaltsstoffe:**
  Ätherisches Öl, mit dem hauptsächlichen Bestandteil Bisabolooxide A und B. Auch enthalten sind Matricin und Flavonderivate.
- **Wirkungen:**
  Die Kombination aus entzündungshemmender und krampflösender Wirkung machen die Haupteigenschaften der Kamille aus. Bei Magen-Darm-Entzündungen ist die morgendliche Rollkur eine unterstützende Therapie. Inhalationen der Kamillendämpfe erleichtern die entzündeten Atemwege.

Anwendungsgebiete:

entzündliche Darmerkrankungen
Haut- und Schleimhautentzündungen (Zahnfleisch, Analbereich, Genitalbereich)
Katarrhe der Atemwege

Dosierung:

Tagesdosis	10–15g Droge

Darreichungsformen:

Als Tee	1 Eßlöffel Kamillenblüten mit 1 Tasse heißem Wasser übergießen und 5–10 Min. ziehen lassen. 3–4x tgl. 1 Tasse bei Magen-Darm-Erkrankungen trinken.
Als Spülungen	Mehrmals tgl. als Tee zubereiten und im Mund spülen.
Als Umschläge	2 Eßlöffel Droge mit 1–2 Tassen Wasser heiß übergießen und 15 Min. ziehen lassen. Lauwarm mehrmals tgl. auf die erkrankten Stellen auftragen.
Salbe/Gel	3–10% Drogeninhaltsstoffe verarbeiten und als Salbe oder Gel auftragen.
Badezusatz	50g Droge auf 1l Wasser heiß aufgießen und 15 Min. ziehen lassen, dann abgeseiht ins Badewasser geben.

Handelspräparate:

Kamillen-Extr.	**Kamillencreme-ratiopharm®** N, ratiopharm
Kamillenblauöl	**Chamo®** S Bürger Salbe, Ysatfabrik **Chamo®** S Bürger Perlen, Ysatfabrik **Chamo®** S Bürger Puder, Ysatfabrik
Kamillenblüten	**Chamo®** S Bürger Salbe, -Lsg., Ysatfabrik

Kamillenblüten-Extr.	**Azulon®** Kamillen Creme, Asta medica AWD **Chamo®** S Bürger Perlen, Ysatfabrik **Eukamillat®** Liqu., Biocur **Kamillan®** supra, Pharma Wernigerode **Kamillenbad Robugen®** Robugen **Kamillensalbe Robugen®** Robugen **Kamilloderm®** Salbe plus, Serum-Werk, Bernburg **Kamillosan®** Creme, Asta Medica **Kamillosan®** Wund- u. Heilbad N, Asta Medica **Perkamillon®** Liqu., Robugen
Kamillenblüten-Fluidextr.	**Kamillan®** supra Nasenspray, Pharma Wernigerode **Kamillenextrakt Steierl®** Fluidextr., Steierl **Kamille Spitzner®** N, Lsg., Spitzner **Matmille®** Lsg., Salbe, Ritsert
Kamillenblüten-Trockenextr.	**Azulon®** Kamillenpuder Asta Medica **Kamillosan®** Salbe, Asta Medica
Kamillenöl	**Kamillen-Bad N®** Ritsert **Soledum®** med., Nasentrpf., Cassella-med

- **Nebenwirkungen:**
  Vorsicht bei der Anwendung am Auge, da können allergische Reaktionen vermehrt auftreten.
- **Wechselwirkungen/Gegenanzeigen:**
  Keine bekannt.

Kampfer(-baum)

camphora

- **Beschreibung:**
  Der Kampferbaum (Cinnamomum camphora) kommt in Südchina, Südjapan und Formosa vor. Kulturen werden in Sri Lanka und Ostafrika gezüchtet. Er kann bis zu 40 m hoch und 5 m dick werden. Aus dem Holz und den untersten Baumabschnitten wird das enthaltene ätherische Öl gewonnen. Durch Wasserdampfdestillation und anschließende Sublimation/Reinigung wird aus dem Öl der Kampfer gewonnen.
- **Inhaltsstoffe:**
  Enthalten sind mindestens 96% und höchstens 104% 2-Bornanon, welches dem ätherischen Öl entspricht.
- **Wirkungen:**
  Kampfer wirkt als zentrales Analeptikum (nur in Nähe der toxischen Dosis), außerdem stimuliert es das Atemzentrum, wirkt kreislauftonisierend und erweitert die Bronchien. Bei äußerlicher Anwendung wirkt es durchblutungsfördernd, bei Inhalation bronchosekretolytisch.
- **Anwendungsgebiete:**

hypotone Kreislaufregulationsstörung (Herzmittel)
Husten
zur äußeren Anwendung bei Muskelrheumatismus (auch in Kombinationspräparaten enthalten)
Katarrhe der Atemwege (auch in Kombinationspräparaten enthalten)
Beklemmungsgefühl in der Herzgegend

Dosierung:

innere Anwendung	Tagesdosis 30–300 mg
äußere Anwendung	10–20% Salben

Darreichungsformen:

Tropfen	30–300 mg z.B. 5–10 Trpf. auf 1 Stück Würfelzucker im Munde zergehen lassen.
Kampfersalbe (10–20%)	bei Säuglingen max. 25%, bei Kleinkindern max. 5%
Kampferspiritus	9,5–10,5%igen Kampfer mehrmals tgl. einreiben.

Handelspräparate:

Diacard® N Trpf. (mit Weißdornfrüchten →**346** und Baldrianwurzel →**102**), Madaus
Kneipp Herzsalbe® (mit Menthol →**266** und Rosmarinöl →**285**), Kneipp
Korodin® Herzkreislauftrpf. (mit Menthol →**266** und Weißdorn →**346**), Robugen

Nebenwirkungen:
Bei innerer Anwendung nur bei Überdosierung zu erwarten. Bei Kleinkindern liegt der toxische Bereich allerdings bei 0,5 g oral. Zeichen einer Vergiftung sind Übelkeit, Erbrechen, Rauschzustände, Verwirrtheit und Tachykardien, selten auch Krämpfe. Bei äußerer Anwendung kann es zu Kontaktekzemen kommen.

Wechselwirkungen:
Sind keine bekannt.

Gegenanzeigen:
Darf nicht auf vorgeschädigte Haut aufgetragen werden. Bei Kleinkindern und Säuglingen darf Kampfer nicht im Gesichtsbereich, speziell im Nasenbereich angewendet werden.

Kardamom

cardamomi fructus

- **Beschreibung:**
Kardamom ist eine Staude, die bis zu 4m hoch werden kann. Sie kommt in Vorderindien, aber auch auf Java, Sri Lanka und in anderen tropischen Gebieten vor. Die fast reifen und noch grünlich-gelblichen Früchte werden gesammelt und dann vor der weiteren Verarbeitung getrocknet. Dabei werden die von der Kapselhülle befreiten Samen aussortiert.

- **Inhaltsstoffe:**
Ätherisches Öl ist der Hauptinhaltsstoff.

- **Wirkungen:**
Im Tierexperiment konnten cholagoge Wirkungen gezeigt werden.

- **Anwendungsgebiete:**

dyspeptische Beschwerden

- **Dosierung:**

Tagesdosis	1,5g Droge

- **Darreichungsformen:**

Als Tee	2 Teelöffel leicht gequetschte Droge mit 1 Tasse heißem Wasser überbrühen und warm zu den Mahlzeiten trinken.
Als Tinktur (1:10)	tgl. ca. 40 Trpf. in warmem Wasser trinken oder 10 Trpf. auf einem Stück Zucker zergehen lassen.

Handelspräparate:

In Kombinationspräparaten enthalten:
Cholongal® Drg., Trpf.
Digestivum Fides®
Magentonikum-Klosterfrau®

Nebenwirkungen/Wechselwirkungen/Gegenanzeigen:
Keine bekannt.

Kava-Kava

piperis methystici rhizoma

Beschreibung:
Kava-Kava (auch Kawa-Kawa geschrieben) oder Piper methysticum ist auch unter dem Begriff Rauschpfeffer bekannt. Der bis zu 5m hohe laubreiche Strauch bildet einen mächtigen Wurzelstock. Dieser wird von den Wurzeln befreit, geschält, zerschnitten und weiterverarbeitet. Kava-Kava kommt in Mikronesien und Polynesien vor.

Inhaltsstoffe:
Enthalten sind Kavapyrone, die mindestens 3,5% Kavalactone enthalten. Dabei u.a. Kavain und Methysticin.

Wirkungen:
Tierexperimentell konnten sedierende, krampflösende und muskelentspannende Wirkungen gezeigt werden. Auch schlaffördernde Wirkungen beim Menschen sind nachweisbar.

Anwendungsgebiete:

nervöse Angst-, Spannungs- und Unruhezustände
Schlafstörungen

Dosierung:

Tagesdosis	60–120mg Kavapyrone

Darreichungsformen:

Als Fertigarznei in Form von Trockenextrakten in Tabletten oder Kapseln. Teezubereitungen sind nicht zu empfehlen.

Handelspräparate:

Kava-Kava-Trocknextr.	**Ardedystin forte®** Drg., Ardeypharm
Kava-Kava-Wurzelextr.	**Aigin Kava®** Drg., Trpf., Hevert **Ka-Sabona®** Kps., Trpf., Sabona **Kava-ratiopharm®** Kps., forte 120 mg Kps., ratiopharm **Kava von ct®** Kps., Trpf., Sabona
Kava-Kava-Wurzelstock-Spissumextr.	**Kavatino®** Kps., Lsg. Bionorica **Limbao®**120 Kanoldt
Kava-Kava-Wurzeltrockenextr.	**Antares®** 120 Tbl., Krewel Meuselbach **Cefakava®** 150 Filmtbl., Cefak **Eukavan®** duopharm **Kavacur®** Drg., Biocur **Kavaphyton®** Drg., Merckle **Kava-ratiopharm®** Kps., ratiopharm **Kavosporal®** forte Kps., Müller Göppingen **Laitan®** 100, Kps., Schwabe/Spitzner **Sedalint®** Kava Filmtbl., Sanofi Winthrop

Nebenwirkungen:

Selten allergische Hautreaktionen, Pupillenerweiterungen. Bei längerer Einnahme kann es zu einer Gelbfärbung der Haut kommen.

Wechselwirkungen:

Verstärkt wird die Wirkung bei gleichzeitiger Einnahme von Alkohol, Barbituraten oder Psychopharmaka.

Gegenanzeigen:

Schwangerschaft, Stillzeit, endogene Depression.

Keuschlammfrüchte

agni casti fructus

- **Beschreibung:**
  Die Früchte werden gesammelt, wenn sie reif sind und dann vor der Weiterverarbeitung getrocknet. Der Begriff ist übrigens nicht abgeleitet vom Wort „Schlamm", sondern von „keusches Lamm".
- **Inhaltsstoffe:**
  Enthalten sind Iridoide (Aucubin, Agnosid), Flavonoide, ätherisches Öl, fettes Öl und ein Bitterstoff (Castin).
- **Wirkungen:**
  Im Versuch kam es zu einer Hemmung der Milchproduktion und zur Normalisierung der Prolaktinausschüttung. Keuschlammfrüchte zeigen dopaminerge Wirkungen.
- **Anwendungsgebiete:**

Menstruationsstörungen infolge von Gelbkörperinsuffizienz
prämenstruelles Syndrom
Mastodynie (Brustspannen bei Frauen)

- **Dosierung:**

Tagesdosis	30–40 mg in wäßrig-alkoholischer Form

- **Darreichungsformen:**
  Zerkleinerte Früchte in wäßrig-alkoholischer Lösung. Eine Kombination mit Traubensilberkerzen-Wurzelstock (→**336**) scheint sinnvoll.
- **Handelspräparate:**

Extr. aus Agnus castus	**Cefanorm®** forte Lsg., Cefak
Keuschlamm-früchte-Tinktur	**Agnolyt®** Trpf., Madaus **Agno-Sabona®** Trpf., Sabona **Strotan®** Lsg., Strathmann

Keuschlamm-früchte-Trockenextr.	**Agnolyt**® Kps., Madaus **Agnucaston**® Trpf., Tbl. **Agnufemil**® Kps., Lsg., Steigerwald **Femicur**® Kps., **Schaper**® Brümmer **Femisana**® forte Mixtur (mit Traubensilberwurzelstock →**336**, Küchenschelle, Schöllkraut →**303** u.a.) **Kytta Femin**® Kps., Merck **Mastodynon**® N, Trpf. **Strotan**® Filmtbl., Strathmann

- **Nebenwirkungen:**
  Gelegentlich juckende Hautausschläge.
- **Wechselwirkungen:**
  Es könnte zu einer wechselseitigen Wirkungsabschwächung bei Gabe von Dopamin-Rezeptorantagonisten kommen. Ansonsten sind keine bekannt.
- **Gegenanzeigen:**
  Schwangerschaft und Stillzeit.

Kiefernnadelöl

pini aetheroleum

Foto: A. Brousseau, E. Vogel

- **Beschreibung:**
  Die frischen Zweigspitzen und Nadeln werden gesammelt. Aus ihnen heraus gewinnt man das ätherische Öl.
- **Inhaltsstoffe:**
  Ätherisches Öl mit Monoterpenen.
- **Wirkungen:**
  Das ätherische Öl der Kiefernnadel wirkt schleimlösend und antibakteriell. An der äußeren Haut kommt es zur vermehrten Durchblutung.
- **Anwendungsgebiete:**

Katarrhe der Atemwege
rheumatische, neuralgische Beschwerden

- **Dosierung:**

Tagesdosis	5g Droge

- **Darreichungsformen:**

als Tropfen	3x tgl. 4 Trpf. in Wasser oder auf Zucker einnehmen.
als Inhalat	2g Öl in 2 Tassen heißes Wasser geben und die Dämpfe mehrmals tgl. einatmen.
als Salbe	Mehrmals tgl. mit einer 10–50%igen Salbe einreiben oder einige Tropfen direkt auf die betroffenen Hautpartien einreiben.

Handelspräparate:

Babiforton® Inhalat (mit Eukalyptusöl →**144**, Pfefferminze →**266**), Sanofi Winthrop **Bronchoforton®** N, Salbe, Kombi (mit Eukalyptusöl →**144**, Menthol →**266**), Sanofi Winthrop **Kneipp Erkältungsbalsam N** (mit Thymianöl →**332**, Fichtennadelöl →**152**, Eukalyptusöl →**144** u.a.), Kneipp **Pinimenthol®** Liquidium, Salbe (mit Eukalyptus →**144**, Menthol →**266**), Spitzner

Nebenwirkungen:
Es können Reizerscheinungen auftreten; ein bestehender Bronchospasmus kann verstärkt werden.

Wechselwirkungen:
Sind keine bekannt.

Gegenanzeigen:
Asthma bronchiale und andere obstruktive Atemwegserkrankungen, Keuchhusten.

Kiefernsprossen

pini turiones

Beschreibung:
Im Frühjahr werden die 3–5cm langen, frischen Kiefernsprossen gesammelt und getrocknet.

Inhaltsstoffe:
Ätherisches Öl und Harze.

Wirkungen:
Das ätherische Öl wirkt an der Bronchialschleimhaut schleimlösend und antibakteriell. An der äußeren Haut kommt es zu Erhöhung der Durchblutung.

Anwendungsgebiete:

Katarrhe der Atemwege
Muskel- und Nervenschmerzen

■ **Dosierung:**

Tagesdosis	9 g Droge

■ **Darreichungsformen:**

als Tee	1 Teelöffel geschnittene Droge mit 1 Tasse heißem Wasser aufgießen. 5 Min. abgedeckt ziehen lassen. 3x tgl. 1 Tasse trinken.
ätherisches Öl	3x tgl. 4 Trpf. in etwas Wasser oder auf 1 Stück Zucker einnehmen.
als Badezusatz	100 g alkoholisches Extrakt auf 1 Vollbad
halbfeste Formen	Mehrmals tgl. mit einer 20–50%igen Salbe einreiben.

■ **Handelspräparate:**

Babiforton® Inhalat (mit Eukalyptusöl →**144**, Pfefferminze →**265**), Sanofi Winthrop
Bronchoforton® N, Salbe, Kombi (mit Eukalyptusöl →**144**, Menthol →**266**), Sanofi Winthrop
Kneipp Erkältungsbalsam N® (mit Thymianöl →**332**, Fichtennadelöl →**152**, Eukalyptusöl →**144** u.a.), Kneipp
Pinimenthol® Liquidium, Salbe (mit Eukalyptus →**144**, Menthol →**266**), Spitzner

■ **Nebenwirkungen/Wechselwirkungen/Gegenanzeigen:**
Keine bekannt.

Knoblauchzwiebel

allii sativi bulbus

Beschreibung:
Die Zwiebel ist ein Liliengewächs und blüht im Juli und August. Sie kann in Kulturen und in Gärten gezüchtet werden. Gesammelt werden frische oder auch schon trockene Zwiebeln.

Inhaltsstoffe:
Knoblauchzwiebeln enthalten Alliin und dessen Abbauprodukte. Auch enthalten sind ätherisches Öl, Vitamin A, B_1, Nikotinsäureamid. Vitamin C sowie sexualhormonähnliche Stoffe (männlich und weiblich).

Wirkungen:
Die Inhaltsstoffe reduzieren den alimentär erhöhten Fettstoffgehalt im Blut, wirken antibakteriell und hemmend auf Pilze. Weiterhin konnte in klinischen Studien eine Hemmung der Thrombozytenaggregation gezeigt werden, sowie eine Verlängerung der Blutungszeit und der Gerinnungszeit. Die Fibrinolyseaktivität konnte ebenfalls gesteigert werden.

Anwendungsgebiete:

Senkung der Blutfette
Vorbeugung altersbedingter Gefäßschäden (Bluthochdruck)
Gärungsprozesse im Darm

Dosierung:

Tagesdosis	4g frische Knoblauchzwiebel; nach Angaben der Hersteller

Darreichungsformen:

gepulverte Droge

Ölmazerate
Destillate

- **Handelspräparate:**

Knoblauch-Extr.	**Ravalgen**® aktiv Kps., SmithKline Beecham OTC Medicines
Knoblauch-Ölmazerat	**Alliocaps**® F, Madaus
Knoblauchzwiebelöl	**Carisano**® Drg., Bilgast **Klosterfrau Aktiv**® Kps. (mit Johanniskraut →**194**, Weizenkeimöl und Retinol) **Kneipp Knoblauch**® Drg., Kneipp **Kneipp Knoblauch-Pflanzensaft**®, Kneipp **Knoblauch-ratiopharm** Drg., ratiopharm **Kwai**® Drg. (mit Rutinosid, Weißdorn →**346** und Mistel →**247**), Lichtwer **Sapec**® Drg., Lcihtwer **Vitagutt**® Knoblauch 300 Kps., Medicator **Xund N Knoblauch Filmtabletten**, ratiopharm

- **Nebenwirkungen:**
Selten Magen-Darm-Beschwerden, allergische Reaktionen, Geruchsveränderung der Atemluft und Haut.

- **Wechselwirkunge/Gegenanzeigen:**
Keine bekannt.

Königskerzenblüten

verbasci flos

Foto: A. Brousseau, E. Vogel

- **Beschreibung:**
Wollblumen wachsen bevorzugt an sonnigen Plätzen, steinigen Hängen, Böschungen oder auch gelegentlich im Garten. Ihre Sprossen können eine Höhe von 1 bis 3 m erreichen. Die im Juli bis August gesammelten Blumenkronen (Blüten) werden getrocknet und dann weiterverarbeitet.

- **Inhaltsstoffe:**
Enthalten sind Flavonoide, Aucubin, Saponine, ätherisches Öl und Schleim.

- **Wirkungen:**
Durch den hohen Gehalt an Saponinen und Schleim wirken die Königskerzenblüten expektorierend.

- **Anwendungsgebiete:**

Katarrhe der Atemwege (Hustenmittel)

- **Dosierung:**

Tagesdosis	3–4 g Droge

- **Darreichungsformen:**

als Tee	1–2 Teelöffel feingeschnittene Droge mit 1 Tasse heißem Wasser oder kaltem Wasser aufgießen (dann noch zum Sieden bringen). Mehrmals tgl. 1 Tasse trinken.

- **Handelspräparate:**

Wollblumen-Extr.	**Eres**® N, Lsg., Müller Göppingen

- **Nebenwirkungen/Wechselwirkungen/Gegenanzeigen:**
Keine bekannt.

Korianderfrüchte

coriandi fructus

Foto: Sertürner Bildarchiv

- **Beschreibung:**
Der Koriander ist ein etwa 50cm hohes Doldengewächs und stammt ursprünglich aus Nordafrika und Vorderasien. In europäischen Klimazonen haben die Kulturen große Schwierigkeiten zu wachsen. Koriander ist ein Bestandteil von Curry-Gewürz.
Gesammelt werden die gut ausgereiften, rundlich bis kugeligen Früchte, die dann im getrockneten Zustand weiterverarbeitet werden.
- **Inhaltsstoffe:**
Mindestens 0,6% ätherisches Öl ist enthalten. Auch enthalten sind Vitamin C, Sitosterin, Eiweiß und fettes Öl.
- **Wirkungen:**
Das ätherische Öl stimuliert die Magensaftsekretion und wirkt krampflösend.
- **Anwendungsgebiete:**

Appetitlosigkeit
dyspeptische Beschwerden (Blähungen)

- **Dosierung:**

Tagesdosis	3 g Droge

Darreichungsformen:

als Tee	2 Teelöffel Koriander unmitelbar vor dem Übergießen mit 1 Tasse kochendem Wasser zerstoßen oder anquetschen. Dann 10–15 Min. ziehen lassen. Mehrmals tgl. 1 Tasse zwischen den Mahlzeiten trinken.

Handelspräparate:

Carminativum-Hetterich® N, Trpf., Hetterich
Gastroflorin® Trpf.

Nebenwirkungen/Wechselwirkungen/Gegenanzeigen:
Sind keine bekannt.

Kreuzdornbeeren

rhamni cathartici fructus

Beschreibung:
Der Kreuzdorn ist ein etwa 3 m hoher Strauch. Die Zweige laufen an ihrem Ende in einem Dorn aus. Zwischen August und Oktober werden die frischen und getrockneten reifen Früchte gesammelt und weiterverarbeitet.

Inhaltsstoffe:
Die Droge enthält 4-5-Hydroxyanthracenderivate (Anthranoide)

Wirkungen:
Durch den Gehalt an Anthranoiden wirkt die Droge laxierend. Es kommt zur Stuhlverflüssigung und zur Volumenzunahme des Darminhalts.

Anwendungsgebiete:

Verstopfung
Defäkationserleichterungen (Analfissuren, Hämorrhoiden)

Dosierung:

Tagesdosis	2–5g Droge

Darreichungsformen:

als Tee	2 Teelöffel zerkleinerte Droge sollte mit 1 Tasse kochendem Wasser übergossen werden. Nach 10 Min. kann der Tee getrunken werden. Abends oder auch morgens 1–2 Tassen trinken.

Handelspräparate:

Kreuzdornbeeren-Trockenextrakt	**Laxysat®** N Bürger Drg., Ysatfabrik

Hauptsächlich freie Rezeptur.

Nebenwirkungen:
Bei zu hoher Dosierung kann es zu krampfartigen Magen-Darm-Beschwerden kommen. Dauergebrauch führt zu Elektrolytverlusten.

Wechselwirkungen:
Die Resorption gleichzeitig verabreichter anderer Arzneimittel kann gestört sein. Sollte Kaliummangel bestehen, kommt es zur Verstärkung der Herzglykosidwirkung und/oder Digitaliswirkung.

Gegenanzeigen:
Darmverschluß, Schwangerschaft und Stillzeit.

Kümmel, Kümmelöl

carvi fructus/aetheroleum

Foto: Sertürner Bildarchiv

Beschreibung:
In Mitteleuropa wächst der Kümmel auf Wiesen- und Grasplätzen, aber auch an Wegrändern. Die reifen Früchte werden bevorzugt im Juli bis September geerntet und nach dem Trocknen entweder weiterverarbeitet oder zur Gewinnung von Kümmelöl verwendet. Dieses enthält viel ätherisches Öl, welches durch Wasserdampfdestillation extrahiert wird.

Inhaltsstoffe:
Mindestens 3% ätherisches Öl im Kümmel, mindestens 50% im Kümmelöl.

Wirkungen:
Kümmelöl wirkt an der glatten Muskulatur der Magen-Darm-Wand krampflösend und antimikrobiell. Das ist auch die Wirkung des karminativen Effekts bei dyspeptischen Beschwerden mit Völlegefühl und Blähungen.

Anwendungsgebiete:

dyspeptische Beschwerden
Blähungen

Dosierung:

Tagesdosis	1,5–6g Droge / 3–6 Tropfen Öl

Darreichungsformen:

als Tee	1 Teelöffel frisch angestoßenen Kümmel mit 1 Tasse Wasser heiß aufgießen und 5 Min. abgedeckt ziehen lassen. 3x tgl. zu den Mahlzeiten trinken.
Kümmelöl	2–3 Trpf. in etwas Wasser zu den Mahlzeiten einnehmen

■ **Handelspräparate:**

Anethol 36 Lohmann® N, Drg., Lohmann
Aspasmon® N, Trpf.
Carminativum-Hetterich® Trpf., Hetterich
Carvomin® Trpf. (mit Condurango →**128**, Engelwurz →**92**, Pfefferminze →**265** u.a.), Madaus
Kneipp Flatuol®, Tbl., Kneipp
Meteophyt® N, Trpf.
Pascopankreat Novo® Trpf., Pascoe
in Kombinationspräparaten mit Anis und Fenchel →**150**

■ **Nebenwirkungen/Wechselwirkungen/Gegenanzeigen:**
Sind keine bekannt.

Kürbissamen

cucurbitae peponis semen

■ **Beschreibung:**
Die Heimat des Kürbis ist Mexiko und Texas. Von dort aus kam er mit den Spaniern nach Europa. Im Garten bei uns benötigt er einen sonnigen Standort, der Boden muß gut gedüngt sein. Gesammelt werden die reifen Samen des Kürbis. Nach dem Trocknen werden sie weiterverarbeitet.

■ **Inhaltsstoffe**
Enthalten sind Cucurbitin, Phytosterine in freier und gebundener Form, Tocopherol, Mineralstoffe, auch Selen, fettes Öl und Eiweiß.

■ **Wirkungen:**
Es gibt kaum experimentelle Studien, die die Wirksamkeit nachweisen.

■ **Anwendungsgebiete:**

Reizblase
Miktionsbeschwerden

■ **Dosierung:**

Tagesdosis	10g zerkleinerte Droge

■ **Darreichungsformen:**

Emulsion	zum Einnehmen werden 2 Eßlöffel Kürbiskerne mit Wasser verrührt und dann 2x tgl. eingenommen.

■ **Handelspräparate:**

Prosta Fink® N, Kps., SmithKline Beecham
Prostamed® Tbl., Klein

■ **Nebenwirkungen/Wechselwirkungen/Gegenanzeigen:**
Keine bekannt.

Lärchenterpentin

terebinthina lacricina

■ **Beschreibung:**
Die Stämme werden angebohrt und dann der darin enthaltene Balsam gewonnen.

■ **Inhaltsstoffe:**
Das ätherische Öl enthält verschiede Terpentine.

■ **Wirkungen:**
Lärchenterpentin wirkt bei äußerer Anwendung an der Haut durchblutungsfördernd, bei Inhalation bronchosekretolytisch und antiseptisch.

Anwendungsgebiete:

Katarrhe der Atemwege
rheumatische und neuralgische Beschwerden

Dosierung:

nach Vorgaben des Krankheitsbildes und den Herstellerangaben

Darreichungsformen:

10–20%iges Lärchenterpentin in flüssiger und halbfester Zubereitung

Handelspräparate:

Iosimitan® Salbe

Nebenwirkungen:
Allergische Reaktionen an der Haut.

Wechselwirkungen:
Keine bekannt.

Gegenanzeigen:
Überempfindlichkeit gegenüber ätherischen Ölen. Bei Inhalation kann es daraufhin zu akuten Entzündungen der Atemwege kommen.

Lavendelblüten

lavandulae flos

Foto: A. Brousseau, E. Vogel

- **Beschreibung:**
  Die ursprüngliche Heimat des Lavendels ist der Mittelmeerraum. Er kann aber auch bei uns in Gärten gezogen werden, wobei er eine Höhe von ½ m erreicht. Vor der völligen Entfaltung der Lavendelblüte werden die Blüten im Juli gesammelt und dann getrocknet.

- **Inhaltsstoffe:**
  Mindestens 1,5% ätherisches Öl, das durch Wasserdampfdestillation gewonnen wird. Folgende Hauptbestandteile sind enthalten: Linalylacetat, Linalool, Kampfer u.a..

- **Wirkungen:**
  Bei innerer Anwendung wirken die Lavendelblüten leicht sedierend. Bei äußerer Anwendung (Badezusatz) kommt es zur Durchblutungssteigerung der Haut.

- **Anwendungsgebiete:**

nervöse Unruhezustände
Einschlafstörungen
dyspeptische Beschwerden
Balneotherapie (funktionelle Kreislaufstörungen)

- **Dosierung:**

Tagesdosis	3–5g Droge

- **Darreichungsformen:**

als Tee	1–2 Teelöffel Lavendelblüten mit 1 Tasse Wasser heiß aufgießen und abgedeckt 5 Min. ziehen lassen. Abends 1–2 Tassen trinken.

als Lavendelöl	1–4 Tropfen Lavendelöl auf 1 Stück Würfelzucker vor dem Schlafengehen einnehmen.
als Badezusatz	100g Lavendelblüten auf 2l heißes Wasser geben, kurz ziehen lassen oder 100g Lavendelblüten mit 2l Wasser kurz aufkochen und dann nach dem Abseihen dem Badewasser zugeben.

- **Handelspräparate:**

Weleda-Lavendel-Bademilch®, Weleda
Freie Rezeptur

- **Nebenwirkungen/Wechselwirkungen/Gegenanzeigen:**
Keine bekannt.

Leinsamen

lini semen

Foto: A. Brousseau, E. Vogel

Beschreibung:

Der Lein ist ein 50 bis 70cm hohes, einjähriges Kraut, welches nur in Kulturen vorkommt. Die Blütezeit ist Juni bis August, und die Ernte der vollausgereiften Samen findet im September statt.
Zur Zubereitung werden die getrockneten und reifen Samen der Leinpflanze verwendet.

Inhaltsstoffe

Ballaststoffe, fettes Öl, Eiweiß, hoher Schleimanteil, Lionstatin.

Wirkungen:

Leinsamen gehört zu den Quellmitteln. Die Wirkung beruht auf der Volumenzunahme und dem nachfolgenden Dehnungsreiz auf die Darmwand. Es kommt zur Zunahme der Darmpersitaltik und somit zur abführenden Wirkung.

Anwendungsgebiete:

Darmträgheit, Verstopfung
Reizdarm
Divertikultis

Dosierung:

Tagesdosis	45g Droge

Darreichungsformen:

ganze Droge	2–3 Eßlöffel tgl. unzerkaut oder angestoßen mit jeweils 150ml Flüssigkeit einnehmen.

Leinsamenschleim	2–3 Eßlöffel eines geschroteten bzw. zerkleinerten Leinsamens einnehmen. Am besten am vorhergehenden Abend z.B. 1–2 Eßlöffel in 1/4–1/2 l Wasser einweichen.

- **Handelspräparate:**

Linusit Creola® Leinsamen, SmithKline Beecham OTC, Medicines
Linusit Darmaktiv® SmithKline Beecham OTC, Medicines
geschroteter, ganzer Leinsamen (Reformhaus, Apotheke)

- **Nebenwirkungen:**
Bei ausreichender Flüssigkeitszufuhr keine bekannt. Bei zu geringer Flüssigkeitsmenge kann es zum Darmverschluß kommen.
- **Wechselwirkungen:**
Die Resorption anderer Arzneimittel kann auch beeinträchtigt werden.
- **Gegenanzeigen:**
Darmverschluß jeder Genese.

Liebstöckelwurzel

levistici radix

Foto: A. Brousseau, E. Vogel

- **Beschreibung:**
  Dieses große Doldengewächs (bis 2 m Höhe) stammt aus Südeuropa. Heutzutage wird die Pflanze im Orient, in Westasien und in ganz Europa kultiviert. Gesammelt werden die Wurzelstöcke und Wurzeln. Nach dem Trocknen können diese weiterverarbeitet werden. Die Blütezeit ist Juli–August. Als Gewürz verwendet erntet man einige wenige Blätter von der Pflanze.
- **Inhaltsstoffe:**
  Enthalten sind ätherisches Öl und Cumarinderivate.
- **Wirkungen:**
  Das ätherische Öl enthält als Hauptinhaltsstoff Ligustilid, welches spasmolytische Wirkungen an der glatten Muskulatur zeigt. Liebstöckelwurzel wirkt leicht harntreibend (Aquaretikum).
- **Anwendungsgebiete:**

unspezifische entzündliche Erkrankungen der ableitenden Harnwege (harntreibend)
Magenbeschwerden

- **Dosierung:**

Tagesdosis	4–8 g Droge

- **Darreichungsformen:**

Als Tee	1–2 Teelöffel feingeschnittene Droge mit 1 Tasse kochendem Wasser übergießen und nach 10–15 Min. vor den Mahlzeiten warm trinken.

- **Handelspräparate:**

Canephron® Drg., Trpf., Bionorica
Nephroselect® N, Liqu., Dreluso

- **Nebenwirkungen/Wechselwirkungen:**
  Selten kann es zu Photosensibilisierungen durch UV-Bestrahlung kommen.
- **Gegenanzeigen:**
  Akute entzündliche Erkrankungen des Nierenparenchyms, eingeschränkte Nierenfunktion, keine Durchspülungstherapie bei Ödemen infolge von Herz- und Nierenfunktion.

Lindenblüten

tiliae flos

- **Beschreibung:**
Die Lindenblüten können von beiden bei uns vorkommenden Lindenbäumen, kurz nach dem Aufblühen, gesammelt werden. Die Blütenstände werden vor der Weiterverarbeitung getrocknet. Dies sollte kurz und nicht mit einer höheren Temperatur als 40 °C durchgeführt werden.

- **Inhaltsstoffe:**
Enthalten sind Flavonoide, ätherisches Öl, Zucker, Gerb- und Schleimstoffe.

- **Wirkungen:**
Durch die Gerb- und Schleimstoffe wirkt die Droge schleimlösend und reizlindernd. Nachgewiesen werden konnten die schweißtreibende Wirkung und die Aktivierung der Abwehrkräfte.

- **Anwendungsgebiete:**

Katarrhe der Atemwege
trockener Reizhusten

- **Dosierung:**

Tagesdosis	2–4g Droge

- **Darreichungsformen:**

Als Tee	1 Teelöffel geschnittene Lindenblüten mit 1 Tasse Wasser heiß aufgießen und 15 Min. ziehen lassen. Mehrmals tgl. heiß trinken.

- **Handelspräparate:**

Bestandteil zahlreicher Teemischungen oder als freie Rezeptur:
Bronchialtee 400®, TAD Pharma
Dr. Klingers – Bergischer Kräutertee®

- **Nebenwirkungen/Wechselwirkungen/Gegenanzeigen:**
  Keine bekannt.

Löwenzahnwurzel/-kraut

taraxaci radix cum herba

- **Beschreibung:**
  Löwenzahn kommt auf Wiesen und Feldern vor. Seine kräftige Pfahlwurzel kann bis zu 30 cm tief im Boden verankert sein. In der Blütezeit von März–Mai werden die Wurzel und das Kraut gesammelt. Die Löwenzahnblätter können als Salat oder als appetitanregende Beigabe zu Weichkäse serviert werden.
- **Inhaltsstoffe:**
  Bitterstoffe sind die Hauptbestandteile der Pflanze. Auch Vitamine, Carotin und Flavonoide sind enthalten.
- **Wirkungen:**
  Experimentell konnten galletreibende und harnfördernde Eigenschaften gezeigt werden (Aquaretikum). Durch den Bitterstoffgehalt wird die Magensaftproduktion gesteigert. Eine Entschlackungskur im Frühjahr kann mit Löwenzahn durchgeführt werden.
- **Anwendungsgebiete:**

dyspeptische Beschwerden
Appetitlosigkeit
entzündliche Erkrankungen der ableitenden Harnwege

Dosierung:

Tagesdosis	3 g Droge

Darreichungsformen:

als Tee	1 Teelöffel feingeschnittene Droge mit 1 Tasse kaltem Wasser ansetzen und kurz aufkochen. Dann 10 Min. ziehen lassen, bevor man tgl. 1 Tasse trinkt.
als Pflanzenpreßsaft	1–3 Eßlöffel der frischen Pflanze auspressen und von dem Preßsaft mehrmals tgl. 1 Eßlöffel einnehmen.

Handelspräparate:

Löwenzahnpreßsaft	**Kneipp Löwenzahn-Pflanzensaft Wörisol**® Drg., Kneipp
Löwenzahntinktur	**Aristochol**® N, Trpf., Steiner **Hepar-Kneipp**®, Kneipp **Justogen**® mono, Pharma Wernigerode **Kneipp Löwenzahntabletten**®, Kneipp **Neurochol**® N, Drg., Trpf., Merck **Nieron**® -Tee N, Hoyer **Nieron**® S Kps., Hoyer **Pascohepan**® Trpf., Pascoe **Urol**® S, Kps., Hoyer

Nebenwirkungen:

Durch verstärkte Magensaftproduktion kann es zu Magenbeschwerden kommen.

Wechselwirkungen:

Keine bisher bekannt.

Gegenanzeigen:

Bei Verschluß der Gallenwege oder bestehendem Gallenblasenempyem.

Mädesüßblüten/-kraut

filipendulae ulmariae flos/herba

Foto: Sertürner Bildarchiv

- **Beschreibung:**
  Vorkommend an Gräben, Bachufern und auf moorigen und feuchten Wiesen, gehört Mädesüß (auch Spierstaude) zu den Rosengewächsen. Zur Herstellung der Droge werden die Blüten im Juni bis August gesammelt und dann getrocknet.
- **Inhaltsstoffe:**
  Enthalten sind Flavonoide. In den Blüten sind hauptsächlich Phenylglykoside, Salizylate und wenig ätherisches Öl enthalten.
- **Wirkungen:**
  Die entzündungshemmende und adstringierende Wirkung der Droge beruht auf dem Flavonoid- und dem Salizylatgehalt.
- **Anwendungsgebiete:**

bei Erkältungserkrankungen
bei Rheuma und Gicht

- **Dosierung:**

Tagesdosis	2,5–3,5g Mädesüßblüten oder 4–5g -kraut

- **Darreichungsformen:**

als Tee	1 Eßlöffel der geschnittenen Droge mit 1 Tasse kochendem Wasser übergießen und nach 10 bis 20 Min. abseihen. Mehrmals tgl., eine Tasse heiß trinken.

- **Handelspräparate:**
  Keine Fertigarznei bekannt, freie Rezeptur empfehlenswert.

■ **Nebenwirkungen/Wechselwirkungen:**
Sind keine bekannt.

■ **Gegenanzeigen:**
Bei Überempfindlichkeit gegen Salizylate.

Mäusedornwurzelstock

rusci aculeati rhizoma

Foto: Sertürner Bildarchiv

■ **Beschreibung:**
Nach dem Sammeln des Wurzelstocks wird dieser getrocknet und dann erst weiterverarbeitet.

■ **Inhaltsstoffe:**
Enthalten sind Steroid-Saponine (z.B. Ruscin, Ruscoid)

■ **Wirkungen:**
Tierexperimentell konnte die tonisierende Eigenschaft an den Venen gezeigt werden. Auch eine entzündungshemmende und eine leicht harntreibende Wirkung (Aquaretikum) konnte festgestellt werden.

■ **Anwendungsgebiete:**

Beschwerden bei chronisch-venöser Insuffizienz (Schweregefühl, Juckreiz etc.)
Hämorrhoiden (Juckreiz, Brennen)

■ **Dosierung:**

Tagesdosis	7–11 mg Gesamttruscogenine (nach fermentativer oder Säurehydrolyse)

■ **Darreichungsformen:**

in Form von Handelspräparaten

- **Handelspräparate:**

Mäusedornwurzel-Trockenextr.	**Fagorutin**® Ruscus Kps., SmithKline Beecham OTC Medicines **Rhenus**® med. Drg., APS **Venobiase**® mono Kps., Fournier Pharma

- **Nebenwirkungen:**
Selten Magenbeschwerden und Übelkeit.
- **Wechselwirkungen/Gegenanzeigen:**
Keine bekannt.

Maiglöckchenkraut

convallariae herba

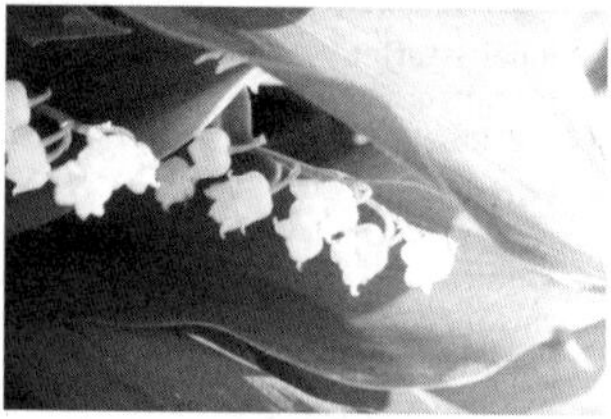

Foto: Sertürner Bildarchiv

- **Beschreibung:**
Zu finden ist das Maiglöckchen im Buchenwald in Mittel-, Süd- und Osteuropa. Während der Blütezeit im Mai-Juni werden die oberirdischen Teile (über 10 cm lange und etwa 5 cm breite Blätter) gesammelt und dann getrocknet. Das Maiglöckchen ist eine giftige Pflanze und sollte deshalb nicht in Eigenmedikation angewendet werden.
- **Inhaltsstoffe:**
Maiglöckchen enthält herzwirksame Glykoside (ca. 30 verschiedene) mit dem Hauptanteil Convallatoxin.
- **Wirkungen:**
Die Glykoside erhöhen die Schlagkraft des Herzens, senken den linksventrikulären enddiastolischen Druck und erhöhen so den Venendruck. Die Kumulationsgefahr

ist durch die hohe Abklingquote gering (50% Wirkverlust am Tag). Empfehlenswert ist nur die standardisierte Drogenzubereitung.

Anwendungsgebiete:

leichte Herzinsuffizienz (Stadium I–II NYHA)
Altersherz (Herzschäden)
chronisches Cor pulmonale

Dosierung:

Tagesdosis	0,6g eingestelltes Maiglöckchenpulver (DAB 8)

Darreichungsformen:
in Form von Handelspräparaten

Handelspräparate:

Convacard® Drg., Madaus
Convallaria-monoplant® Trpf., Nestmann
Convallysan® N, Trpf.
Convard® Drg.
cor-loges® Drg., Loges
Miroton® N forte, Trpf., Knoll
Valdig® -N Bürger Lsg., Ysatfabrik

Nebenwirkungen:
Übelkeit, Erbrechen und Herzrhythmusstörungen.

Wechselwirkungen:
Wirkungssteigerung bei gleichzeitiger Gabe von Saluretika mit Kaliumverlust oder Kaliumverlust anderer Genese.

Gegenanzeigen:
Digitalisintoxikation, Kaliummangelzustände.

Malvenblüten/-blätter

malvae flos/-folium

Foto: A. Brousseau, E. Vogel

- **Beschreibung:**
  Malven kommen an Wegrändern, Feld- und Wiesenrändern, Schuttplätzen und sonnigen Hängen vor. Nach dem Sammeln der Malvenblüten vom Juni–August werden diese vor der Weiterverarbeitung getrocknet, ebenso die Malvenblätter.
- **Inhaltsstoffe:**
  Die Blüten enthalten 10% und die Blätter 8% Schleimstoffe. Auch ätherisches Öl und Gerbstoffe sind enthalten.
- **Wirkungen:**
  Die Malvenblüten und Malvenblätter gehören zu den Schleimstoffdrogen, die reizlindernde Eigenschaften haben.
- **Anwendungsgebiete:**

Schleimhautreizungen im Mund- und Rachenraum
trockener Reizhusten

- **Dosierung:**

Tagesdosis	5g Droge

- **Darreichungsformen:**

Malvenblüten-Tee	1 Eßlöffel feingeschnittene Droge mit 1 Tasse kaltem Wasser ansetzen, kurz aufkochen und dann 10 Min. ziehen lassen. Mehrmals tgl. 1 Tasse trinken.

Malvenblätter-Tee	2 Eßlöffel feingeschnittene Droge mit 1 Tasse kaltem Wasser ansetzen und kurz aufkochen, dann 10 Min. ziehen lassen. Mehrmals tgl. 1 Tasse mit Honig gesüßt trinken.

Handelspräparate:

Brust- und Husten-Tee Stada®, Stada
Hevert Husten-Bronchial-Tee®, Hevert

Nebenwirkungen/Wechselwirkungen/Gegenanzeigen:
Keine bekannt.

Mariendistelfrüchte

cardui mariani fructus

Foto: A. Brousseau, E. Vogel

Beschreibung:
Die Heimat der Mariendistel ist Südeuropa, Südrußland, Kleinasien und Nordafrika. Blütezeit sind die Monate Juli bis August. Zur Arzneimittelherstellung werden die reifen Früchte ohne Pappus (Haarkrone) in den Monaten August und September gesammelt und dann weiterverarbeitet.

Inhaltsstoffe:
Flavonoidederivate (Silibinin, Silydianin und Silychristin) sind hauptsächlich enthalten, aber auch Bitterstoffe und ätherisches Öl.

Wirkungen:
Die Flavonoiderivate zeigten in Experimenten leberzellschützende Wirkungen, durch deren membranstabilisierenden Eigenschaften. Auch das Abfangen freier Radikale konnte gezeigt werden. Die RNA-Aktivität im

Zellkern wird ebenfalls gesteigert, so daß es zur erhöhten Zellregeneration der Leberzelle kommt. Die Droge scheint auch galletreibende Wirkung zu haben.

Anwendungsgebiete:

dyspeptische Beschwerden
toxische und chron. entzündliche Lebererkrankungen (Leberzirrhose)

Dosierung:

Tagesdosis	15g Droge

Darreichungsformen:

als Tee	2 Teelöffel angequetschte Droge mit 1 Tasse heißem Wasser aufgießen, dann 15 Min. ziehen lassen. Zu den Mahlzeiten 3x tgl. 1 Tasse trinken.
Tinktur (1:10)	3x tgl. 20–25 Trpf. in etwas Wasser einnehmen

Nebenwirkungen:
Durchfall

Handelspräparate:

carduus-monoplant® Drg., DHU
esberigal® N
Heplant® Tbl., Spitzner
Legalon® 70, Drg., 140, Kps., Sirup, Madaus
Legalon® SIL, Amp., Madaus
Pascohepan® Trpf. Pascoe
Pascopankreat Novo® Trpf., Pascoe
Silibene® 140, Tbl., Merckle
Silicur® Kps., Biocur

Wechselwirkungen/Gegenanzeigen:
Sind keine bekannt.

Mateblätter

mate folium

Beschreibung:
Die Heimat der immergrünen Matepflanze ist Südamerika. Der Baum wird 1 bis 6 m hoch mit großen eiförmigen, am Rand gesägten, 5 bis 16 cm langen Blättern. Die Blätter und die Blattstiele der Matepflanze (Paraguaytee) werden gesammelt und dann getrocknet.

Inhaltsstoffe:
Enthalten sind gebundenes Koffein, Gerbstoffe, harzartige Stoffe, Theophyllin und Chlorogensäure.

Wirkungen:
Das enthaltene Koffein besitzt zentral erregende Wirkung, fördert die Harnproduktion und Ausscheidung, erhöht die Herzschlagkraft und senkt den Fettgehalt im Blut. Am ehesten scheint die analeptische (zentrale Erregung) Wirkung bei der angegebenen Dosis im Vordergrund zu stehen.

Anwendungsgebiete:

geistige und körperliche Ermüdung
bei Schlankheitskuren

Dosierung:

Tagesdosis	3 g Droge

Darreichungsformen:

als Tee	1 Teelöffel zerkleinerte Droge mit 1 Tasse heißem Wasser aufgießen und 5 Min. ziehen lassen. Tgl. 2 Tassen trinken.

Handelspräparate:

Kneipp Mate-Tee®, Kneipp

- **Nebenwirkungen/Wechselwirkungen/Gegenanzeigen:**
  Keine bekannt.

Meerrettichwurzel

armoraciae rusticanae radix

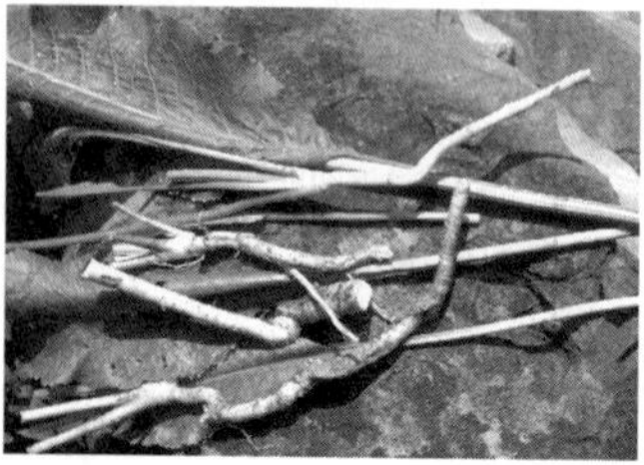

Foto: Sertürner Bildarchiv

- **Beschreibung:**
  Die Blütezeit der Meerrettichpflanze ist Juni–Juli. Sie ist in Südeuropa beheimatet und wird häufig in Deutschland (Franken) und den USA in Gärten gezüchtet. Gesammelt und geerntet werden die langen, frischen Meerrettichwurzeln in den Monaten September bis Februar. Vor der weiteren Verarbeitung werden sie getrocknet.
- **Inhaltsstoffe:**
  Enthalten ist Senföl, Senfölglykoside, Vitamin C und Kaliumsalze.
- **Wirkungen:**
  Nachgewiesen werden konnte eine antimikrobielle Eigenschaft und eine Erhöhung der Durchblutung an Haut- und Schleimhäuten.
- **Anwendungsgebiete:**

Katarrhe der Atemwege
Harnwegsinfektionen
Myalgien

- **Dosierung:**

Tagesdosis	20g frische Wurzel

Darreichungsformen:

Preßsaft	1 Eßlöfffel frische zerkleinerte Droge auspressen und 2x tgl. den Preßsaft einnehmen.
Salbe/Gel	mit max. 2%igen Senfölen

Handelspräparate:

Angocin® Drg. Repha
Angocin® N, Salbe. Repha
Angocin Anti Infekt®, Repha

Nebenwirkungen:
Magen-Darm-Beschwerden

Wechselwirkungen:
Keine bekannt.

Gegenanzeigen:
Magen- und Zwölffingerdarmgeschwüre, entzündliche Nierenerkrankungen, Zubereitungen aus Meerrettichwurzel sollten bei Kindern unter 4 Jahren nicht angewendet werden.

Meerzwiebel

scillae bulbus

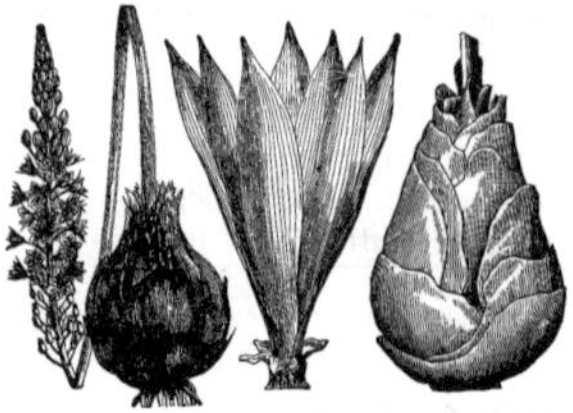

- **Beschreibung:**
Beheimatet ist die Meerzwiebel im Mittelmeergebiet, aber auch in Pakistan, Indien und Amerika. Nach der Blütezeit, bei der der Blühtrieb eine Höhe von 1,5m erreichen kann, werden die Zwiebeln des sehr giftigen Liliengewächses gesammelt.
Zur Arzneimittelherstellung verwendet werden die mittleren, fleischigen Zwiebelschuppen. Diese werden vorher in Quer- oder Längsstreifen geschnitten und getrocknet.

- **Inhaltsstoffe:**
Enthalten sind Glykoside vom Bufadienolidtyp. Die enthaltenen Hauptgylkoside sind Scillaren A und Proscillaridin A, ferner Flavonoide und Anthrocyane.

- **Wirkungen:**
Die Glykoside der Meerzwiebel wirken ähnlich wie die Präparate aus dem **Fingerhut (Digitalis)**. Sie erhöhen die Schlagkraft des Herzens und ermöglichen mit ihrer negativ-chronotropen Wirkung eine Ökonomisierung der Herzarbeit. Eine ausschwemmende Wirkung konnte gezeigt werden.

- **Anwendungsgebiete:**

leichte Formen der Herzinsuffizienz (NYHA I–II)
Kreislaufschwäche

- **Dosierung:**

Tagesdosis	0,1–0,5g eingestelltes Meerzwiebelpulver (DAB 10)

- **Darreichungsformen:**
Nur in Kombinationspräparaten enthalten.

Handelspräparate:

Cheplaren® S, Trpf.
cor-loges® Drg., Loges
Digitalysat® Bürger-Scilla-Digitaloid Lösung, Ysatfabrik
Miroton® N, forte, Knoll

Nebenwirkungen:
Übelkeit, Erbrechen, Magenbeschwerden und Durchfälle. Gelegentlich ein unregelmäßiger Puls.

Wechselwirkungen:
Bei gleichzeitiger Therapie mit Chinidin, Kalzium, Saluretika, Laxanzien und Glukokortikoiden.

Gegenanzeigen:
Digitalisintoxikationen, Hyperkalzämie, Kaliummangelzustände und Bradykardien. Besondere Vorsicht ist geboten bei intravenöser Kalziumtherapie und Erregungsleitungsstörungen.

Melissenblätter

melissae folium

Foto: Sertürner Bildarchiv

- **Beschreibung:**
Die ursprüngliche Heimat der Melisse ist das östliche Mittelmeer. Heutzutage wird sie in Gärten und Balkontöpfen gezüchtet (etwa 30 bis 70cm hoch). Die Blütezeit der Melisse ist Jun-August. Melisse wird auch als Gewürz verwendet. Die frischen Melissenblätter werden nach dem Sammeln getrocknet. Das ätherische Melissenöl wird durch Waaserdampfdestillation gewonnen.

- **Inhaltsstoffe:**
Die Blätter enthalten mindestens 0,05% ätherisches Öl. Die Hauptbestandteile des ätherischen Öls sind Citronellal, Citral A und B. Weitere Blätterbestandteile sind Lamiaceen-Gerbstoffe, Triterpensäuren, Bitterstoffe und Flavonoide.

- **Wirkungen:**
Melissenextrakte wirken mild beruhigend und gegen Blähungen. Diese Wirkung beruht auf den krampflösenden und antibakteriellen Eigenschaften. In neuerer Zeit konnten auch antivirale Wirkungen bei Herpesviren gezeigt wrden.

- **Anwendungsgebiete:**

nervöse Unruhe
Einschlafstörungen
Magen-Darm-Beschwerden von Blähungen begleitet

- **Dosierung:**

Tagesdosis	8–10g Droge

Darreichungsformen:

als Tee	2 Teelöffel geschnittene Melissenblätter (gesammelt vor der Blütezeit) mit 1 Tasse Wasser heiß übergießen, 5 Min. ziehen lassen und davon tgl. 1 Tasse trinken.
als feste Form	Entsprechend einer Menge von 5g Droge vor dem Schlafengehen einnehmen.
als Badezusatz	50–60g Melissenblätter in 1l siedendes Wasser geben und nach 10 Min. ins Vollbad schütten.

Handelspräparate:

Melissenblätter-Extr.	**Spreewälder Pflanzenextrakt Melisse®** Spreewald Pharma
Melissenblätter-Spissumextr.	**Gastrovegetalin®** Lsg., Verla-Pharm
Melissenblätter-Trockenextr.	**Euvegal®** forte Drg., Spitzner **Gastrovegetali®n** Kps., Verla Pharm **Kneipp Melissen Pflanzensaft®** **Lomaherpan®** Creme, Lomapharm **Pascosedon®** S, Tbl., Pascoe **Sedariston®** Trpf. (mit Baldrianwurzel →**102**, Johanniskraut →**194**), Steiner **Sedinfant®** Sirup (mit Baldrian →**102** und Passionsblume →**258**), Biocur **Valpetrin®** S, Lsg.

Häufig in Teemischungen und anderen fixen Arzneimittelkombinationen.

Freie Rezeptur	Rp. Fol. Melissae, Rad. Valerninae aa 20,0, Strobuli lupuli 5,0, M.f. species; DS 2 Teelöffel/Tasse

Nebenwirkungen/Wechselwirkungen/Gegenanzeigen:

Keine bekannt.

Melonenbaumfrüchte, Papaya

caricae papayae fructus

Foto: A. Brousseau, E. Vogel

- **Beschreibung:**
  Beheimatet ist der Melonenbaum in den Tropen. Heute wird die Papaya auch in Kulturen in Sri Lanka, Indien, Australien und Brasilien angebaut. Die Arzneien werden aus dem Latex (Milchsaft) reifer Früchte und den Blättern hergestellt..
- **Inhaltsstoffe:**
  Im Milchsaft ist Rohpapain enthalten. Rohpapain ist ein proteolytisches Enzymgemisch mit einem pH-Optimum von 4,5–5.
- **Wirkungen:**
  Für Papain konnten entzündungshemmende, schmerzlindernde und fibrinlösende Eigenschaften nachgewiesen werden. Die proteolytische Aktivität der Enzyme kann bei Verdauungsbeschwerden, besonders durch Störungen der Bauchspeicheldrüsenfunktion, eine Verbesserung bewirken.
- **Anwendungsgebiete:**

  Verdauungsstörungen aufgrund einer Bauchspeicheldrüseninsuffizienz (gestörte Eiweißverdauung)

- **Darreichungsformen:**

  In Kombinationspräparaten enthalten.

- **Dosierung:**

  Richtet sich nach der jeweiligen Zusammensetzung der Präparate.

Handelspräparate:

Kombinationspräparate	**Papayasanit**® Mixtur **Wobenzym**® N, Drg., Granulat

Nebenwirkungen/Wechselwirkungen:
Durch die fibrinlösenden Eigenschaften kann es zu einer verstärkten Blutungsneigung kommen, besonders bei gleichzeitiger Gabe von Gerinnungshemmern. Allergische Reaktionen sind ebenfalls möglich.

Gegenanzeigen:
Schwangerschaft und Blutungsneigung.

Minzöl

menthae arvensis aetheroleum

Foto: A. Brousseau, E. Vogel

Beschreibung:
Zur Herstellung muß das frische, blühende Kraut der Minze gesammelt werden.

Inhaltsstoffe:
Hauptsächlich ätherisches Öl, welches durch Wasserdampfdestillation gewonnen werden kann. Weiter enthalten sind mindestens 42% freie Alkohole.

Wirkungen:
Das Minzöl besitzt galletreibende und antibakterielle Eigenschaften. An der Bronchialschleimhaut konnten sekretfördernde Wirkungen gezeigt werden. An der Haut entstehen Kühlungseffekte.

Anwendungsgebiete:

funktionelle Magen-Darm-Beschwerden mit Blähungen

Katarrhe der Atemwege
Myalgien und neuralgiforme Beschwerden

- **Dosierung:**

Tagesdosis	3–6 Tropfen

- **Darreichungsformen:**

als Tropfen	2x tgl. 3 Trpf. auf 1 Stück Zucker einnehmen.
zur Inhalation	3–4 Trpf. in heißes Wasser geben und die Dämpfe einatmen.
zum Einreiben	einige Trpf. auf die betroffene Hautpartie einreiben.

- **Handelspräparate:**

Flui-Minzöl® Trpf., Zambon
Infiminz®, Infirmarius-Rovit
Japanöl® Menth. jap., Lsg., Pharma Liebermann
JHP-Rödler® Japanisches Heilöl
Kneipp Minzöl Trost®, Kneipp
Minx -med Heilpflanzenöl, Japanische Minze

- **Nebenwirkungen/Wechselwirkungen:**
Keine bekannt.

- **Gegenanzeigen:**
Bei Gallensteinleiden, Verschluß der Gallenwege, Gallenblasenentzündungen und schweren Leberschäden. Bei Säuglingen und Kleinkindern sollten minzölhaltige Zubereitungen nicht im Bereich des Gesichts, speziell der Nase, aufgetragen werden.

Mistelkraut

visci albi herba

- **Beschreibung:**
  Als Halbschmarotzer ist die Mistelpflanze auf einen Wirt angewiesen. Als runde Nester wachsen die Misteln oftmals in Nadelhölzern und weichholzigen Laubbäumen. Gesammelt werden die frischen, jungen, beblätterten Zweige mit Blüten und Früchten. Die Blütezeit ist März bis April, die Beeren sind im Dezember reif.
- **Inhaltsstoffe:**
  Enthalten sind toxische Polypeptide, Lectine, Flavonoide, biogene Amine, Schleimstoffe, Phenylpropanderivate und Ligane.
- **Wirkungen:**
  Tierexperimentell konnten blutdrucksenkende und zytostatische Wirkungen gezeigt werden. Auch eine unspezifische Immunstimulation konnte nachgewiesen werden. Bei direkter Injektion ins Gewebe kann es zu Nekrosen kommen.
- **Anwendungsgebiete:**

unterstützende Therapie bei Tumorerkrankungen
unspezifische Reiztherapie bei degenerativ-entzündlichen Gelenkerkrankungen
grenzwertiger Bluthochdruck

- **Dosierung:**

Tagesdosis	10 g Droge

- **Darreichungsformen:**

als Fertigarznei	

als Tee	1 Teelöffel feingeschnittene Droge mit 1 Tasse kaltem Wasser übergießen und bei Raumtemperatur 10 Stunden ziehen lassen. Tgl. 1–2 Tassen trinken.

- **Handelspräparate:**

Mistel-Extr.	**Lektinol®** Inj.-Lsg., Madaus
Mistel-Preßsaft	**Viscyat®** Bürger Lsg., Ysatfabrik
Mistelkraut-Extr.	**Eurixor®** Amp., medisculab **Helixor®** Helixor **Plenosol®** N, Amp., Madaus
Tinktur aus Mistelkraut	**Mistel Curarina®** Trpf., Harras Pharma Curarina

Iscador® M Injektionslösungen in verschiedenen Konzentrationen, Weleda

- **Nebenwirkungen:**
  Bei parenteraler Einnahme kann es zu Schüttelfrost, Fieber, Kopfschmerzen, pektanginösen Beschwerden kommen. Auch allergische Reaktionen sind selten aufgetreten.
- **Wechselwirkungen:**
  Keine bekannt.
- **Gegenanzeigen:**
  Chronisch-progrediente Infektionskrankheiten (Tbc, Kollagenosen), allergische Diathese.

Myrrhe

myrrha

Foto: Sertürner Bildarchiv

- **Beschreibung:**
  Die Herkunftsländer der Myrrhe sind Somalia, Äthiopien, der Jemen und der Sudan. Sie gehört zur Familie der Balsamstrauchgewächse. Das Bäumchen wird kaum 3 m hoch. Zur Arzneimittelzubereitung wird aus der Rinde Gummiharz gewonnen und dann vor der Verarbeitung an der Luft getrocknet.
- **Inhaltsstoffe:**
  Ätherisches Öl, Monoterpene (Pinen), Proteine und Kohlenhydrate sind enthalten.
- **Wirkungen:**
  Die Myrrhe besitzt adstringierende Wirkung. Darüber hinaus konnten desinfizierende und granulationfördernde Eigenschaften festgestellt werden.
- **Anwendungsgebiete:**

Schleimhautentzündungen im Mund-Rachen-Raum

- **Dosierung:**

Tagesdosis	richtet sich nach den Angaben des Herstellers

- **Darreichungsformen:**

als Tinktur (1:5)	2–3x tgl. mit der unverdünnten Tinktur betupfen, spülen oder gurgeln. 5–10 Tropfen in ein Glas Wasser geben.
Zahnpulver	entsprechend 10% gepulverte Droge

- **Handelspräparate:**

Myrrhentinktur	**Ad-Muc®** Salbe **Inspirol®** -P-forte Gurgellösung, Hotz **Lomasatin®** M, Tinkt., Lomapharm **Myrrhentinktur (DAB)®** **Salviathymol®** Trpf., Galenika

- **Nebenwirkungen/Wechselwirkungen/Gegenanzeigen:**
Keine bekannt.

Odermenningkraut

agrimoniae herba

Foto: Sertürner Bildarchiv

- **Beschreibung:**
Odermenningkraut findet man überall in Nord- und Mitteleuropa, den Balkanländern und Rußland. Die häufigsten Fundorte sind Hecken, Wegränder, lichte Gebüsche, Hügel und trockene Wiesen. Kurz vor oder während der Blütezeit wird das ganze blühende Kraut der Pflanze (Höhe ca. 1 m) gesammelt und weiterverarbeitet. Blütezeit sind die Monate Juni–September.
- **Inhaltsstoffe:**
Enthalten sind Gerbstoffe, Kieselsäure, Schleimstoffe und Flavonoide.
- **Wirkungen:**
Der Gehalt an Gerbsäuren wirkt adstringierend und leicht bakteriostatisch. Der zusätzliche Gehalt an Flavonoiden wirkt entzündungshemmend.

Anwendungsgebiete:

leichte unspezifische Durchfallserkrankungen
Entzündungen der Mund- und Rachenschleimhaut
leichte oberflächliche Entzündungen der Haut

Dosierung:

Tagesdosis	3–6g Droge

Darreichungsformen:

als Tee	1 Teelöffel feingeschnittene Droge mit 1 Tasse Wasser heiß aufgießen oder kalt ansetzen. Nach dem kurzen Aufkochen 5 Min. ziehen lassen. Vor den Mahlzeiten 3x tgl. 1 Tasse trinken.
als Aufguß/ Umschläge	1–2 Teelöffel Odermenningkraut auf 1 l Wasser kurz aufkochen, abkühlen lassen und dann nach dem Abseihen als feuchte Umschläge auflegen. Diese sollten alle 10 bis 15 Min. gewechselt werden.

Handelspräparate:

In Kombinationspräparaten enthalten
Hepaticum-Divinal® Drg., Trpf.
Stomasal® Tbl.

Nebenwirkungen/Wechselwirkungen:

Keine bekannt. Es kann zur Resorptionshemmung anderer Medikamente im Darm kommen.

Gegenanzeigen:

Keine zu beachten.

Orangenschalen

citri sinensis pericarpium

- **Beschreibung:**
Zur Herstellung können die frischen und die getrockneten Früchte geschält werden, um das schwammige, weiße Gewebe der Frucht zu gewinnen.
- **Inhaltsstoffe:**
Ätherisches Öl, Flavonoidglykoside und Flavonoide.
- **Wirkungen:**
Da die Orangenschalen zu den Bitterstoffdrogen gehören, fördern sie reflektorisch die Magensaftsekretion.
- **Anwendungsgebiete:**

Appetitlosigkeit

- **Dosierung:**

Tagesdosis	10–15g Droge

- **Darreichungsformen:**

als Tee	1 Teelöffel zerkleinerte Orangenschalen werden mit 1 Tasse heißem Wasser übergossen und 10–15 Min. in einem abgedeckten Gefäß ziehen gelassen. Mehrmals 1 Tasse warm ca. 30 Min. vor den Mahlzeiten trinken.
als Tinktur	Mehrmals tgl. 25 Trpf. in warmem Wasser oder Tee einnehmen.
als Sirup	1 Teelöffel in warmem Wasser verdünnt einnehmen

- **Handelspräparate:**
Freie Rezeptur empfehlenswert.

Nebenwirkungen/Wechselwirkungen/Gegenanzeigen:
Keine bekannt.

Orthosiphonblätter

orthosiphonis folium

Beschreibung:
Die Pflanze (indischer Blasen- und Nierentee) stammt ursprünglich aus dem Gebiet Südostasien bis Australien, kommt aber auch in den Tropen Südamerikas vor. Kurz vor der Blütezeit werden die Laubblätter geerntet und getrocknet. Man kann auch die Stengelspitzen zur Medikamentenherstellung verwenden.

Inhaltsstoffe:
Die Droge enthält als Bestandteile lipophile Flavone, ätherisches Öl und viel Kaliumsalze.

Wirkungen:
Die Pflanze besitzt harnfördernde Eigenschaften (Aquaretikum) durch den hohen Kaliumgehalt. Weiterhin konnten krampflösende Eigenschaften an der glatten Muskulatur festgestellt werden.

Anwendungsgebiete:

entzündliche Erkrankungen der ableitenden Harnwege
Nierengrieß

Dosierung:

Tagesdosis	6–12 g Droge

Darreichungsformen:

als Tee	3 Teelöffel feingeschnittene Droge mit 1 Tasse kochendem Wasser übergießen und 15 Min. abgedeckt ziehen lassen. Mehrmals tgl. 1 Tasse trinken.

■ **Handelspräparate:**

Hevert Heweberberol-Tee®, Hevert
Indischer Nierentee® Fides
Late Orphon® Tee
Nierentee 2000®, Sanofi Winthrop
Nieron Blasen- und Nierentee®, Hoyer

■ **Nebenwirkungen/Wechselwirkungen:**
Keine bekannt.

■ **Gegenanzeigen:**
Ödeme infolge von Herz- und Nierenfunktion.

Pappelknospen

populi gemma

■ **Beschreibung:**
Pappeln sind oft an Waldrändern und Wegen in Mittel- und Osteuropa zu finden. Verwendet werden die getrockneten und noch geschlossenen Blattknospen.

■ **Inhaltsstoffe:**
Ätherisches Öl, Flavonoide, Gerbstoffe, Harze, Mannit, Gallussäure und Phenylglykoside.

■ **Wirkungen:**
Die Inhaltsstoffe wirken entzündungshemmend, zusammenziehend, antibakteriell und fördern so die Wundheilung.

■ **Anwendungsgebiete:**

oberflächliche Hautverletzungen
äußere Hämorrhoiden
Frostbeulen
Sonnenbrand

- **Dosierung:**

Tagesdosis	5g Droge

- **Darreichungsformen:**

Halbfeste Zubereitungen entsprechend 20–30% Drogenanteil, der mehrmals tgl. dünn aufgetragen wird.

- **Handelspräparate:**
Keine Fertigarzneimittel, freie Rezeptur.
- **Nebenwirkungen:**
Gelegentlich allergische Hautreaktionen.
- **Wechselwirkungen:**
Keine bekannt.
- **Gegenanzeigen:**
Überempfindlichkeit gegen Pappelknospen, Propolis, Perubalsam und Salizylate.

Pappelrinde/-blätter

populi cortex/folium

Foto: Sertürner Bildarchiv

- **Beschreibung:**
Vorkommend an Waldrändern und Wegen in Mittel- und Osteuropa. Verwendet wird die frische und vor der Weiterverarbeitung getrocknete Rinde. Salizinreiche Arten werden bevorzugt.
- **Inhaltsstoffe:**
Ätherisches Öl, Gerbstoffe, Harze, Gallussäure, Salizylderivate und Flavonoide

- **Wirkungen:**
  Die Inhaltsstoffe wirken entzündungshemmend und schmerzlindernd. Auch krampflösende und antibakterielle Eigenschaften konnten nachgewiesen werden. Zur Behandlung der Prostata-Adenome scheinen die Zink-Lignanen in der Droge beteiligt zu sein.
- **Anwendungsgebiete:**

Schmerz- und Rheumatherapie
Miktionsbeschwerden bei Prostata-Adenom

- **Dosierung:**

Tagesdosis	10g Droge

- **Darreichungsformen:**

als Tee	2 Teelöffel feingeschnittene Droge mit 1 Tasse Wasser heiß aufgießen und 10 Min. ziehen lassen. Mehrmals tgl. 1 Tasse trinken.

- **Handelspräparate:**

Phytodolor® N, Trpf., Steigerwald
Prostagutt® Trpf., Schwabe
Prostamed® Tbl., Klein

- **Nebenwirkungen:**
  Bekannte Nebenwirkungen der Salizylate scheinen durch die Populus-Zubereitungen nicht aufzutreten.
- **Wechselwirkungen:**
  Keine bekannt.
- **Gegenanzeigen:**
  Blutungsneigung, Asthma bronchiale.

Paprikafrüchte

capsici fructus

- **Beschreibung:**
Gesammelt werden die reifen, vom Kelch befreiten Früchte. Sie werden vor der Weiterverarbeitung getrocknet. Die getrockneten Früchte werden auch Cayennepfeffer genannt.
- **Inhaltsstoffe:**
Enthalten sind Capsaicinoide.
- **Wirkungen:**
Der Hauptbestandteil Capsaicin erregt bei Auftragen auf die Haut die Nervenenden und erzeugt so ein heißes bis brennendes Gefühl. Bei zu langer oder häufiger Anwendung kann es zu neurotoxischen Wirkungen kommen. Eingenommen kommt es zur Steigerung der Darmperistaltik und regt die Magensaftsekretion an.
- **Anwendungsgebiete:**

Erkrankungen des rheumatischen Formenkreises

- **Dosierung:**

Tagesdosis	10g Droge

- **Darreichungsformen:**

als Tinktur (1:10)	mehrmals tgl. einige Trpf. auf die schmerzende Stelle auftragen
halbfeste Zubereitungen	höchstens 50mg Capsaicin in 100g neutraler Grundlage

Handelspräparate:

Extrakt capsici	**Capsamol-Salbe®** Wörwag **Kneipp Rheumasalbe®** Capsicum N, Kneipp

Nebenwirkungen/Wechselwirkungen:
Mit anderen Medikamenten keine bekannt. Anwendung auf 3 Tage beschränken.

Gegenanzeigen:
Hauterkrankungen, entzündete oder verletzte Haut. Keine Anwendung an den Schleimhäuten.

Passionsblumenkraut

passiflorae herba

Beschreibung:
Heimisch ist die Passionsblume in Amerika und ganz Ostindien. Sie bildet bis zu 5m lange Stengel aus.
Zur Arzneimittelherstellung können frische und schonend getrocknete Teile der Passionsblume verwendet werden. Am häufigsten wird das Kraut ohne Wurzeln verwendet.

Inhaltsstoffe:
Passionsblumenkraut enthält Flavonoide und geringe Mengen an ätherischem Öl. Der Gehalt an Harmala-Alkaloiden ist unterschiedlich, sollte aber 0,01% nicht überschreiten.

Wirkungen:
Im Tierexperiment konnte eine bewegungshemmende Wirkung festgestellt

werden. Allerdings bewirken die Harmala-Alkaloide eine zentralerregende Wirkung. Bei zu hoher Konzentration kann es zu Krämpfen kommen.

Anwendungsgebiete:

nervöse Unruhezustände (nervöse Schlaflosigkeit)

Dosierung:

Tagesdosis	4–8 g Droge

Darreichungsformen:

als Tee	1 Teelöffel zerkleinerte Droge mit 1 Tasse kochendem Wasser aufgießen und 5 Min. ziehen lassen. Mehrmals tgl. 1 Tasse trinken oder 1–2 Tassen vor dem Schlafen zu sich nehmen.

Handelspräparate:

Biosedon® Drg. (mit Baldrian →**102** und Hopfen →**188**), Biocur
Convergal® Kps.
Euvegal® N, Trpf., Spitzner
Kytta Sedativum® Drg., Merck
Nervendragees-ratiopharm® Kps., ratiopharm
Passiflora Curarina, Trpf., Harras Pharma Curarina
Passifloradragees® Alsitan, Alsitan
Passiorin® Drg. N, Saft, Simons
Plantival® N, Trpf., Schwabe
Plantival® forte, Drg., Schwabe
Sedinfant® Sirup (mit Baldrian →**102** und Melisse →**242**), Biocur

Nebenwirkungen/Wechselwirkungen/Gegenanzeigen:
Keine bekannt.

Perubalsam

balsamum peruvianum

- **Beschreibung:**
  Perubalsam ist ein Baum, der in Zentralafrika beheimatet ist und bis zu 16m hoch werden kann. Die Stämme und Zweige der Pflanze werden geschwelt, bevor sie zur Arzneimittelherstellung verwendet werden.
- **Inhaltsstoffe:**
  Enthalten sind 50–70% eines Estergemisches, Harz, Vanillin und freie Zimtsäure.
- **Wirkungen:**
  Perubalsam zeigt antibakterielle und granulationsfördernde Eigenschaften. Kann auch bei Krätzmilben (Parasit) angewendet werden.
- **Anwendungsgebiete:**

infizierte und schlecht heilende Wunden
Verbrennungen
Frostbeulen
Hämorrhoiden
Prothesendruckstellen
Krätzmilbenbefall

- **Dosierung:**

Höchstkonzentration	10%, nicht länger als eine Woche anwenden.

■ **Darreichungsformen:**

als Balsam	5–20%iger Perubalsam; bei großflächiger Anwendung max. 10%

■ **Handelspräparate:**

Anusol® Salbe, Warner-Lambert
derma-loges® Salbe, Loges

■ **Nebenwirkungen:**
Allergische Hautreaktionen.

■ **Wechselwirkungen:**
Keine bekannt.

■ **Gegenanzeigen:**
Bekannt allergische Disposition gegen Perubalsam.

Pestwurzwurzelstock

petasitidis rhizoma

Foto: A. Brousseau, E. Vogel

- **Beschreibung:**
  Gesammelt werden die unterirdischen Teile der Pflanze. Vor der Weiterverarbeitung müssen sie getrocknet werden.
- **Inhaltsstoffe:**
  Enthalten sind Sesquiterpene und Pyrrolizidinalkaloide.
- **Wirkungen:**
  Die Droge besitzt krampflösende Eigenschaften an der glatten Muskulatur.
- **Anwendungsgebiete:**

Begleittherapie bei krampfartigen Schmerzen im Bereich der ableitenden Harnwege.

- **Dosierung:**

Tagesdosis	4,5–7 g Droge

- **Darreichungsformen:**

als Tee	1 Teelöffel geschnittene Droge mit 1 Tasse kochendem Wasser übergießen, 10 Min. ziehen lassen. Nach den Mahlzeiten 1 Tasse trinken.

- **Handelspräparate:**

Petadolex® Kps., Weber & Weber In Kombinationspräparaten

- **Nebenwirkungen/Wechselwirkungen:**
  Keine bekannt.

■ **Gegenanzeigen:**
Schwangerschaft und Stillzeit.

Petersilienkraut/-wurzel

petroselini herba/-radix

■ **Beschreibung:**
Die Petersilie ist in Südeuropa beheimatet, wird aber auch in Rußland, Indien und Nordamerika kultiviert. Als Petersilienkraut bezeichnet man den frischen, getrockneten, oberirdischen Teil der Pflanze, als Petersilienwurzel den getrockneten, unterirdischen Teil.

■ **Inhaltsstoffe:**
Ätherisches Öl, Äpisol, Myristicin, Terpene, Flavonoide und Polyine in der Wurzel.

■ **Wirkungen:**
Die Droge wirkt entwässernd (Aquaretikum). Für Myristicin und Apisol konnte tierexperimentell eine Tonussteigerung und Förderung der Gebärmutterkontraktion festgestellt werden.

■ **Anwendungsgebiete:**

unspezifische Infekte der ableitenden Harnwege
Nierengrieß
Blähungen, Magenmittel

■ **Dosierung:**

Tagesdosis	6g Droge

- **Darreichungsformen:**

als Tee	1–2 Teelöffel feingeschnittene Droge mit 1 Tasse kochendem Wasser übergießen. Nach 10–15 Min. abseihen und mehrere Tassen über den Tag verteilt trinken.
als Küchengewürz	

- **Handelspräparate:**

Asparagus-P® Tbl., Plantina
Kneipp Petersilie® Tbl. N, Kneipp
nephro-loges® Liqu., Loges

- **Nebenwirkungen:**
Allergische Haut- und Schleimhautreaktionen, phototoxische Reaktionen an der Haut hellhäutiger Personen.

- **Wechselwirkungen:**
Keine bekannt.

- **Gegenanzeigen:**
Schwangerschaft, Nierenparenchymerkrankungen.

Pfefferminzblätter

menthae piperitae folium

Foto: A. Brousseau, E. Vogel

Beschreibung:
Die Pfefferminzpflanze ist ein 30 bis 80cm hoch werdender Bastard, der 1696 in England zum ersten Mal aufgetreten ist. Wildwachsende Pflanzen sollten nicht zur Arzneimittelherstellung verwendet werden, da sie in Geruch und Geschmack der echten Pfefferminze unterlegen sind. Für die Arzneimittelherstellung werden die frischen, blühenden Zweigspitzen verwendet. Die Blätter der Pflanze werden gesammelt und dann getrocknet.

Inhaltsstoffe:
Mindestens 1,2% ätherisches Öl ist enthalten, aber auch Lamiaceen-Gerbstoffe.

Wirkungen:
Das enthaltene ätherische Öl der Pflanze wirkt krampflösend an der glatten Muskulatur. Weitere Wirkungen sind die Hemmung von Blähungen und die Förderung des Gallenflusses.

Anwendungsgebiete:

Krämpfe im Magen-Darm-Trakt und/oder in den Gallenwegen

Dosierung:

Tagesdosis	3–6g Droge; 5–15g Tinktur (1:10)

Darreichungsformen:

als Tee	1 Eßlöffel geschnittene Droge mit 1 Tasse kochendem Wasser übergießen, 10 Min. ziehen lassen. Mehrmals tgl. 1 Tasse trinken.

als Tinktur (1:10)	mehrmals tgl. 1 Teelöffel verdünnt in etwas Wasser geben.

- **Handelspräparate:**

Anethol 36 Lohmann® N, Drg., Lohmann
Carminativum-Hetterich® N, Trpf., Hetterich
Gastroflorin® N, Trpf.
Kneipp Flabuol® Tbl., Kneipp
Magen-Tee-Stada® N, Stada

- **Nebenwirkungen/Wechselwirkungen/Gegenanzeigen:**
Keine bekannt.

Pfefferminzöl

menthae piperitae aetheroleum

- **Beschreibung:**
Die Pfefferminzpflanze ist ein 30 bis 80cm hoch werdender Bastard, der 1696 in England zum ersten Mal aufgetreten ist. Wildwachsende Pflanzen sollten nicht zur Arzneimittelherstellung verwendet werden, da sie in Geruch und Geschmack der echten Pfefferminze unterlegen sind. Für die Arzneimittelherstellung werden die frischen, blühenden Zweigspitzen verwendet. Das Verfahren der Wasserdampfdestillation ermöglicht die Gewinnung der ätherischen Öle.

- **Inhaltsstoffe:**
Enthalten sind mindestens 4,5% Ester, mindestens 44% Alkohole, Flavonoide, Gerb- und Bitterstoffe und mindestens 15% Menthole.

- **Wirkungen:**
Die Wirkung am Magen und Darm beruht auf den krampflösenden Eigenschaften an der glatten Muskulatur. Die galletreibenden und antibakteriellen Wirkungen wirken gemeinsam gegen Blähungen. An der Bronchialschleimhaut konnten sekretolytische Eigenschaften festgestellt werden. An der Haut werden kühlende Eigenschaften beschrieben.

Anwendungsgebiete:

Krämpfe im Magen-Darm-Trakt, Übelkeit
Katarrhe der Atemwege
Schleimhautentzündungen im Mund-Rachen-Bereich
Muskel- und Nervenschmerzen

Dosierung:

Tagesdosis	6–12 Tropfen

Darreichungsformen:

als Tropfen	3x tgl. 2–4 Trpf. auf 1 Stück Zucker einnehmen
als Inhalat	3–4 Trpf. in heißes Wasser geben und die Dämpfe einatmen
zum Einreiben	jeweils 1 Tropfen in die betroffene Hautpartie: halbfest und ölig (5–20%iges ätherisches Öl) wäßrig-ethanolisch (5–10%iges ätherisches Öl) Nasensalben (1–5%iges ätherisches Öl)

Handelspräparate:

Babiforton® Inhalat , Sanofi Winthrop
Bronchoforton® Kps., Sanofi Winthrop
Cholagogum N® Kps., Nattermann
Euminz® Lösung, Lichtwer
Inspirol® Heilpflanzenöl, Hotz
Leukona® Mintöl, Dr. Alzinger
Mentacur® Kps., Asche
Ni NP® Fluid N, Hotz
Optipect® N, Trpf., Thiemann
Rowachol® Kps., Trpf.
Rowachol® -Digestiv cachets
Salviathymol® Tinktur, Galenika

Nebenwirkungen/Wechselwirkungen:
Keine bekannt.

- **Gegenanzeigen:**
  Verschluß der Gallenwege, Gallenblasenentzündungen, schwere Leberschäden. Bei Kleinkindern und Säuglingen sollten pfefferminzhaltige Zubereitungen nicht im Gesichtsbereich angewendet werden.

Podophyllumwurzelstock/-harz

podophylli peltati rhizoma/-resina

- **Beschreibung:**
  Standort sind schattige Laubwälder in Nordamerika. Der Wurzelstock wird bis zu 1 m lang und muß vor der Weiterverarbeitung getrocknet werden.
- **Inhaltsstoffe:**
  Enthalten sind mindestens 4% Harz mit Podophyllotoxin.
- **Wirkungen:**
  Die enthaltenen Podophyllotoxine wirken auf die Zellteilung ein (antimitotisch). Bei fälschlicherweise innerer Einnahme des Präparats wirkt dieses als drastisches Abführmittel.
- **Anwendungsgebiete:**

Kondylome (Condyloma acuminatum), sogenannte Hyperplasien im Genitialbereich

- **Dosierung:**

5–25%ige Lösung bzw. Suspension

- **Darreichungsformen:**

getrocknete Droge	ausschließlich zur äußeren Anwendung
alkoholische Lösung	1-2x wöchentlich eine 5–25%ige alkoholische Lösung auftragen

Öl	1–2x wöchentlich eine 5–25%ige Suspension des Harzes in Öl auftragen
Salbe	direkt auf Kondylome auftragen

- **Handelspräparate:**
  Nur als freie Rezeptur.
- **Nebenwirkungen/Wechselwirkungen:**
  Keine bekannt.
- **Gegenanzeigen:**
  Schwangerschaft

Pomeranzenschale

aurantii pericarpium

Foto: Sertürner Bildarchiv

- **Beschreibung:**
  Die Pomeranze, eine angenehm riechende Frucht, ist verwandt mit unseren Apfelsinen und Zitronen.
  Sie kommt in Ostindien vor.
  Zur Arzneimittelherstellung wird die reife Frucht gesammelt. Das weißlich-schwammige Gewebe (Albedo) wird von der Frucht entfernt. Dann wird die äußere Fruchtwand schonend getrocknet.
- **Inhaltsstoffe:**
  Mindestens 1% ätherisches Öl, überwiegend aus Terpenen und Bitterstoffen.
- **Wirkungen:**
  Als Bitterstoffdroge kommt es reflexvermittelt zur Steigerung der Magensaftsekretion. Es zeigen sich auch krampflösende Eigenschaften im Magen-Darm-Trakt.

Anwendungsgebiete:

Appetitlosigkeit
dyspeptische Beschwerden

Dosierung:

Tagesdosis	4–6g Droge, 2–3g Tinktur (1:5), 1–2g Trockenextrakt

Darreichungsformen:

als Tee	1–2 Teelöffel zerkleinerte Pomeranzenschale mit 1 Tasse kochendem Wasser übergießen und 10 Min. ziehen lassen. Vor den Hauptmahlzeiten 3x tgl. warm trinken.
als Tinktur (1:5)	Von der Tinctura aurantii 3x tgl. 20 Trpf. vor den Hauptmahlzeiten auf einem Würfelzucker einnehmen.
als Trockenextr.	In Kps., Tbl. oder Drageeform 3x tgl. 1–2 jeweils einnehmen.

Handelspräparate:

Carminativum-Hetterich® N, Trpf., Hetterich
Carvomin Magentrpf.®, Madaus
Gastrosecur® Trpf.

Nebenwirkungen:
Photosensibilisierung.

Wechselwirkungen/Gegenanzeigen:
Keine bekannt.

Primelwurzel

Primulae radix

Foto: A. Brousseau, E. Vogel

- **Beschreibung:**
  Die Primel (Schlüsselblume) wächst auf Wiesen und blüht im März bis April. Die Ernte der Wurzeln sollte im September erfolgen. Zur Arzneimittelherstellung wird der Wurzelstock gesammelt (s. auch Schlüsselblumenblüten, →**301**)
- **Inhaltsstoffe:**
  Enthalten sind 5–10% Triterpensaponine und ein Methylester der Salizylsäure.
- **Wirkungen:**
  Anhand des Saponingehalts wirkt die Droge sekretlösend und erleichtert so das Abhusten.
- **Indiaktionen:**

Katarrhe der Atemwege

- **Dosierung:**

Tagesdosis	1 g Droge oder 7,5g Tinktur

- **Darreichungsformen:**

als Tee	1/4 Teelöffel feingeschnittene Droge oder grobgepulverte Droge mit 1 Tasse kaltem Wasser ansetzen, dann zum Sieden bringen. Nach 5 Min. abseihen. Alle 2–3 Stunden 1 Tasse trinken.
als Tinktur (1:10)	Mehrmals tgl. 30 Trpf. auf 1 Glas Wasser einnehmen; als Aufgüsse und Kaltmazerate erhältlich.

- **Handelspräparate:**

Bronchitussin® N, Tbl.
Bronchicum® Elixir N, Rhone-Poulenc Rohrer
Ipalat® Halspastillen, auch zuckerfrei, Pfleger
Melrosum® Hustensirup N, Rhone-Poulenc Rohrer
Sinuforton® Drg., Sanofi Winthrop
Tussiflorin® forte, Trpf.

- **Nebenwirkungen:**
  Magenbeschwerden, Übelkeit
- **Wechselwirkungen/Gegenanzeigen:**
  Keine bekannt.

Queckenwurzelstock

graminis rhizoma

- **Beschreibung:**
  Die Pflanze kommt als Unkraut auf Äckern und im Garten vor, wird über 1 m hoch und schließt mit einer Ähre ab. Gesammelt werden die Rhizomen mit Wurzeln und die kurzen Stengelabschnitte. Die Blütezeit sind die Monate Juni bis August. Die günstigste Erntezeit ist das zeitige Frühjahr, bevor sich aus dem Wurzelstock frische Halme entwickeln.
- **Inhaltsstoffe:**
  Ätherisches Öl, Saponine, Schleim, Mineralsalze und Polysaccharide sind enthalten.
- **Wirkungen:**
  Das ätherische Öl scheint gegen Bakterien zu wirken. Queckenwurzelstock wirkt leicht harnfördernd (Aquaretikum).
- **Anwendungsgebiete:**

Entzündungen der ableitenden Harnwege
Bronchialleiden

Dosierung:

Tagesdosis	6–9g Droge

Darreichungsformen:

als Tee	2 Teelöffel feingeschnittene Droge werden mit 1 Tasse kochendem Wasser übergossen. Nach 10–15 Min. durch ein Teesieb geben und mehrmals tgl. 1 Tasse davon trinken.

Handelspräparate:

Acros® Trpf., Zeppenfeldt
Blasen-Nieren-Tee Stada® N, Stada
Blasen-Nieren-Tee **Uroflux**® , Rhone-Poulenc Rohrer
Hevert Blasen-Nieren-Tee®, Hevert
Ullus Blasen-Nieren-Tee®

Nebenwirkungen/Wechselwirkungen:
Keine bekannt.

Gegenanzeigen:
Ödeme infolge eingeschränkter Herz- und Nierenfunktion.

Quendelkraut

serpylli herba

Foto: Sertürner Bildarchiv

- **Beschreibung:**
  Man findet den Quendel (auch Feldthymian) häufig an Waldwiesen und Waldrändern. Während der Blütezeit im Mai bis August werden die oberirdischen Sprossen des Feldthymians (etwa 15cm lange, runde oder auch kantige, kahle oder behaarte Stengel) gesammelt und an der Luft im Schatten getrocknet.
- **Inhaltsstoffe:**
  Enthalten sind 0,3% ätherisches Öl, Bitterstoffe und Gerbstoffe.
- **Wirkungen:**
  Das ätherische Öl des Quendelkrauts wirkt sekret- und krampflösend an den Bronchien. Ebenso konnte eine antimikrobielle Wirkung gezeigt werden.
- **Anwendungsgebiete:**

Katarrhe der Atemwege

- **Dosierung:**

Tagesdosis	4–6g Droge

- **Darreichungsformen:**

als Tee	2 Teelöffel feingeschnittene Droge mit 1 Tasse Wasser heiß aufgießen, 5 Min. ziehen lassen und dann mehrmals 1 Tasse tgl. warm trinken.

Handelspräparate:

Guakalin® Saft, Trpf.
Pro-Pecton® Hustensaft
Freie Rezeptur

Nebenwirkungen/Wechselwirkungen/Gegenanzeigen:
Keine bekannt.

Ratanhiawurzel

ratanhiae radix

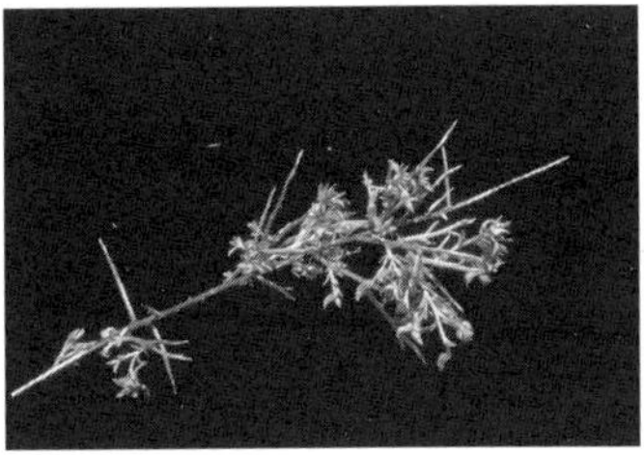

Foto: A. Brousseau, E. Vogel

Beschreibung:
Der Ratanhiastrauch kommt an sandigen Hängen in den bolivianischen und peruanischen Anden vor. Die Wurzel der geruchslosen Pflanze wird zur Herstellung von Arzneimitteln gesammelt und vor der Weiterverarbeitung getrocknet.

Inhaltsstoffe:
Mindestens 10% Gerbstoffe, davon hauptsächlich Katechingerbstoffe, die weniger im Holz, als in der Rinde vorkommen.

Wirkungen:
Der Gehalt an Katechingerbstoffen führt zu einer adstringierenden und entzündungshemmenden Wirkung der Droge.

Anwendungsgebiete:

Zahnfleischentzündungen
Entzündungen im Mund-Rachen-Raum
Schleimhautentzündungen im Magen-Darm-Trakt

Dosierung:

Tagesdosis	3 g Droge

Darreichungsformen:

als Abkochung	1 Teelöffel der Ratanhiawurzel mit1 Tasse heißem Wasser aufgießen und mehrmals tgl. damit gurgeln.
als Tinktur (1:5)	5–10 Trpf. in 1 Glas warmes Wasser geben und mehrmals tgl. gurgeln.
Pinselung	2–3x tgl. mit unverdünnter Ratanhiatinktur bepinseln.

Handelspräparate:

ratioSept® und -Rachentinktur, ratiopharm
Salviathymol® Trpf., Galenika
Salvibest® Lsg., ct-Arzneimittel
Freie Rezeptur

Nebenwirkungen:
Selten allergische Reaktionen mit Schwellungen der Lippen und Knötchenbildung am Zahnfleisch.

Wechselwirkungen/Gegenanzeigen:
Keine bekannt.

Rauwolfiawurzel

rauwolfiae radix

Beschreibung:
Die Schlangenwurzel ist ein kleiner, 20 bis 45cm hoher Strauch mit weißer Rinde. Sie wächst wild in den tropischen Gebieten des Himalaja, in Sikkim, in Nord- und Zentralbengalen, auf Sri Lanka und in Java. Zur Herstellung von Arzneien werden die Wurzeln verwendet.

Inhaltsstoffe:
Mindestens 1% Alkaloide, die als Reserpin berechnet werden.

Wirkungen:
Das Reserpin und andere in der Wurzel enthaltene Alkaloide wirken sympathikolytisch, d.h. blutdrucksenkend und beruhigend.

Anwendungsgebiete:

Grenzwerthypertonie, besonders bei erhöhtem Sympathikotonus mit Sinustachykardie
Angst- und Spannungszustände
psychomotorische Unruhe

Dosierung:

Tagesdosis	600mg Droge entsprechend 6mg Gesamtalkaloiden

Darreichungsformen:

feste Formen	Drogenpulver oder Gesamtextrakt entsprechend der Gesamtalkaloidmenge 2–3x tgl. einnehmen.

Handelspräparate:

Arte Rautin forte®, Drg. Trpf., Maurer
Rauwoplant® Kps.,
Rivadescin® Drg.

- **Nebenwirkungen:**
  Verstopfte Nase, depressive Verstimmung, Müdigkeit und Potenzstörungen. Das Reaktionsvermögen am Arbeitsplatz oder im Straßenverkehr kann eingeschränkt sein.
- **Wechselwirkung:**
  Packungsbeilagen verschiedener Medikamente beachten! Mit Alkohol, Neuroleptika und Barbituraten kann es zur Wirkungsverstärkung kommen. Bei gleichzeitiger Einnahme von Digitalispräparaten resultiert eine ausgeprägte Bradykardie.
- **Gegenanzeigen:**
  Depressionen, Ulkuskrankheit, Phäochromozytom, Schwangerschaft und Laktation.

Rettich

raphani sativi radix

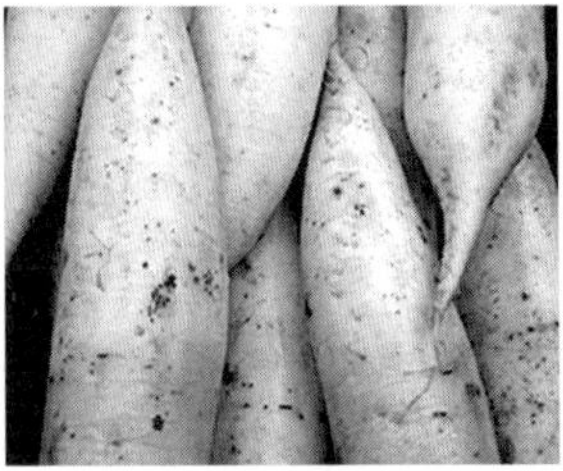

- **Beschreibung:**
  Der Rettich ist nicht identisch mit dem Kren-Meerrettich. Es handelt sich um eine sehr alte Zuchtform. Rettich wurde schon von den alten Ägyptern an ihre Sklaven verteilt, um sie gesund zu erhalten. Gesammelt wird die Wurzel.
- **Inhaltsstoffe:**
  Enthalten sind Senfölglykoside, Raphanol und Raphanin, Vitamin C und schwefelhaltiges, ätherisches Öl.
- **Wirkungen:**
  Die Gallensekretion und die Motilität des Magen-Darm-Trakts werden gefördert. Auch antimikrobielle Eigenschaften konnten gezeigt werden.

Anwendungsgebiete:

Gallen- und Leberleiden (dyspeptische Beschwerden)
Katarrhe der Atemwege (Husten)

Dosierung:

Tagesdosis	50–100 ml Preßsaft

Darreichungsformen:

Preßsaft	Die frische Wurzel wird verkleinert, leicht gesalzen und anschließend abgepreßt. Mehrmals tgl. 1–2 Eßlöffel einnehmen.

Handelspräparate:

Kneipp Rettich-Pflanzensaft®, Kneipp **Schoenenberger's Schwarzrettichsaft®** eigene Herstellung

Nebenwirkungen:
Magenbeschwerden.

Wechselwirkungen:
Keine bekannt.

Gegenanzeigen:
Gallensteine.

Rhabarber

rhei radix

Foto: Sertürner Bildarchiv

- **Beschreibung:**
  Die Heimat der Pflanze sind die Hochgebirge Westchinas und Osttibets. Heutzutage wird die Pflanze in vielen europäischen Ländern kultiviert. Die unterirdischen Teile (Wurzel und Wurzelstock) werden gesammelt und dann getrocknet.
- **Inhaltsstoffe:**
  Mindestens 2,5% Hydroxyanthracen-Derivate, berechnet als Rein. Weiterhin Hydroxyanthracen-Glykoside, Gerbstoffe, Flavone, Harze, Stärke und Salze.
- **Wirkungen:**
  Die Anthranoide haben laxative Wirkung. Sie wirken wasserbindend und erhöhen das Darmvolumen. Es kommt so zur Erhöhung des Füllungsdrucks und damit zur Förderung der Darmperistaltik.
- **Anwendungsgebiete:**

Verstopfung (Defäkationserleichterung, z.B. Analfissuren)
zur Vorbereitung bei diagnostischen Eingriffen im Magen-Darm-Trakt

- **Dosierung:**

Tagesdosis	1,2–4,8 g Droge, entsprechend 30–120 mg Hydroxyanthracenderivat; Einnahmedauer: max. 1–2 Wochen

Darreichungsformen:

als Tee	1 Teelöffel grobgepulverte Droge mit 1 Tasse Wasser heiß aufgießen. Nach 10 Min. abseihen und abends 2 Tassen trinken.
als Tinktur (1:5)	Abends 1 Eßlöffel voll einnehmen.
feste Form	Abends 2 Kps./Tbl. entsprechend der Tagesdosis einnehmen.

Handelspräparate:

Cesralax® N, Drg.
Glissitol® Flüssigkeit
Pascoletten® Drg., Pascoe
Phytoestrol® N, Drg., Müller Göppingen
Plantoletten® Drg.,

Nebenwirkungen:

Bei zu langer Anwendung kann es zu Elektrolytverlusten kommen.

Wechselwirkungen:

Wirkung von Herzglykosiden wird verstärkt.

Gegenanzeigen:

Schwangerschaft, Darmverschluß, fraglich in der Stillzeit.

Ringelblumenblüten

calendulae flos

Foto: A. Brousseau, E. Vogel

- **Beschreibung:**
  Die Ringelblume wird bis zu 70cm hoch und kommt als Zierpflanze in Gärten vor. Die Blütenköpfe der Ringelblume werden in der Blütezeit von Juni bis Oktober gesammelt, an einem luftigen Ort getrocknet und dann weiterverarbeitet.
- **Inhaltsstoffe:**
  Enthalten sind Triterpenglykoside, Aglyka, Saponine, Fermente, Schleime, Carotinoide, ätherisches Öl und Bitterstoffe.
- **Wirkungen:**
  Die Ringelblumenblüten haben eine entzündungshemmende und granulationsfördernde Eigenschaft.
- **Anwendungsgebiete:**

Entzündungen im Mund- und Rachenraum
Geschwüre
Wundheilungsstörungen

- **Dosierung:**
  Keine festgelegten Angaben.
- **Darreichungsformen:**

als Aufguß	2 Teelöffel Ringelblumenblüten mit 1 Tasse Wasser heiß aufgießen, nach 10 Min. abseihen. Damit den Mund- und Rachenraum tgl. spülen/gurgeln.
als Umschlag	Leinentücher mit dem Aufguß tränken und auf die Wunden legen. Mehrmals tgl. wechseln.

als Tinktur	Aus 10 Teilen Droge und 90 Teilen 20%igem Alkohol-Wassergemisch. 2 Teelöffel davon auf 500 ml Wasser geben und dann für Umschläge oder zum Gurgeln verwenden.
als Salbe	enthaltene Drogenmenge 2–5 g Droge in 100 g Salbe

Handelspräparate:

Belfeka® Öl
Calendula-Salbe-Heel® S, Heel
Calendumed® Salbe, -Creme, -Gel, DHU
Dr. Theiss Ringelblumen-Salbe® Theiss Naturwaren
Hevert Ringelblumen-Tee®, Hevert
Kneipp Ringelblumensalbe®, Kneipp
Kytta Ucee N **Wundsalbe®**, Merck
Ringelblumen Heilsalbe® – nicht fettend –, Theiss Naturwaren
Weleda Callendula-Essenz®, Weleda

Nebenwirkungen/Wechselwirkungen/Gegenanzeigen:
Keine zu beachten.

Rosenblüten

rosae flos

Foto: A. Brousseau, E. Vogel

- **Beschreibung:**
  Vorkommend in Gärten und Kulturen werden die Rosenblüten/-blätter vor dem völligen Aufblühen gesammelt und getrocknet.
- **Inhaltsstoffe:**
  Enthalten sind vorwiegend Gerbstoffe, aber auch Flavonglykoside und ätherisches Öl.
- **Wirkungen:**
  Der Gerbstoffgehalt wirkt adstringierend.
- **Anwendungsgebiete:**

leichte Entzündungen der Mund- und Rachenschleimhaut

- **Dosierung:**

Tagesdosis	1–2 g Droge

- **Darreichungsformen:**

als Aufguß	1 Eßlöffel zerkleinerte Droge mit 1 Tasse kochendem Wasser übergießen und bedeckt 10 Min. ziehen lassen. Mehrmals mit dem Aufguß den Mund-Rachen-Raum spülen.

- **Handelspräparate:**
  Freie Rezeptur empfehlenswert.
- **Nebenwirkungen/Wechselwirkungen/Gegenanzeigen:**
  Keine bekannt.

Rosmarinblätter

rosmarini folium

Foto: Sertürner Bildarchiv

Beschreibung:
Rosmarin ist eine typische Pflanze der Mittelmeerländer und kommt als bis zu 2 m hoher Strauch an trockenen Hängen vor. Während und nach der Blüte (März–Mai) werden die frischen oder bereits getrockneten Laubblätter gesammelt.

Inhaltsstoffe:
Mindestens 1,2% ätherisches Öl.

Wirkungen:
Tierexperimentell konnten krampflösende Eigenschaften an den Gallenwegen und am Dünndarm gezeigt werden. Am Herzen zeigten sich unter anderem eine Erhöhung des Koronardurchflusses. Äußerlich angewendet kommt es zur Steigerung der Hautdurchblutung.

Anwendungsgebiete:

dyspeptische Beschwerden
Kreislaufschwäche durch erniedrigten Blutdruck
rheumatische Erkrankungen

Dosierung:

Tagesdosis	4–6 g Droge

Darreichungsformen:

als Tee	1 Teelöffel feingeschnittene Droge mit 1 Tasse heißem Wasser aufgießen, 5 Min. ziehen lassen. Vor den Mahlzeiten 1 Tasse warm trinken.

als Tinktur (1:5)	3x tgl. 5 Trpf. in etwas Wasser warm 15 Min. vor den Mahlzeiten trinken.
als halbfeste Form	6–10%iges ätherisches Öl. Mehrmals tgl. einreiben.
als Badezusatz	50 g Droge auf 1 l Wasser heiß aufgießen, 30 Min. ziehen lassen. Dem Badewasser zusetzen.
als Gewürz	vorsichtig und in geringen Mengen verwenden.

- **Handelspräparate:**

Kneipp Rosmarin Pflanzensaft®, Kneipp
Kneipp Kreislauf-Bad Rosmarin-aquasan®, Kneipp
Weleda Rosmarin-Bademilch®, Weleda
Weleda Rosmarin-Salbe® 10%, Weleda

- **Nebenwirkungen/Wechselwirkungen/Gegenanzeigen:**
Keine bekannt.

Roßkastaniensamen

hippocastani semen

- **Beschreibung:**
Als Hausbaum, als Gartenbaum, in Anlagen und an Waldrändern ist der Kastanienbaum zu finden. Allerdings ist der Roßkastanienbaum nicht heimisch in Mitteleuropa. Er kam aus dem nördlichen Griechenland zu uns. Gesammelt werden die Samen. Zur weiteren Verarbeitung müssen diese getrocknet werden.

Foto: Sertürner Bildarchiv

Inhaltsstoffe:
Mindestens 3% Triterpenglykcoside. Dieses wird als wasserfreies Aescin berechnet. Außerdem sind Purinderivate und Flavonoide enthalten.

Wirkungen:
Im Tierversuch wurden antiexsudative und ödemverringernde Wirkungen gezeigt. Der verbesserte Rückfluß des venösen Blutes erfolgt durch die Venentonisierung.

Anwendungsgebiete:

Schmerzen und Schweregefühl der Beine, Ödeme, Wadenkrämpfe, Juckreiz, Brennen
postthrombotisches Syndrom (chron.-venöse Insuffizienz)
trophische Veränderungen an der Haut (z.B. Ulcus cruris)
posttraumatische/postoperative Weichteilschwellungen

Dosierung:

Tagesdosis	30–150 mg Aescin

Darreichungsformen:

als feste Form	2–3x tgl. als Trockenextrakt einnehmen
flüssige Form	2–3x tgl. 20–30 Trpf. mit etwas Wasser einnehmen
halbfeste Form	mehrmals tgl. dünn auftragen

Handelspräparate:

Roßkastanien-Fluidextr.	**Venotrulan®** N, Trpf., Truw
Roßkastaniensamen-Extr.	**Concentrin®** N Gel, -spezial (Lsg.), ct-Arzneimittel **Veno-biomo®** Trpf. 25, Biomo **venogal®** 300 retard Kps., Chinosol
Roßkastaniensamen-Fluidextr.	**Hämos®** Trpf. S, Dr. Janssen

Roßkastaniensamen-Trockenextr.	**Aescorin®** forte, Kps., Steigerwald **Aescusan®** 20 Filmtbl., -retard 50, Jenapharm **Aescusan®** mono, Pharma Wernigerode **Aescuven®** forte Drg., Redel **Essaven®** N Kps, Rhone Poulenc Rohrer **Essaven ultra®**, Kps., Rhone Poulenc Rohrer **Heweven P3®** Venendragees **Hoevenol®** Kps., Hoernecke **Insuvena®** Drg. **Noricaven®** novo Drg., Bionorica **Perivar®** Rosskaven Retardtbl., Intersan **Plissamur®** Drg., Ardeypharm **Reparil®** Drg., Amp., Gel, Madaus **Vasoforte®** N Kps., Krugmann **Vasotonin®** Kps., Merz+Co **Venalot®** novo Depot, **Schaper®** Brümmer **Venapert®**, Angiopharm **Venen-Drg.®** fluid Lsg., Salbe, ct-Arzneimittel **Venen-Tbl., Stada®** retard, Stadapharm **Venentabs retard-ratiopharm®** Retardtbl, ratiopharm **Veno-biomo®** Drg., Biomo **Venoplant®** retard S, Drg., Salbe, Schwabe **Venopyronum®** Retardtbl., Kps., Knoll Deutschland **Venostasin®** retard, Kps., N Salbe, Supp., Klinge **Venotrulan®** N, Drg., Truw

- **Nebenwirkungen:**
  Selten Schleimhautreizungen des Magen-Darm-Trakts.
- **Wechselwirkungen/Gegenanzeigen:**
  Keine bekannt.

Ruhrkrautblüten

helichrysi flos

Beschreibung:
Das Ruhrkraut, auch Katzenpfötchen genannt, wird bis zu 20cm hoch. Es kommt häufig an sandigen, trockenen Plätzen vor. Kurz vor dem völligen Aufblühen (Juni–Oktober) werden die Blütenstände gesammelt.

Inhaltsstoffe:
Enthalten sind Flavonoide, Gerbstoffe, wenig ätherisches Öl, Phytosterin, Harz und Bitterstoffe.

Wirkungen:
Im Tierexperiment konnte eine schwach galletreibende Wirkung festgestellt werden.

Anwendungsgebiete:

dyspeptische Beschwerden

Dosierung:

Tagesdosis	3g Droge

Darreichungsformen:

als Tee	1 Teelöffel zerkleinerte Droge mit 1 Tasse Wasser heiß aufgießen. 10 Min. ziehen lassen. Mehrmals tgl. 1 Tasse trinken.

Handelspräparate:

Aristochol® N, Trpf., Steiner

Nebenwirkungen/Wechselwirkungen:
Keine bekannt.

Gegenanzeigen:
Verschluß der Gallenwege, Gallensteinleiden.

Sägepalmenfrüchte

sabalis serrulati fructus

Foto: Sertürner Bildarchiv

- **Beschreibung:**
Diese Zwergpalme ist im Küstengebiet der Südstaaten Amerikas beheimatet. Zur Arzneimittelherstellung werden reife und getrocknete Früchte (Sabalfrüchte), von der Größe einer Olive, gesammelt.

- **Inhaltsstoffe:**
Die Droge enthält fettes Öl und Phytosterine, Polysaccharide, Gerbstoffe, Fermente, Zucker und Sitosterol.

- **Wirkungen:**
Der Gehalt an β-Sitosterol und in der klinischen Anwendung wirkt die Droge bei Beschwerden des Wasserlassens, besonders im Rahmen einer Reizblase bzw. Prostatahyperplasie. Der Sägepalmenfrucht wird eine potenzsteigernde Wirkung nachgesagt.

- **Anwendungsgebiete:**

Harnverhalt (z.B. bei Reizblase, Prostata-Adenom im Stadium I-II)
Impotenz

- **Dosierung:**

Tagesdosis	1–2g Droge (entsprechend 320mg lipophiler Drogenauszug)

- **Darreichungsformen:**

als Tinktur (1:10)	3x tgl. 10 Trpf. in warmem Wasser einnehmen
als Perkolat (1:3)	3x tgl. 20–30 Trpf. in warmem Wasser einnehmen

- **Handelspräparate:**

Sabal-Extr.	**Serenoa-ratiopharm®,** ratiopharm

Sägepalmenfrüchte-Dickextr.	**Steiprostat®** Kps. zum Einnehmen, Steigerwald
Sägepalmenfrüchte-Extr.	**Belluran®** Wörwag **eviprostat®** -S, Kps., -uno Kps., esparma Pharma **ProstaFink®** N, Kps. **Prostagutt®** mono, -uno, Trpf., forte, Kps., Schwabe **Prosta Urgenin®** uno, Kps., Madaus **Prostata-Echotroplex®** Trpf. **Prostess®** TAD, Pharma **Remigeron®** Kps., Trpf. **Remiprostan®** uno, Schaper Brümmer **Sabacur®** uno, Biocur **Sabal 2000®** Duopharm **Sabal Stada®** uno 320 mg, Stada **Sabal uno Apogepha®** Kps., Apogepha **Sabonal®** Kps., -uno 320 Kps., Sabona **Serenoa-ratiopharm®** Kps., ratiopharm **Sita®** Kps., Hoyer **Steiprostat uno®** Kps. Weichkps., Steigerwald **Strogen®** Strathmann **Talso®** Sanofi Winthrop **Urgenin®** Drg., Trpf., Supp., Madaus

Nebenwirkungen/Wechselwirkungen/Gegenanzeigen:
Keine bekannt.

Salbeiblätter (dreilappig)

salviae trilobae folium

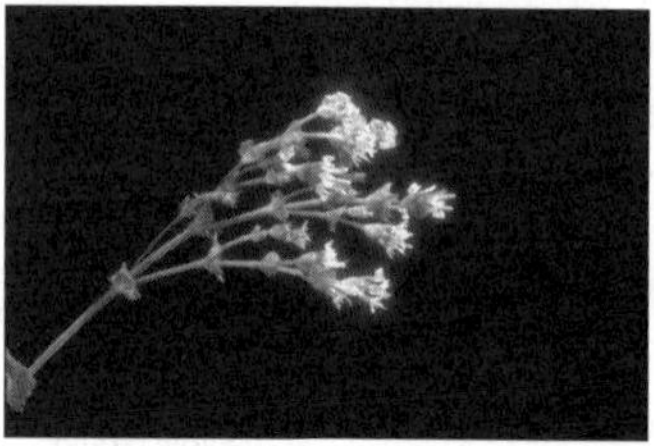

Foto: A. Brousseau, E. Vogel

- **Beschreibung:**
  Salbei ist ein 20 bis 60cm hoher Halbstrauch. Der bei uns wachsende Wiesensalbei kann nicht zur Arzneimittelherstellung verwendet werden. Nur der aus Dalmatien stammende Salbei mit höherem Anteil an ätherischen Ölen wird verwendet. Die frischen dreilappigen Salbeiblätter werden vor der Blütezeit gesammelt und vor der Weiterverarbeitung getrocknet.
- **Inhaltsstoffe:**
  Mindestens 1,8% thujonreiches Öl ist enthalten. Als weitere Hauptkomponenten sind Cineol und Kampfer enthalten. Ferner enthalten die Blätter Gerbstoffe, Diterpen, Bitterstoffe, Triterpene, Steroide, Flavone und Flavon-Glykoside.
- **Wirkungen:**
  Die Inhaltsstoffe haben eine adstringierende und sekretionsfördernde Wirkung. Die Schweißdrüsensekretion wird dagegen gehemmt. Das ätherische Öl wirkt hemmend auf Bakterien-, Pilz- und Viruswachstum.
- **Anwendungsgebiete:**

dyspeptische Beschwerden
gesteigerte Schweißsekretion
Entzündung der Mund- und Rachenschleimhaut
beruhigend

- **Dosierung:**

Tagesdosis	4–6g Droge bzw. 0,1–0,3g Öl oder 2,5–7,5g Tinktur oder 1,5–3g Fluidextrakt

Darreichungsformen:

als Tee	1 Teelöffel zerkleinerte Droge mit 1 Tasse heißem Wasser aufgießen und nach 10 Min. abseihen. Vor den Mahlzeiten 1 Tasse trinken.
ätherisches Öl	Auf 1 Tasse Wasser 1–2 Trpf. Öl, vor den Mahlzeiten trinken.
Tinktur (1:10)	1 Teelöffel mit etwas Wasser verdünnt vor den Mahlzeiten einnehmen.
Fluidextr. (1:1)	1 Teelöffel in etwas Wasser verdünnt 2x tgl. einnehmen.
Aufguß	2,5g Droge oder 2–3 Trpf. ätherisches Öl oder 5g alkoholischer Aufguß auf 1 Glas Wasser geben und mehrmals tgl. damit gurgeln.
unverdünnter alkohol. Auszug	Mehrmals tgl. auf die entzündeten Hautpartien auftragen.
als Gewürz	

Handelspräparate:

Salbei-Extr.	**Sweatosan®** N, Drg., Novartis Consumer Health
Salbeiblätter-Extr.	**Viru-Salvysat®** Viskose Lsg., Ysatfabrik
Salbeiblätter-Trockenextr.	**Salvysat®** -Bürger, Drg. Trpf., Ysatfabrik
Salbeiöl	**Buchol®** Kps., Hotz **Salbei Curarina®** Trpf., Harras Pharma Curarina **Salus®** Salbei Trpf. **Salviathymol®** Tinktur, Galenika

Nebenwirkungen:
Bei längerfristiger Einnahme von alkoholischem Salbeiextrakt und/oder des ätherischen Öls ist das Auftreten von epileptiformen Krämpfen beschrieben worden. Magenbeschwerden.

Wechselwirkungen:
Keine bekannt.

Gegenanzeigen:
Schwangerschaft

Sandelholz, weiß

santali albi lignum

- **Beschreibung:**
  Beheimatet ist das wohlriechende weiße Sandelholz im indisch-malaiischen Gebiet. Gesammelt wird der Stamm, welcher dann von Rinde und Splint befreit wird.
- **Inhaltsstoffe:**
  Enthalten ist ätherisches Öl.
- **Wirkungen:**
  Das enthaltene ätherische Öl wirkt harndesinfizierend und harntreibend (Aquaretikum).. Vorsicht ist bei längerer und höherer Dosierung geboten, da es zu nierentoxischen Wirkungen kommen kann.
- **Anwendungsgebiete:**

entzündliche Erkrankungen der ableitenden Harnwege

- **Dosierung:**

Tagesdosis	10g Droge = 1–1,5g ätherisches Öl

- **Darreichungsformen:**

als Tee	2 Teelöffel zerkleinerte Droge mit 1 Tasse heißem Wasser übergießen und 5 Min. ziehen lassen. Mehrmals tgl. 1 Tasse trinken.
ätherisches Öl	Mehrmals tgl. 10 Trpf. in etwas Wasser geben und trinken.

■ **Handelspräparate:**

Gelosantal® Kps.

■ **Nebenwirkungen/Wechselwirkungen:**
Keine bekannt.

■ **Gegenanzeigen:**
Nierenparenchymerkrankungen

Sanikelkraut

saniculae herba

Foto: A. Brousseau, E. Vogel

■ **Beschreibung:**
Am häufigsten kommt die 20 bis 50 cm hohe Pflanze in humusreichen Laubwäldern und Gebüschen vor. Blütezeit sind die Monate Mai–Juli. Die oberirdischen Teile und die Wurzel der Pflanze werden gesammelt und dann getrocknet.

■ **Inhaltsstoffe:**
Enthalten sind Saponine und Gerbstoffe.

■ **Wirkungen:**
Der Saponingehalt bewirkt eine geringe adstringierende und expektorierende Wirkung.

■ **Indikationen:**

Katarrhe der Atemwege (Husten)

■ **Dosierung:**

Tagesdosis	4–6 g Droge

■ **Darreichungsformen:**

als Tee	1 Teelöffel zerkleinerte Droge mit 1 Tasse heißem Wasser aufbrühen, ca. 10 Min. ziehen lassen und davon mehrmals tgl. 1 Tasse trinken.

■ **Handelspräparate:**

Agamadon Pulmonale® Tbl.
Tussiflorin® Hustensaft N

■ **Nebenwirkungen/Wechselwirkungen/Gegenanzeigen:**
Keine bekannt.

Schachtelhalmkraut

equiseti herba

■ **Beschreibung:**
Das Schachtelhalmkraut ist auf Äckern als lästiges Unkraut weit verbreitet. Es kommt aber auch an Wiesenrändern, auf Ödland, an Grabenrändern und Böschungen vor, wenn der Boden feucht und lehmig ist. Gesammelt werden die 20 bis 30cm hohen grünen, unfruchtbaren Sprossen. Vorsicht ist geboten, da es giftige Schachtelhalmarten gibt!
Die beste Sammelzeit ist der Frühsommer.

Foto: A. Brousseau, E. Vogel

■ **Inhaltsstoffe:**
Enthalten sind Kieselsäure (10%), Kaliumsalze, Saponine und Flavonoide.

■ **Wirkungen:**
Die schwach harntreibende Wirkung (Aquaretikum). ist nur mit einer Flüssigkeitsbelastung nachweisbar.

Anwendungsgebiete:

posttraumatische Ödeme
Durchspülungstherapie (bakterielle, entzündliche Erkrankungen der ableitenden Harnwege)
schlecht heilende Wunden
Bestandteil von Husten- und Blasentee

Dosierung:

Tagesdosis	6g Droge

Darreichungsformen:

als Tee	2 Teelöffel zerkleinerte Droge mit 1 Tasse kochendem Wasser aufgießen und nach 15 Min. durch ein Teesieb abseihen. Mehrmals tgl. 1 Tasse trinken.
als Umschlag	10g Droge auf 1 l Wasser geben und dann 30 Min. kochen. Umschläge mehrmals erneuern.

Handelspräparate:

Schachtelhalm-kraut-Extr.	**Spreewälder Pflanzenextrakt®** Zinnkraut, Spreewald-Pharma
Schachtelhalm-kraut-Trockenextr.	**Biolavan®** Kps. **Kneipp Zinnkraut®**, Saft, Kneipp **nephro-loges®** Liqu., Loges **Nieron Tee®** N, Hoyer **Prodiuret®** Kps.,Biocur **Pulvhydrops®** Mono Drg., Lomapharm **Redaxa®** Fit Drg., Hotz **Ullus Blasen-Nierentee®**

Nebenwirkungen/Wechselwirkungen:

Keine bekannt.

Gegenanzeigen:

Ödeme infolge von Nieren- und Herzinsuffizienz.

Schafgarbenkraut/-blüten

achillea millefolii herba/flos

Foto: Sertürner Bildarchiv

Beschreibung:
Die Schafgarbe ist in ganz Europa zu Hause und wächst auf Wiesen und an Feld- und Wegrändern. Während der Blütezeit im Juni bis Oktober werden die frischen, oberirdischen Teile der 20 bis 45cm hohen Pflanze und die Blüten (ohne Kraut) gesammelt. Vor der der Weiterverarbeitung werden sie getrocknet.

Inhaltsstoffe:
Ätherisches Öl, Proazulene und Sesquiterpenlacton-Bitterstoffe, Flavonoide, Mineralien und Gerbstoffe.

Wirkungen:
Die Droge regt u.a. den Gallenfluß an und wirkt außerdem krampflösend und desinfizierend. Diese Eigenschaften unterstützen den Verdauungsvorgang.

Anwendungsgebiete:

Appetitlosigkeit
dyspeptische Beschwerden
funktionelle Unterbauchbeschwerden der Frau (prämenstruelles Syndrom)
symptomatische Therapie von Lebererkrankungen

Dosierung:

Tagesdosis	4,5g Schafgarbenkraut; 3,0g Schafgarbenblüten

Darreichungsformen:

als Tee	1 Teelöffel feingeschnittene Droge mit 1 Tasse Wasser heiß aufgießen und 5 Min. ziehen lassen. mehrmals tgl. 1 Tasse trinken.
als Preßsaft	Mehrmals tgl. zu den Mahlzeiten 1 Eßlöffel Saft einnehmen.
als Badezusatz	Sitzbad: 100g Scharfgarbenkraut auf 20l Wasser
als Gewürz	fette Speisen

Handelspräparate:

Aristochol® N Trpf., Steiner
Cha-mill® N, Trpf.
Digestivum-Hetterich® Trpf., Hetterich
Schamill® Schafgarbe-Extr., Ritsert
Ullus Magentee®

Nebenwirkungen/Wechselwirkungen:
Keine bekannt.

Gegenanzeigen:
Allergie gegen Schafgarbe und andere Korbblütler.

Schlehdornfrüchte

pruni spinosae fructus

Foto: Sertürner Bildarchiv

- **Beschreibung:**
  Der Schlehdorn kommt als 1 bis über 3 m hoher Strauch an Wegrändern, sonnigen Berghängen, Heiden und bevorzugt auf kalkigem Boden vor. Gesammelt werden die reifen Früchte im späten Herbst. Vor der Zubereitung werden sie getrocknet. Verwendet werden können aber auch die Blüten vor dem Aufblühen (Blütezeit: März–April) und die Blätter gleich nach dem Abblühen.
- **Inhaltsstoffe:**
  Die Droge enthält überwiegend Gerbstoffe.
- **Wirkungen:**
  Der Gerbstoffgehalt verleiht der Droge ihre adstringierende Wirkung.
- **Anwendungsgebiete:**

Entzündungen der Mund- und Rachenschleimhaut
mildes Abführmittel
Appetitlosigkeit

- **Dosierung:**

Tagesdosis	2–4 g Droge

- **Darreichungsformen:**

als Aufguß	1–2 Teelöffel zerkleinerte Droge mit 1 Tasse kochendem Wasser aufgießen, 10 Min. unter gelegentlichem Umrühren ziehen lassen. Dann mehrmals tgl. gurgeln.

als Tee	2 gehäufte Teelöffel mit 1/4 l Wasser übergießen , langsam zum Sieden bringen und dann abseihen. 2 Tassen pro Tag trinken.
als Marmelade und/oder Saft	

- **Handelspräparate:**
  Freie Rezeptur empfehlenswert.
- **Nebenwirkungen/Wechselwirkungen/Gegenanzeigen:**
  Keine bekannt.

Schlüsselblumenblüten

primulae flos

Foto: Sertürner Bildarchiv

- **Beschreibung:**
  Vor der Weiterverarbeitung werden die Blüten der Schlüsselblume (Primel), die hauptsächlich auf Wiesen zu finden ist, getrocknet. Blütezeit sind die Monate März und April. Verwendet werden können auch die Wurzeln, welche im September geerntet werden (s. Primelwurzel, →**271**).
- **Inhaltsstoffe:**
  Die Kelchblätter enthalten Saponine. Daneben finden sich noch Flavone und Kieselsäure als Inhaltsstoffe.
- **Wirkungen:**
  Durch die enthaltenen Saponine wirkt die Droge sekretlösend und erleichtert das Abhusten.
- **Anwendungsgebiete:**

Katarrhe der Atemwege (Husten)

Dosierung:

Tagesdosis	2–4 g Droge oder 1,5–3 g Tinktur

Darreichungsformen:

als Tee	1 Teelöffel feingeschnittene Blüten mit 1 Tasse Wasser heiß aufgießen, 5 Min. ziehen lassen. Davon tgl. 1 Tasse trinken.
als Tinktur (1:10)	Mehrmals tgl. 1 Teelöffel in etwas Wasser verdünnt einnehmen.

Handelspräparate:

Ipalat® Halspastillen, -zuckerfrei, Pfleger
Kneipp Husten- und Bronchialtee®, Kneipp

Nebenwirkungen:
Manchmal kann Übelkeit auftreten.

Wechselwirkungen:
Keine bekannt.

Gegenanzeigen:
Bekannte Allergie gegen Primeln.

Schöllkraut

chelidonli herba

Foto: Sertürner Bildarchiv

- **Beschreibung:**
Besonders häufig ist das Schöllkraut in der Nähe menschlicher Behausungen anzutreffen. Je nach Standort wird das Kraut 30 cm bis über 1 m hoch. Während der Blütezeit werden die oberirdischen Teile der giftigen Pflanze gesammelt.

- **Inhaltsstoffe:**
Enthalten sind mindestens 0,6% Gesamtalkaloide, berechnet auf Chelidonin und bezogen auf die wäßrige Droge. Weiterhin sind Saponine, Flavonoide, etwas ätherisches Öl, Carotinoide und Fermente enthalten.

- **Wirkungen:**
Chelidonin besitzt schwach schmerzlindernde, zentralsedative und krampflösende Eigenschaften.

- **Anwendungsgebiete:**

Krämpfe im Magen-Darm-Trakt

- **Dosierung:**

Tagesdosis	2–5 g Droge (bis zu 12–30 mg Gesamtalkaloide)

- **Darreichungsformen:**

als Tee	1–2 Teelöffel feingeschnittene Droge mit 1 Tasse heißem Wasser aufgießen. Nach 5 Min. durch ein Teesieb abseihen und vor den Mahlzeiten 1 Tasse trinken.
als Tinktur (1:10)	3x tgl. 10–15 Trpf. in etwas Wasser einnehmen

feste Form	3x tgl. entsprechend der Inhaltsstoffe der Tagesdosis einnehmen

- **Handelspräparate:**

Schöllkraut-Extr.	**Gallosyx®** N Lsg., Syxyl
Schöllkraut-Fluidextr.	**Chol 4000®** Lichtenstein Trpf., Lichtenstein Pharmazeutica **Panchelidon®** N, Trpf., Kanoldt
Schöllkraut-Trockenextr.	**Ardeycholan®** N, Drg., Ardeypharm **Aristochol®** N, Trpf., Steiner **Chol 4000®** Lichtenstein Filmtbl., Lichtenstein **Cholagogum N Nattermann®** Kps., Trpf., Nattermann **Cholarist®** Tbl., Steiner Arzneimittel **Choleodoron®** Trpf. **Chelidophyt®** N, Trpf., Drg., Hetterich **Cholosan®** Kps., Pharmasan **Chol sabona®** Filmtbl., Sabona **Cholspasmin®** phyto Kps., Lipha **esberigal®** N, Drg. **Gallopas®** 100 Tbl. **Panchelidon®** N, Kps., Trpf., Kanoldt **Pascohepan®** Trpf. **Schöllkraut-ratiopharm®** Kps., ratiopharm

- **Nebenwirkungen/Wechselwirkungen/Gegenanzeigen:**
Keine bekannt.

Seifenwurzel, rote

saponariae rubrae radix

Foto: A. Brousseau, E. Vogel

- **Beschreibung:**
  Die rote Seifenwurzel kommt an sandigen Ufern, Schutt- und Geröllhalden vor. In der Blütezeit von Juni– September sollten die Wurzeln, Wurzelstöcke und deren Ausläufer gesammelt werden. Vor der Weiterverarbeitung werden sie dann noch getrocknet.
- **Inhaltsstoffe:**
  Die Droge enthält Saponine.
- **Wirkungen:**
  Der Saponingehalt ist für die Verflüssigung des zähen Schleims verantwortlich.
- **Anwendungsgebiete:**

katarrhalische Infekte der Atemwege

- **Dosierung:**

Tagesdosis	30–150mg Droge

- **Darreichungsformen:**

als Tee	½ Teelöffel mittelfeingeschnittene Droge wird mit 1 Tasse Wasser aufgekocht und abgeseiht. Mehrmals tgl. 1 Tasse warm trinken. Eventuell mit Honig süßen.

- **Handelspärparate:**

Bronchicum® Trpf. N, Rhone-Poulenc Rohrer Kombinationspräparate

- **Nebenwirkungen:**
  Selten Magenbeschwerden.

- **Wechselwirkungen/Gegenanzeigen:**
  Keine bekannt.

Senegawurzel

polygalae radix

- **Beschreibung:**
  Die Pflanze kommt überall auf der Erde vor. Im Herbst wird die Senegawurzel geerntet. Gesammelt werden die Wurzeln mit den Wurzelköpfen. Vor der Weiterverarbeitung werden sie getrocknet.
- **Inhaltsstoffe:**
  Die Droge enthält Saponine, Bitterstoffe, Schleim, Pektin und Methylsalizylat.
- **Wirkungen:**
  Der Hauptinhaltsstoff bewirkt eine Verflüssigung des zähen Schleims.
- **Anwendungsgebiete:**

Katarrhe der Atemwege (Husten)

- **Dosierung:**

Tagesdosis	1,5–3 g Droge; Fluidextrakt (1:2); 2,5–7,5 g Tinktur (1:10)

- **Darreichungsformen:**

als Tee	1 Teelöffel feingeschnittene Droge mit 1 Tasse Wasser kochendheiß aufgießen. 10 Min. ziehen lassen. Mehrmals tgl. 1 Tasse trinken.
feste Formen	2x tgl. entsprechend der Inhaltsstoffe von 1,5 g Droge einnehmen
Tinktur	mehrmals tgl. 30 Trpf. mit Wasser verdünnt einnehmen
Fluidextrakt	mehrmals tgl. 1 Teelöffel auf 1 Tasse Wasser einnehmen

- **Handelspräparate:**
  Keine Fertigarznei.
- **Nebenwirkungen:**
  Magen-Darm-Beschwerden.
- **Wechselwirkungen/Gegenanzeigen:**
  Keine bekannt.

Senfsamen, weißer

sinapis albae semen

Foto: A. Brousseau, E. Vogel

- **Beschreibung:**
  Die reifen Samen der bis 1 m hohen Kulturpflanze werden gesammelt und vor der Weiterverarbeitung getrocknet.
- **Inhaltsstoffe:**
  Enthalten sind Senfölglykoside und Senföle.
- **Wirkungen:**
  Die Hauptwirkung beruht auf den Senfölen bzw. Senfölglykosiden. Pharmakodynamische Wirkungen liegen allerdings nicht vor.
- **Anwendungsgebiete:**

Katarrhe der Atemwege
chronisch-degenerative Gelenkerkrankungen
Weichteilrheumatismus

- **Dosierung:**

Tagesdosis	60–240 g Droge

■ **Darreichungsformen:**

als Umschlag	4 Eßlöffel Pulverdroge mit warmem Wasser zu einer breiartigen Masse verrühren. Auf die erkrankten Hautstellen auftragen. Bei Kindern 5–10 Min., bei Erwachsenen 10–15 Min. auf der Haut belassen. Die Anwendung kann mehrmals tgl., aber höchstens 4x am Tag, erfolgen.

■ **Handelspräparate:**
Keine Fertigarznei bekannt.

■ **Nebenwirkungen:**
Bei längerfristiger Anwendung Haut- und Nervenschäden.

■ **Wechselwirkugnen:**
Keine bekannt.

■ **Gegenanzeigen:**
Nierenerkrankungen; keine Anwendung bei Kindern unter 4 Jahren.

Sennesblätter/-früchte

sennae folium/fructus acutifoliae/angustifoliae

■ **Beschreibung:**
Beheimatet ist die ½ bis 1 m hohe Sennapflanze im Sudan und in Westafrika. Heutzutage wird sie in Kulturen angepflanzt. Zur Herstellung werden die vollentwickelten Blätter bzw. Früchte der Sennapflanze gesammelt und dann getrocknet.

■ **Inhaltsstoffe:**
Sennesblätter enthalten mindestens 2,5% Hydroxyanthracen-Derivat (Anthranoide). Die Sennae fructus acutifoliae enthalten mindestens 3,4% Hydroxyanthracen-Derivat. Die Sennae fructus angustifoliae enthalten mindestens 2,2% Hydroxyanthracen-Derivat.

Wirkungen:

Die enthaltenen Anthranoide besitzen eine antiabsorptive und hydragoge Eigenschaft. Sie hemmen die Resorption von Elektrolyten und Wasser aus dem Dickdarm. Es kommt so zur Volumenzunahme des Darminhalts. Die Darmmotorik wird verstärkt. Weiterhin kommt es zur aktiven Chlorid-, Wasser- und Elektrolytsekretion.

Anwendungsgebiete:

Verstopfung
Defäkationserleichterung vor anorektalen Eingriffen

Dosierung:

Tagesdosis	20–60 mg Hydoxyanthracen-Derivat. Dauer der Anwendung: max. 1–2 Wochen.

Darreichungsformen:

als Tee	2 Teelöffel feingeschnittene Sennesfrüchte mit 1 Tasse Wasser heiß übergießen, 5 Min. ziehen lassen. 2 Teelöffel feingeschnittene Sennesblätter mit 1 Tasse Wasser kalt oder lauwarm ansetzen. 1–2 Stunden ziehen lassen. Abends 1–2 Tassen warm trinken.
flüssige Formen	Abends ½–1 Teelöffel entsprechend der angegebenen Tagesdosis.
feste Formen	Abends 2 Kps./Tbl. entsprechend der Tagesdosis oder abends 1 Teelöffel Granulat einnehmen.

Handelspräparate:

Sennesblätter	**Bekunis**® Kräuter Dragees, roha **neda**® Früchtewürfel, Novartis
Extr. Sennae	**Hevertolax Phyto**® Trpf., Hevert
Sennesblätter-Trockenextr.	**Dragees 19 Senna**® Drg., Whitehall-Much

Sennesfrüchte (Cassia angustifoliae)	**Agiolax®** Granulat, Madaus **Depuran®** Kps., **Kneipp Abführtee** N®, Kneipp **Laxariston®** Mono Granulat **Liquidepur®** Abführ-Dosiertbl., Flüssigkeit **Ramend®** Abführ-Drg. N, Kräuter-Abführ-Tee N **Regulax®** N, Krewel Meuselbach **X-Prep®** Lsg., Mundipharm

- **Nebenwirkungen:**
  Bei kurzfristiger Anwendung keine. Bei längerer Anwendung kommt es zu Elektrolytverlusten und zu gutartigen Pigmenteinlagerungen in der Darmschleimhaut.
- **Wechselwirkungen:**
  Infolge des evtl. Kaliummangels kann die Wirkung der Herzglykoside verstärkt werden.
- **Gegenanzeigen:**
  Darmverschluß, Schwangerschaft, Stillzeit

Sojalecithin

lecithinum ex soja

Foto: Sertürner Bildarchiv

Beschreibung:
Das Sojalecithin wird aus dem Samen der Sojapflanze gewonnen.

Inhaltsstoffe:
Es handelt sich um ein Phospholipidgemisch.

Wirkungen:
In tierexperimentellen und klinischen Untersuchungen konnten lipidsenkende Eigenschaften nachgewiesen werden.

Anwendungsgebiete:

Bei leichterer Form von Stoffwechselerkrankungen (Hypercholesterinämien)

Dosierung:

Tagesdosis	Gesamtphospholipide entsprechend 3,5g Phosphatidylcholin

Darreichungsformen:

Feste Formen	3x tgl. 2–4 Tbl./Kps./Dragees vor dem Essen
Flüssige Formen	3x tgl. 1–2 Likörgläser vor den Mahlzeiten

Handelspräparate:

3N-Lecithin® Emuls., Pharma Wernigerode
Lipostabil® 300 forte, Kps., Rhone-Poulenc Rohrer
Lipostabil® 500 flüssig, Rhone-Poulenc Rohrer
Lipostabil® N, i.v. Amp., Rhone-Poulenc Rohrer

- **Nebenwirkungen/Wechselwirkungen/Gegenanzeigen:**
  Keine bekannt.

Sonnenhutkraut, purpurfarbenes

echinacae purpurae herba

Foto: Sertürner Bildarchiv

- **Beschreibung:**
  Das Purpursonnenkraut stammt ursprünglich aus Amerika und wurde dort schon von den Ureinwohnern als medizinische Pflanze verwendet. Während der Blütezeit über den gesamten Sommer hindurch können die frischen oberirdischen Teile der Pflanze gesammelt werden, aber auch die Wurzeln. Bei uns wird er wegen seiner schönen Blüten in Ziergärten angepflanzt.
- **Inhaltsstoffe:**
  Enthalten sind Polyen- und Polyvinverbindungen, ätherisches Öl, Echinacin, Harzstoffe, Bitterstoffe und Heteropolysaccharide.
- **Wirkungen:**
  Zubereitungen aus Sonnenhutkraut wirken als spezifischer Reizkörper, so daß die Phagozytoseleistung der Granulozyten und Makrophagen erhöht wird. Es vermehren sich die T-Helferzellen und die Produktion von Zytokinen wird gesteigert. Dies führt zu einer Stärkung des Immunsystems.
- **Anwendungsgebiete:**

chronische Atemwegs- oder Harnwegsinfekte
oberflächliche Wunden mit schlechter Heilung
zur Unterstützung bei Erkältungskrankheiten

Dosierung:

Tagesdosis	6–9 ml Preßsaft

(Einreibung und orale Gabe auf die Dauer von 8 Wochen begrenzen; parenterale Gabe auf 3 Wochen begrenzen)

Darreichungsformen:

als Tropfen	Anfangsdosis erhöht mit 50 Trpf. in einem Glas Wasser langsam und schluckweise trinken; danach 1–2 Stunden weitere Einnahme von 10–20 Trpf. über mehrere Tage.
parenterale Einnahme	nur nach den strengen Herstellervorgaben
halbfeste Formen	mehrmals tgl. einreiben

Handelspräparate:

Contra Infekt® Liqu.
Contramutan®, Rhone-Poulenc Rohrer
Convertin® Trinkampullen
Echan® Lsg., Biocur
Echinacea purpurea forte®, Trpf., Hevert
Echinacea-ratiopharm® Liqu., Tbl., ratiopharm
Echinacin Madaus® Instanttee, Trpf., Capsetten, Amp., Salbe, Madaus
Esberitox® N Lsg., Tbl. (Echinacea in Kombination mit Thuja)

Nebenwirkungen:
Bei parenteraler Einnahme kann es dosisabhängig zu kurzzeitiger Fieberreaktion mit Schüttelfrost kommen. Auch Übelkeit und Erbrechen können auftreten.

Wechselwirkungen:
Keine bekannt.

Gegenanzeigen:
Bei innerer Anwendung sind Systemerkrankungen wie Tbc, Leukosen, Kollagenosen u.ä. kontraindiziert. Auch bei Schwangerschaft und Neigung zu Allergien.

Sonnentaukraut

droserae herba

Foto: A. Brousseau, E. Vogel

- **Beschreibung:**
  Das Sonnentaukraut ist eine bis zu 25cm hohe Pflanze, die gut auf stickstoffarmem Boden leben kann. Gesammelt werden die ober- und unterirdischen Teile. Die Blütezeit sind die Monate Juli und August. Der Sonnentau ist vom Aussterben bedroht und darf daher nicht in der freien Natur gesammelt werden.

- **Inhaltsstoffe:**
  Im Kraut sind 0,14–0,22% Naphthochinonderivat enthalten.

- **Wirkungen:**
  Die Droge zeigt krampflösende Eigenschaften an den Bronchien und reduziert so Hustenreize.

- **Anwendungsgebiete:**

Krampf- und Reizhusten

- **Dosierung:**

Tagesdosis	3g Droge

- **Darreichungsformen:**

als Tinktur (1:10)	mehrmals tgl. 10 Trpf. in etwas Wasser verdünnt einnehmen. Kinder nehmen 3x tgl. 5 Trpf. ein.

■ **Handelspräparate:**

Drosithym® Trpf., Bürger **Makatussin®** Drosera-, Trpf., Saft, Roland **Pertussin®** Hustensaft , Pharmasan **Primotussan®** N, Trpf., Hetterich

■ **Nebenwirkungen/Wechselwirkungen/Gegenanzeigen:**
Keine bekannt.

Spargelwurzelstock

asparagi rhizoma

■ **Beschreibung:**
Ursprünglich kam der Spargel aus dem Orient zu uns nach Europa. Heute ist er eine sehr beliebte Gemüsesorte. Zur Arzneimittelherstellung werden die Wurzelstöcke der Pflanze gesammelt. Die Gemüsespargeltriebe können auch verwendet werden.

■ **Inhaltsstoffe:**
Die Droge enthält Saponine, Asparagin, Arginin, Asparagose, Flavonoide, Vitamine und Mineralstoffe.

■ **Wirkungen:**
Durch die schwefelhaltigen Inhaltsstoffe kommt es zur Erhöhung der Wasserausscheidung (Aquaretikum)..

■ **Anwendungsgebiete:**

Durchspülungstherapie bei Nierenerkrankungen (erhöhte Wasserausscheidung)

■ **Dosierung:**

Tagesdosis	45–80g Droge

- **Darreichungsformen:**

als Tee	2 Eßlöffel zerkleinerte Droge mit 1 Tasse heißem Wasser aufgießen, 15 Min. ziehen lassen und dann mehrmals tgl. 1 Tasse trinken. Zusätzlich reichlich dazu trinken.
als Gemüse	

- **Handelspräparate:**

Asparagus-P® Tbl.
Hevert Harpagophytum® com. Tee, Hevert

- **Nebenwirkungen:**
Selten allergische Reaktionen.
- **Wechselwirkungen:**
Keine bekannt.
- **Gegenanzeigen:**
Entzündliche Nierenerkrankungen, Ödeme infolge eingeschränkter Herz- und Nierenfunktion.

Spitzwegerichkraut

plantaginis lanceolatae herba

Foto: Sertürner Bildarchiv

- **Beschreibung:**
Der 20 bis 40cm lange Spitzwegerich ist eine in unserer Flora sehr häufig vorkommende Heilpflanze. Er findet sich überall auf Wiesen, Schuttplätzen oder Feldern. Während der Blütezeit von Mai bis September werden die Bätter des Spitzwegerichkrauts gesammelt und weiterverarbeitet.

- **Inhaltsstoffe:**
Enthalten sind Schleimstoffe, Iridoidglykoside, Bitterstoffe, Kieselsäure und Gerbstoffe.

- **Wirkungen:**
Es konnten adstringierende und antibakterielle Wirkungen gezeigt werden.

- **Anwendungsgebiete:**

Katarrhe der Atemwege (fiebrige Bronchial- und Lungenleiden)
Entzündungen im Mund-Rachen-Raum
leichte Entzündungen der Haut

- **Dosierung:**

Tagesdosis	3–6g Droge

- **Darreichungsformen:**

als Tee	2 Teelöffel feingeschnittene Droge mit 1 Tasse heißem Wasser aufgießen und 5 Min. ziehen lassen. Mehrmals tgl. 1 Tasse trinken.
als Frischpflanzensaft	Entsprechend der Dosierung auspressen und 3x tgl. 1–2 Eßlöffel Preßsaft einnehmen.

als Fluidextrakt (1:1)	1 Teelöffel mehrmals tgl. einnehmen

- **Handelspräparate:**

Bronchitussin® N, Tbl., Schuck
Broncholind® Hustensaft
Broncho-Sern® Sirup, Sertürner
Kneipp Spitzwegerich Pflanzensaft Hustentrost®, Kneipp
Kneipp Spitzwegerich Sirup®, Kneipp
Harzer-Hustenelixier®, Pharma Wernigerode
Proguval® Hustensaft, Eberth

- **Nebenwirkungen/Wechselwirkungen/Gegenanzeigen:**
Keine bekannt.

Steinkleekraut

meliloti herba

Foto: A. Brousseau, E. Vogel

- **Beschreibung:**
Steinkleekraut kommt an kiesigen Schuttplätzen und Wegrändern vor. Zur Arzneimittelherstellung können die getrockneten, frischen oder blühenden Zweige gesammelt werden. Blütezeit sind die Monate Juni–August.

- **Inhaltsstoffe:**
Enthalten sind Cumarin und Melilotin, Saponine, Gerbstoffe, ätherisches Öl sowie Flavonoide.

- **Wirkungen:**
Die Droge besitzt antiexsudative Eigenschaften, die bei entzündlichen und Stauungsödemen den venösen Rückfluß verbessern. Tierexperimentell konnte eine Beschleunigung der Wundheilung gezeigt werden.

Anwendungsgebiete:

Symptome der chron.-venösen Insuffizienz
Thrombophlebitiden
postthrombotisches Syndrom
Hämorrhoiden
Lymphstauung
Prellungen, Verstauchungen, oberflächliche Blutergüsse

Dosierung:

Tagesdosis	entsprechend 3–30 mg Cumarin

Darreichungsformen:

als Tee	1–2 Teelöffel der fein geschnittenen Droge mit 1 Tasse siedendem Wasser übergießen und 10 Min. ziehen lassen. 2–3x tgl. trinken.
als Kataplasma zur äußeren Anwendung	mit gleicher Menge siedendem Wasser durchfeuchten, abkühlen und äußerlich anwenden

Handelspräparate:

Venalot® Kps., -Injektionslsg., Schaper & Brümmer
Venalot® Liniment, Schaper & Brümmer

Nebenwirkungen:

Selten Kopfschmerzen (durch den Cumaringehalt).

Wechselwirkungen/Gegenanzeigen:

Keine bekannt.

Sternanisfrüchte

anisi stellati fructus

Beschreibung:
Sternanis ist in Südchina und Nordvietnam beheimatet. Zur Arzneimittelherstellung werden die reifen Früchte gesammelt. Als Gewürz besonders in der Weihnachtsbäckerei und als Arznei wird der Sternanis wie Anis verwendet, obwohl sie botanisch nicht miteinander verwandt sind.

Inhaltsstoffe:
Hauptsächlich sind ätherisches Öl, fettes Öl und Gerbstoffe enthalten.

Wirkungen:
An der glatten Muskulatur des Magen-Darm-Trakts wirkt die Droge krampflösend. An der Schleimhaut der Atemwege löst sich der Schleim.

Anwendungsgebiete:

katarrhalische Infekte der Atemwege
dyspeptische Beschwerden mit leichten Krämpfen

Dosierung:

Tagesdosis	3 g Droge bzw. 0,3 g ätherisches Öl

Darreichungsformen:

als Tee	Kurz vor der Verwendung 1 Teelöffel der grob gepulverten Droge mit 1 Tasse kochendem Wasser übergießen. Nach 10 Min. kann der Tee getrunken werden. Mehrmals tgl. 1 Tasse trinken.
als ätherisches Öl	3 Trpf. Öl auf 1 Stück Zucker geben und langsam im Mund zergehen lassen. 3x tgl. einnehmen.

Handelspräparate:

Cefabronchin® N, Trpf., Cefak als Gewürz oder in Kombinationspräparaten

Nebenwirkungen/Wechselwirkungen/Gegenanzeigen:
Keine bekannt.

Stiefmütterchenkraut

violae tricoloris herba

Foto: A. Brousseau, E. Vogel

Beschreibung:
Das 20 bis 30cm hohe Stiefmütterchen kommt auf Äckern, trockenen Wiesen und Gartenland vor. Das Kraut der Pflanze wird während der Blütezeit von Mai bis August gesammelt.

Inhaltsstoffe:
Die Droge enthält Flavonoide, Schleim, Vitamin C, Saponine, Methylsalizylglykosid.

Wirkungen:
Aufgrund des Flavonoidgehalts sind antioxidative und entzündungshemmende Wirkungen der Droge zu erwarten.

Anwendungsgebiete:

leichte seborrhoische Hauterkrankungen (Ekzeme)
Milchschorf bei Kindern

Dosierung:

Tagesdosis	5g Droge

Darreichungsformen:

als Tee	1 Teelöffel feingeschnittene Droge mit 1 Tasse heißem Wasser aufgießen, 5 Min. ziehen lassen und dann abseihen. Täglich 3 Tassen trinken.

als Umschlag	Mehrmals tgl. Mullkompressen, die mit Teeaufguß getränkt sind, auf die erkrankten Hautpartien auflegen.

- **Handelspräparate:**
  Freie Rezeptur ist zu empfehlen.
- **Nebenwirkungen/Wechselwirkungen/Gegenanzeigen:**
  Keine bekannt.

Süßholzwurzel

liquiritiae radix

Foto: Sertürner Bildarchiv

- **Beschreibung:**
  Die Süßholzwurzel ist im Mittelmeergebiet beheimatet. Die Handelsware stammt hauptsächlich aus Kulturen. Die Wurzeln werden im Spätherbst in ungeschälter Form gesammelt, dann getrocknet und weiterverwendet.
- **Inhaltsstoffe:**
  Mindestens 4% Glycyrrhizinsäure und 25% wasserlösliche Anteile. Eine Reihe von Flavonoiden, ferner Phyosterole und Cumarine.
- **Wirkungen:**
  Die enthaltene Glycyrrhizinsäure besitzt schleimhautprotektive Eigenschaften im Magen-Darm-Trakt. Tierexperimentell konnte eine gewisse krampflösende Wirkung am Dünndarm festgestellt werden. Auch auswurffördernde und sekretolytische Eigenschaften an der Bronchialschleimhaut konnten gezeigt werden.

■ **Anwendungsgebiete:**

Magen- und Zwölffingerdarmgeschwüre
Katarrhe der Atemwege
leichtes Abführmittel

■ **Dosierung:**

Tagesdosis	5–15 g Droge (= 200–600 mg Glycyrrhizin)

■ **Darreichungsformen:**

als Tee	1 Teelöffel feingeschnittene Droge mit 1 Tasse kochendem Wasser übergießen oder auch mit kaltem Wasser ansetzen und kurz aufkochen. 15 Min. ziehen lassen. Mehrmals tgl. 1 Tasse trinken.
als Fluidextrakt	Mehrmals tgl. 1 Teelöffel mit etwas Wasser verdünnt einnehmen.
als Succus liquiritiae	0,5–1 g bei Katarrhen, 1,5–3 g bei Magen-/Darmgeschwüren und vor den Mahlzeiten mit etwas Wasser einnehmen.

■ **Handelspräparate:**

Süßholzwurzel-Trockenextr.	**Bronchicum®** Hustentee mit Thymian →**332**, Rhone-Poulenc Rohrer **Bronchitussin®** N, Tbl. **Caved-S®** Tbl. Gastrocaps Tbl. **Lakriment®** Neu Bronchialpastillen, Dolorgiet **Neoplex®** Tbl. **Suczulen®** mono, Kps., Knoll Deutschland **Ulcolind®** N, Tbl., Lindopharm **Ulgastrin®** Neu, Tbl., Dolorgiet

■ **Nebenwirkungen:**

Bei längerer Anwendung kann es zu Natrium- und Wasserretention kommen. Auch Kaliumverlust mit Folge eines Bluthochdrucks, Ödemen und Hypokaliämien können auftreten.

- **Wechselwirkungen:**
  Eine Verstärkung der Nebenwirkungen bei gleichzeitiger Einnahme von ähnlich wirkenden Medikamenten.
- **Gegenanzeigen:**
  Cholestatische Lebererkrankungen, Bluthochdruck, Schwangerschaft, Leberzirrhose.

Syzygiumrinde

syzygii cumini cortex

- **Beschreibung:**
  Der bis zu 15m hohe Jambulbaum kommt natürlicherweise in Ostindien und im malaiischen Gebiet vor. Gesammelt wird die Rinde. Vor der Weiterverarbeitung muß die Rinde getrocknet werden.
- **Inhaltsstoffe:**
  Syzygiumrinde enthält Gerbstoffe, Harze und Triterpensäuren.
- **Wirkungen:**
  Durch den Gerbstoffgehalt wirkt die Droge adstringierend.
- **Anwendungsgebiete:**

unspezifische, akute Durchfallserkrankungen
entzündliche Erkrankungen der Mund- und Rachenschleimhaut
leichte Hautentzündungen

- **Dosierung:**

Tagesdosis	3–6g Droge

- **Darreichungsformen:**

als flüssige Form	3x tgl. 25 Trpf. eines wäßrigen Auszugs entsprechend der Inhaltsstoffe der Droge einnehmen

als Mundspülung	1 Teelöffel feingeschnittene Droge mit 1 Tasse heißem Wasser aufgießen und 15 Min. ziehen lassen. Mehrmals tgl. mit diesem Auszug gurgeln.
als Umschlag	Mehrmals tgl. mit dem warmen Auszug die betroffenen Partien bedecken.

- **Handelspräparate:**

Galenavowen® N, Trpf.
Pancreaplex® Neu, Drg.

- **Nebenwirkungen/Wechselwirkungen/Gegenanzeigen:**
Keine bekannt.

Taubnesselblüten, weiße

lamii albi flos

- **Beschreibung:**
Die Pflanze mit dem ca. 30 bis 40cm hohen Stengel ist an Schuttplätzen, an Wegen, im Gebüsch und an Zäunen zu finden. Gesammelt werden die Kronblätter mit den anhaftenden Staubblättern. Die Blütezeit sind die Monate April bis Oktober.

- **Inhaltsstoffe:**
Enthalten sind Gerbstoffe, Schleimstoffe, ätherisches Öl und Saponine.

- **Wirkungen:**
Der Schleimstoff- und Saponingehalt wirkt schleimlösend. Der Gerbstoffgehalt zeigt adstringierende Wirkung.

Foto: A. Brousseau, E. Vogel

■ **Anwendungsgebiete:**

Katarrhe der Atemwege
leichte Entzündungen des Mund- und Rachenraums und der Hautoberfläche

■ **Dosierung:**

Tagesdosis	3 g Droge

■ **Darreichungsformen:**

als Tee	2 Teelöffel feingeschnittene Droge mit 1 Tasse kochend heißem Wasser aufgießen, 10 Min. ziehen lassen und mehrmals tgl. 1 Tasse trinken.
als Mundspülung	Hergestellt wie Tee. Mehrmals tgl. damit gurgeln.
als Umschlag	50 g feingeschnittene Droge mit 500 ml heißem Wasser aufgießen, 10 Min. ziehen lassen. Umschläge mehrmals tgl. lauwarm bis kalt auf die betroffene Hautpartie aufbringen.

■ **Handelspräparate:**

Salus® Bronchial Tee Nr. 8a
Freie Rezeptur oder in Kombinationspräparaten

■ **Nebenwirkungen/Wechselwirkungen/Gegenanzeigen:**
Keine bekannt.

Tausendgüldenkraut

centaurii herba

Foto: A. Brousseau, E. Vogel

- **Beschreibung:**
Tausendgüldenkraut kommt in lichten Waldungen und auf feuchten Wiesen vor. Bei uns darf das Tausendgüldenkraut nicht gesammelt werden. Wir beziehen es aus Marokko, Jugoslawien und Bulgarien. Gesammelt werden die oberirdischen Teile der blühenden Pflanze von Juli bis September.

- **Inhaltsstoffe:**
Bitterstoffe, Oleanolsäure und Fettsäuren sind enthalten.

- **Wirkungen:**
Aufgrund des Bitterstoffgehalts kommt es reflektorisch zur gesteigerten Magensaftsekretion.

- **Anwendungsgebiete:**

Appetitlosigkeit
dyspeptische Beschwerden

- **Dosierung:**

Tagesdosis	6g Droge bzw. 1–2g Drogenextrakt

- **Darreichungsformen:**

als Tee	2 Teelöffel feingeschnittene Droge mit 1 Tasse Wasser heiß aufgießen, 5 Min. ziehen lassen und 1 Tasse vor den Mahlzeiten trinken.
als Tinktur (1:10)	3x tgl. vor den Mahlzeiten 10 Trpf. in etwas warmem Wasser einnehmen.

- **Nebenwirkungen/Wechselwirkungen/Gegenanzeigen:**
Keine bekannt.

Handelspräparate:

Gastroplant® Trpf., DHU
Ullus Magentee®

Terpentinöl, gereinigtes

terebinthinae aetheroleum rectificatum

Foto: A. Brousseau, E. Vogel

Beschreibung:
Gereinigtes Terpentinöl ist das ätherische Öl aus dem Terpentin von Pinus-Arten (Nadelbäume).

Inhaltsstoffe:
Enthalten sind u.a. Terpene, Caren und Limonen.

Wirkungen:
Terpentinöl wirkt durchblutungsfördernd, antiseptisch und vermindert die Bronchialsekretion.

Anwendungsgebiete:

Bronchialerkrankungen mit starker Schleimbildung
rheumatische und neuralgische Beschwerden

Dosierung:
Nach Angaben des Herstellers.

Darreichungsformen:

als Salbe/Gel	Mehrmals tgl. mit einer 20%igen Salbe einreiben.
als Inhalat	3x tgl. 5 Trpf. Öl in heißes Wasser geben und die Dämpfe einatmen.

Handelspräparate:

In vielen Bädern, Inhalationslösungen und Balsamen.
Bronchocedin® Kps., Strathmann
Iosimitan® Salbe
Kneipp Tonikum Bad®, Kneipp
Kytta Rheumabad®, Merck
Tumarol-Balsam®, Robugen
Wick-Vapo-Rub® Erkältungscreme, -salbe, Wick

Nebenwirkungen:
Bei großflächiger, äußerer Anwendung kann es zu Vergiftungserscheinungen mit Nieren- und ZNS-Schäden kommen.

Wechselwirkungen:
Keine bekannt.

Gegenanzeigen:
Überempfindlichkeit gegen ätherische Öle. Bei Inhalation: akute Atemwegserkrankungen.

Teufelskrallenwurzel, südafrikanische

harpagophyti radix

Foto: Sertürner Bildarchiv

- **Beschreibung:**
  Die Teufelkskralle ist im südlichen bis südwestlichen Afrika beheimatet. Gesammelt werden die Speicherknollen der Pflanze. Nach dem Trocknen werden die Wurzeln weiterverarbeitet.
- **Inhaltsstoffe:**
  Enthalten sind Bitterstoffe vom Iridoidtyp, Harpagosid, Procumbid und freie Zimtsäure.
- **Wirkungen:**
  Der Bitterstoffgehalt der Droge regt die Magensaft- und Gallensaftsekretion an.
  In durchgeführten Tierversuchen konnten auch entzündungshemmende, schmerzlindernde und antiarthritische Wirkungen gezeigt werden.
- **Anwendungsgebiete:**

Appetitlosigkeit
dyspeptische Beschwerden
degenerative Erkrankungen des Bewegungsapparates

- **Dosierung:**

Tagesdosis	4,5g Droge; bei Appetitlosigkeit: 1,5g

- **Darreichungsformen:**

als Tee	1 Eßlöffel = 4,5g feingeschnittene Droge werden mit 2 Tassen kochendem Wasser übergossen. Bei Raumtemperatur sollten diese dann 8 Stunden stehen. In 3 Portionen kurz vor den Mahlzeiten warm einnehmen.

Handelspräparate:

Teufelskrallenwurzel	**Harpagophytum Arkocaps** Kps., Arkopharma
Teufelskrallen-wurzel-Trockenextr.	**Arthrosetten H®** Kps., Brenner-Efeka Pharma **Arthrotabs®** Filmtbl., Duopharm **Dolo-Arthrosetten H®** Kps., Brenner-Efeka Pharma **Doloteffin®** Filmtbl., Ardeypharm **FT®** Filmtbl., Biocur **Harpagoforte Asmedic®** Kps., Dyckerhoff **Herbadon®** Kps., Herbapharm **Hevert Harpagophytum comp. Tee®**, Hevert **Kai Fu®** Kps., Sertürner **Rheuma-Sern®** Kps., Sertürmer **Sogoon Filmtbl.®** Steiner Arzneimittel **Teltonal Brause®** 480 Brausetbl., -240/-480, Biocur

Nebenwirkungen/Wechselwirkungen:
Keine bekannt.

Gegenanzeigen:
Magen- und Zwölffingerdarmgeschwüre

Thymiankraut

thymi herba

Foto: Sertürner Bildarchiv

- **Beschreibung:**
  Die Heimat sind die Felsenheiden und grünen Buschwälder des Mittelmeerraums. Gesammelt wird das blühende und stark duftende Kraut. Es wird von den Laubblättern und Blüten befreit und muß dann vor der Weiterverarbeitung getrocknet werden. Die Blütezeit des Thymiankrauts sind die Monate Juni bis August.
- **Inhaltsstoffe:**
  Mindestens 1,2% ätherisches Öl mit bis zu 50% Thymol und mindestens 0,5% Phenole sind enthalten.
- **Wirkungen:**
  Besonders hervorzuheben sind die schleimlösenden und krampflösenden Eigenschaften des Thymianöls. Das enthaltene Thymol zeigt auch starke antibakterielle Eigenschaften.
- **Anwendungsgebiete:**

Katarrhe der Atemwege
Reizhusten
Keuchhusten

- **Dosierung:**

Tagesdosis	10g Droge mit 0,03% Phenolen, berechnet als Thymol

- **Darreichungsformen:**

als Tee	2 Teelöffel feingeschnittene Droge mit 1 Tasse Wasser heiß aufgießen, 5 Min. ziehen lassen. Mehrmals tgl. 1 Tasse trinken.

als Tinktur (1:10)	Mehrmals tgl. 5–10 Trpf. in etwas Wasser oder auf einem Stück Zucker einnehmen.
als Fluidextrakt	Mehrmals tgl. ½ Teelöffel mit etwas Wasser verdünnt einnehmen.
als Gewürz	

■ **Handelspräparate:**

Spissum-Extr., aus Thymiankraut	**Pertussin®** Trpf., Pharmasan
Thymian-Fluidextr.	**Aspecton®** N, Trpf., Krewel Meuselbach **Bronchicum®** Husten-Pastillen, Rhone-Poulenc Rohrer **Exspectal®** N, Trpf., Bayer Vital **Herbatussan®** Saft, Herbapharm **Heumann Halspastillen®** Sanofi Winthrop **Hustagil®** Thymian-Hustensaft, Dentinox **Isephca®** S Hustensaft, ISO **Makatussin®** Trpf., Saft, Roland **Melrosum®** Hustensirup N, forte, Nattermann **Menthymin®** Sirup mono, Chauvin **Mirfusot®** 50, Trpf., Merckle **Pulmonest®** Nestmann **Soledum®** Hustensaft, -Trpf., Cassellla med. **Thymian-ratiopharm®** Hustensaft, ratiopharm
Thymianöl	Thymian-Bad flüssig **espathym®** N, esparma
Thymiankraut-Tinktur	**Thymian-Trpf. Curarina®** , Harras Pharma Curarina **Bronchicum®** Elixier N, Trpf., Rhone-Poulenc Rohrer **Kneipp Thymian Pflanzensaft®** **Siniuforton®** Trpf., Sanofi Winthrop **Sinuforton®** Drg., Sanofi Winthrop **Thymipin®** N, Saft, Novartis **Tussiflorin®** forte, Trpf. **Tussipect®** Trpf., Sirup, Lilly

■ **Nebenwirkungen/Wechselwirkungen/Gegenanzeigen:**
Keine bekannt.

Tolubalsam

balsamum tolutanum

- **Beschreibung:**
  Zur Gewinnung des Balsams werden die Stämme der Tolupflanze eingeschnitten. Der dabei gewonnene Balsam muß geschmolzen und koliert werden.
- **Inhaltsstoffe:**
  Benzoe- und Zimtsäure sowie deren Ester und ätherisches Öl.
- **Wirkungen:**
  Es zeigen sich expektorierende Eigenschaften.
- **Anwendungsgebiete:**

Katarrhe der Atemwege

- **Dosierung:**

Tagesdosis	0,5g Droge

- **Darreichungsformen:**
  Nur in Apothekerrezeptur.
- **Handelspräparate:**
  Freie Rezeptur
- **Nebenwirkungen/Wechselwirkungen/Gegenanzeigen:**
  Keine bekannt.

Tormentillwurzelstock

tormentillae rhizoma

Beschreibung:
Die Tormentillpflanze kann eine Höhe von 10 bis 40cm erreichen. Sie ist weit verbreitet und liebt sandigen Untergrund. Man findet sie an Waldlichtungen und Böschungen. Die Blütezeit sind die Monate März bis Juni. Das Rhizom (Wurzelstock) wird von den Wurzeln befreit und dann getrocknet.

Inhaltsstoffe:
Es handelt sich um eine Gerbstoffdroge, die 15% Katechingerbstoffe und Tormentosid enthält.

Wirkungen:
Durch den hohen Gerbstoffgehalt hat die Droge adstringierende Wirkung.

Anwendungsgebiete:

unspezifischer akuter Durchfall
Schleimhautentzündungen im Mund-Rachen-Raum

Dosierung:

Tagesdosis	4–6g Droge

Darreichungsformen:

als Tee	1 Teelöffel zerkleinerte Droge mit 1 Tasse Wasser kalt ansetzen und dann durch kurzes Sieden erhitzen. 3–4x tgl. 1 Tasse warm trinken.
als Drogenpulver	mehrmals tgl. 1 Messerspitze voll einnehmen.
als Tinktur (1:10)	10–20 Trpf. auf 1 Glas Wasser geben und tgl. mehrmals zum Spülen einsetzen.

- **Handelspräparate:**

Cefadiarrhon® Trpf.
Diaro® Kps., Kanoldt
Entero-Fides® Pulver
Herbatorment® Kps., Herbapharm
ratioGast® Durchfallkps., ratiopharm
Tormentilla® Kps.

- **Nebenwirkungen:**
  Selten Magenbeschwerden.
- **Wechselwirkungen/Gegenanzeigen:**
  Keine bekannt.

Traubensilberkerzen-Wurzelstock

cimicifuge rhizoma

Foto: Sertürner Bildarchiv

- **Beschreibung:**
  Die Traubensilberkerze ist ein Hahnenfußgewächs, das in den Wäldern Nordamerikas wächst. Zur Arzneimittelherstellung wird der Wurzelstock im Herbst gesammelt.
- **Inhaltsstoffe:**
  Enthalten sind Triterpenglykoside und ein Gemisch aus Bitterstoffen und Harzen.
- **Wirkungen:**
  Die Droge hat östrogenartige Wirkung.
- **Anwendungsgebiete:**

prämenstruelles Syndrom
dysmenorrhoische Beschwerden

klimakterische Beschwerden
neurovegetative Störungen

Dosierung:

Tagesdosis	3 g Droge

Darreichungsformen:

als Tee	1 Teelöffel zerkleinerte Droge mit 1 Tasse Wasser heiß aufgießen, 10 Min. ziehen lassen. 2–3x tgl. 1 Tasse trinken.
als Tinktur (1:10)	3x tgl. 10 Trpf. auf 1 Stück Zucker langsam zergehen lassen

Handelspräparate:

Cimicifugawurzelstock-Fluidextr.	**Cefakliman®** mono Lsg., Cefak **Femilla®** N Tinktur zum Einnehmen, Steigerwald **Klimadynon®** Lsg., Bionorica **Remifemin®** Tbl., Trpf., Schaper & Brümmer
Cimicifugawurzelstock-Trockenextr.	**Cefakliman®** mono Kps., Cefak **Cimifuga Stada®** Filmtbl., APS **Cirkufemal®** Tbl., roha **Femikliman®** uno, Filmtbl., Biocur **Femiplant®** Tbl. **Femi-Sabona®** Kps., Sabona **Femisana®** forte Mixtur, Hotz **Jinda®** Tbl., Lichtwer **Klimadynon®** Filmtbl., Bionorcica

Nebenwirkungen/Wechselwirkungen/Gegenanzeigen:

Keine bekannt.

Uzarawurzel

uzarae radix

- **Beschreibung:**
  Uzara ist in Südafrika beheimatet. Gesammelt werden die Wurzeln der 2–3jährigen Pflanze.
- **Inhaltsstoffe:**
  Enthalten sind Glykoside mit Cardenolidgrundgerüst, Phytosterine und Gerbstoffe.
- **Wirkungen:**
  Die Uzarawurzel wirkt motilitätshemmend am Dünndarm. Hochdosiert zeigt sie digitalisartige Wirkungen am Herzen.
- **Anwendungsgebiete:**

unspezifische akute Durchfallserkrankungen
Reisediarrhö

- **Dosierung:**

Tagesdosis	Entsprechend 45–90 mg Gesamtglykoside, berechnet als Uzarin.

- **Darreichungsformen:**
  Nur in Fertigarznei als Tabletten oder Tropfen.
- **Handelspräparate:**

Uzara® Drg., Trpf., Lsg., Niddapharm

- **Nebenwirkungen/Wechselwirkungen:**
  Keine bekannt.
- **Gegenanzeigen:**
  Gleichzeitige Therapie mit Digitalispräparaten.

Vogelknöterichkraut

polygoni avicularis herba

Foto: A. Brousseau, E. Vogel

Beschreibung:
Vogelknöterich wächst auf allen Böden. Während der Bütezeit im Juni bis August werden Kraut und Wurzeln der bis zu 40cm hohen Pflanze gesammelt und im Schatten getrocknet.

Inhaltsstoffe:
Enthalten sind Gerbstoffe und Kieselsäure.

Wirkungen:
Die Inhaltsstoffe wirken hauptsächlich adstringierend.

Anwendungsgebiete:

Katarrhe der Atemwege
Schleimhautentzündungen im Mund- und Rachenraum

Dosierung:

Tagesdosis	4–6g Droge

Darreichungsformen:

als Tee	1 Teelöffel feingeschnittene Droge mit 1 Tasse Wasser heiß aufgießen. 5 Min. ziehen lassen und mehrmals tgl. 1 Tasse trinken.
als Tinktur (1:10)	3x tgl. 10 Trpf. auf 1 Stück Zucker einnehmen.
Aufguß zur Mundspülung	5g Droge auf ½l Wasser heiß aufgießen, 5 Min. ziehen lassen. Mehrmals tgl. damit spülen.

Handelspräparate:

Tussiflorin® Hustensaft N

- **Nebenwirkungen/Wechselwirkungen/Gegenanzeigen:**
  Keine bekannt.

Wacholderbeeren

juniperi fructus

Foto: A. Brousseau, E. Vogel

- **Beschreibung:**
  Wacholder kommt bevorzugt an Berghängen, in Heiden und Mooren vor. Die Blütezeit ist von April bis Mai. Gesammelt werden die reifen oder auch frischen Beerenzapfen. Durch die spitzen, nadeligen Blätter ist das Sammeln etwas erschwert. Nach dem Trocknen können die Beeren zur Arzneimittelherstellung verwendet werden.
- **Inhaltsstoffe:**
  Mindestens 1% ätherisches Öl sind, bezogen auf die getrocknete Frucht, enthalten. Weiterhin sind Flavonglykoside, Gerbstoffe, Zucker, harz- und wachsartige Bestandteile enthalten.
- **Wirkungen:**
  Tierexperimentell konnte eine diuretische Wirkung nachgewiesen werden (Aquaretikum).. Auch eine krampflösende Eigenschaft an der glatten Muskulatur konnte gezeigt werden.
- **Anwendungsgebiete:**

entzündliche Erkrankungen der ableitenden Harnwege (harntreibend)

- **Dosierung:**

Tagesdosis	4–10 g Droge (= 20–100 mg ätherisches Öl); Anwendungsdauer von 6 Wochen nicht überschreiten.

Darreichungsformen:

Als Tee	1 Teelöffel angequetschte Droge mit 1 Tasse heißem Wasser aufgießen und 5 Min. ziehen lassen. 3x tgl. 1 Tasse trinken.

Handelspräparate:

Kneipp Pflanzendragees Wacholder® N, Kneipp
Kneipp Wacholder-Pflanzensaft®, Kneipp
Leukona Stoffwechsel-Bad®, Dr. Atzinger
Optiplus® Kps., Hotz
Roleca® -Wacholder-Kps., extra stark 100 mg, Sertürmer

Nebenwirkungen:

Bei zu langer Anwendung kann es zu Schäden am Nierenparenchym kommen.

Wechselwirkungen:

Keine bekannt.

Gegenanzeigen:

Schwangerschaft, Nierenerkrankungen

Walnußblätter

juglandis folium

Foto: A. Brousseau, E. Vogel

- **Beschreibung:**
  Im Juni werden die Laubblätter des bis zu 20m hohen Baumes gesammelt und vor der Weiterverarbeitung schnell an der Luft getrocknet.
- **Inhaltsstoffe:**
  Die Droge enthält etwa 10% Gerbstoffe, ätherisches Öl, Vitamin C und Flavonoide.
- **Wirkungen:**
  Durch den Gerbstoffgehalt wirkt die Droge adstringierend.
- **Anwendungsgebiete:**

leichte oberflächliche Hautentzündungen (bevorzugt Schleimhäute)

- **Dosierung:**

Tagesdosis	3–6g Droge

- **Darreichungsformen:**

Als Umschlag/ Teilbad	2 Teelöffel Droge mit 1 Tasse kaltem Wasser zusammen aufkochen. Diese Abkochung wird als Umschlag oder als Badezusatz benützt.

- **Handelspräparate:**
  Freie Rezeptur empfehlenswert.
- **Nebenwirkungen/Wechselwirkungen/Gegenanzeigen:**
  Keine bekannt.

Wegwarte

cichorium intybus

Foto: A. Brousseau, E. Vogel

- **Beschreibung:**
  Häufig vorkommend an Wegrändern, Böschungen, auf Brach- und Ödland. Im Herbst werden die oberirdischen oder unterirdischen Teile der 1 m hohen Pflanze gesammelt. In den Monaten Juli bis September blüht die Pflanze.
- **Inhaltsstoffe:**
  Enthalten sind Bitterstoffe, Inulin und Pentosane.
- **Wirkungen:**
  Im Tierversuch konnten geringfügige gallefördernde Wirkungen gezeigt werden.
- **Anwendungsgebiete:**

Appetitlosigkeit
dyspeptische Beschwerden

- **Dosierung:**

Tagesdosis	3–5 g Droge

- **Darreichungsformen:**

Als Tee	1 Eßlöffel zerkleinerte Droge mit 1 Tasse kochendem Wasser übergießen, 5 Min. ziehen lassen und tgl. 2 Tassen davon trinken.

- **Handelspräparate:**
  Freie Rezeptur empfehlenswert.
- **Nebenwirkungen:**
  Selten pseudoallergische Hautreaktionen.

- **Wechselwirkungen:**
  Keine bekannt.
- **Gegenanzeigen:**
  Bekannte Allergie gegen Wegwarte und andere Korbblütler.

Weidenrinde

salicics cortex

Foto: A. Brousseau, E. Vogel

- **Beschreibung:**
  Die Weide bevorzugt feuchte Standorte, kommt an Gräben und auf feuchten Wiesen vor. Die Weide blüht im zeitigen Frühling, noch bevor die Blätter erscheinen. Die Weidenrinde wird im Frühjahr gewonnen, indem die Rinde von mitteldicken Zweigen geschält wird.
- **Inhaltsstoffe:**
  Salizylsäureverbindungen, davon mindestens 1% Gesamtsalicin. Weiter sind enthalten Glykoside, Flavonoide und Gerbstoffe.
- **Wirkungen:**
  Die freigesetzte Salizylsäure besitzt fiebersenkende, entzündungshemmende und schmerzlindernde Eigenschaften.
- **Anwendungsgebiete:**

fieberhafte Erkrankungen
Kopfschmerzen
Schmerzen bei rheumatischen Erkrankungen

Dosierung:

Tagesdosis	6–12 g Droge

Darreichungsformen:

Als Tee	1 Teelöffel feingeschnittene oder grob gepulverte Droge mit 1 Tasse kochendem Wasser übergießen. Nach 20 Min. kann man den Tee mehrmals am Tag trinken.
Feste Form	2x tgl. entsprechend der max. Tagesdosis

Handelspräparate:

Weidenrinden-Extr.	**Salix** Bürger Lsg., Ysatfabrik
Weidenrinden-Trockenextr.	**Assalix®** Drg., Plantina **Kneipp Rheuma Tee®**, Kneipp **Rheumakaps®** zum Einnehmen, Steigerwald **Rheumatab Salicis®** Tbl., Schuck **Zeller Kopfschmerz Drg.®**

Nebenwirkungen:

Eine Hemmung der Prostaglandinsynthese ist nicht zu erwarten.

Wechselwirkungen:

Keine zu erwarten.

Gegenanzeigen:

Spastische Bronchitiden, Asthma bronchiale.

Weißdorn/-blätter/-blüten/-früchte

crataegus, folium/floribus/ fructus

Foto: A. Brousseau, E. Vogel

Beschreibung:
Der Weißdorn kommt in lichten Gebüschen, Hecken und an sonnigen Hängen vor. Zur Arzneimittelherstellung können die Blätter, die Früchte und die Blüten gesammelt werden. Blütezeit sind die Monate Mai bis Juni. Die Früchte werden im reifen Zustand gesammelt, wenn sie richtig rot sind.

Inhaltsstoffe:
0,7% Flavonoide sind im Weißdorn enthalten. Außerdem finden sich Procyanidine, biogene Amine und Triterpensäuren.

Pharmakodynamik:
Die wirkungsbestimmenden Inhaltsstoffe sind die Procyanide und die Flavonoide. Diese steigern den Koronardurchfluß durch ihre gefäßdilatierende Wirkung. So verbessert sich die Myokarddurchblutung. Weiterhin kommt es zur Erhöhung der Membranpermeabilität für Kalziumionen.

Anwendungsgebiete:

leichte Formen der Herzinsuffizienz
Altersherz (auch vorbeugend)
Rechtsherzinsuffizienz

Dosierung:

Tagesdosis	5g Droge

Darreichungsformen:

als Tee	1 Teelöffel zerkleinerte Droge mit 1 Tasse kochendem Wasser übergießen, 15 Min. ziehen lassen und mehrmals 1 Tasse trinken
als Preßsaft	frische Blätter und Blüten auspressen und von dem Saft 3x tgl. 1 Eßlöffel einnehmen
flüssige Formen	3x tgl. 15 Trpf. in etwas Wasser einnehmen
feste Formen	3x tgl. 1–2 Drg./Tbl./Kps. entsprechend der Tagesdosis einnehmen

Kombinationen mit Digitalispräparaten und sedierenden pflanzlichen Drogen scheint sinnvoll.

Handelspräparate:

Bomocorin® mono, Hevert
Born® Drg., Trpf., Lichtwer
Cheplacard® forte N, Trpf.
corocrat® Trpf., 275, Biomo
Craegium Drg., Kps., Trpf., Biocur
Crataegus Verla® Lsg. Verla-Pharm
Crataegutt® -novo, -forte, Trpf., Amp., Schwabe
Crataegysat® Bürger, Trpf., Ysatfabrik
Esbericard® Drg., Trpf., Amp., Schaper & Brümmer
Kneipp Weißdorn Pflanzensaft®, Kneipp
Kneipp Weißdorn Pflanzendrg.®, Kneipp
Kyaugutt® Crataegus Trpf., Krewel Meuselbach
Kytta Cor® Tbl., Trpf., Merck
Kytta Cardisetten® Drg., Merck
Neo-Cratylen® Trpf.
Orthangin® N forte Trpf., novo Filmtbl. Promonta Lundbeck
Oxacant® -mono Trpf., Klein
Spreewälder Pflanzenextr. Weißdorn N® Spreewald Pharma
Steicorton® Steigerwald
Tensitruw® N, Trpf., Drg., Truw
Tonoplantin® mono Lsg., Merckle
Weissdorn-ratiopharm Drg., ratiopharm

- **Nebenwirkungen/Wechselwirkungen/Gegenanzeigen:**
  Keine bekannt.

Wermutkraut

absinthii herba

Foto: Sertürner Bildarchiv

- **Beschreibung:**
  Der Wermut liebt felsige Standorte und kommt als 60 bis 100cm hoher Busch an Flußufern vor. Während der Blütezeit im Juni bis September werden die oberen Sprossenteile, die Laubblätter gesammelt und dann getrocknet.
- **Inhaltsstoffe:**
  Enthalten sind ätherische Öle, Sesquiterpenlacton-Bitterstoffe, Flavone, Ascorbinsäure und Gerbstoffe.
- **Wirkungen:**
  Der wirksame Inhaltsstoff sind die Sesquiterpenlacton-Bitterstoffe. Diese erregen die Bitterrezeptoren in den Geschmacksknospen des Zungengrundes. Es kommt dann zur reflektorischen Steigerung der Magensekretion mit Zunahme der Säurekonzentration.
- **Anwendungsgebiete:**

Appetitlosigkeit, dyspeptische Beschwerden (Magen-, Darm- und Gallebeschwerden)

- **Dosierung:**

Tagesdosis	3–5g Droge

Darreichungsformen:

als Tee	1 Teelöffel feingeschnittene Droge mit 1 Tasse Wasser kochendheiß aufgießen, 5 Min. ziehen lassen und dann davon 2 Tassen morgens und mittags vor den Mahlzeiten trinken.
als Tinktur (1:10)	3x tgl. 5 Trpf. in etwas Wasser ca. 15 Min. vor den Mahlzeiten einnehmen.
feste Formen	2x tgl. entsprechend der Inhaltsstoffe von 3 g Droge einnehmen.
als Gewürz	Ähnlich wie Beifuß zu verwenden.

Handelspräparate:

Abdomilon® Liqu., Cesra
Amara® Trpf. Pascoe S
Digestivum-Hetterich® N, Trpf., Hetterich
Gastroflorin® N, Trpf.
florabio Schoenbergers Wermutsaft®
Freie Rezeptur

Nebenwirkungen/Wechselwirkungen/Gegenanzeigen:
Keine bekannt.

Wolfstrappkraut

lycopi herba

Foto: Sertürner Bildarchiv

- **Beschreibung:**
  Das Wolfstrappkraut kommt in Mittel-, Süd- und Osteuropa an Gräben, Bächen und Teichen vor. Kurz vor der Blüte im Juli bis September wird das frisch blühende Kraut gesammelt und vor der Weiterverarbeitung getrocknet.
- **Inhaltsstoffe:**
  Enthalten sind Hydroxyzimt- und Kaffeesäurederivate, Lithospermsäure, Gerbstoffe, ätherisches Öl und Flavonoide.
- **Wirkungen:**
  Die Extrakte besitzen hauptsächlich thyreostatische Wirkungen, in dem sie den Jodtransport und die Freisetzung hemmen. Außerdem kommt es zur Erniedrigung des Prolaktinspiegels.
- **Anwendungsgebiete:**

leichte Formen der Schilddrüsenüberfunktion und nervöse Beschwerden (Herzklopfen)
Mastodynie

- **Dosierung:**

Tagesdosis	wäßrig-alkoholische Extrakte entsprechend 20 mg Droge oder 1–2 g für Teeaufgüsse; entsprechend der Beschwerden einschleichend dosieren (3x 5 Tropfen, dann um jeweils 5 Trpf. steigern)

- **Darreichungsformen:**
  in Kombinationspräparaten
  Frischpflanzensaft

Handelspräparate:

Wolfstrappkraut-Extr.	**Lyoaktin® M** Lsg. zum Einnehmen, -Tbl., Steigerwald
Wolfstrappkraut-Fluidextr.	**Prothyrysat®** Bürger Lsg., Ysatfabrik
Wolfstrapptrocken-Extr.	**Cefavale®** Trpf., Cefa **Mutellon®** Trpf., Klein **Thyreogutt®** Tbl., Trpf., Schwabe

Nebenwirkungen:
Längere Anwendung kann zur Vergrößerung der Schilddrüse führen. Nach dem Absetzen kann es zu einem Rebound-Phänomen kommen und/oder zur vermehrten Prolaktinsekretion.

Wechselwirkungen:
Kombinierte Einnahme mit anderen Schilddrüsenhormonpräparaten sollten vermieden werden.

Gegenanzeigen:
euthyreote Struma

Zimtrinde

cinnamomi ceylanici cortex

Beschreibung:
Die Zimtrinde stammt fast ausschließlich aus Kulturen, die in der Nähe von Gewässern angelegt werden. Die Pflanze benötigt viel Grundwasser. Die gesammelte Rinde wird zunächst vom äußeren Kork und auch von der darunterliegenden Parenchymschicht befreit. Dann wird das ätherische Öl durch Wasserdampfdestillation gewonnen..

Inhaltsstoffe:
Die Droge enthält mindestens 1,2% ätherisches Öl mit Zimtaldehyd und Eugenol.

Wirkungen:
Das ätherische Öl der Zimtrinde wirkt antibakteriell, hemmt Pilzwachstum und fördert die Motilität der glatten Muskulatur des Darms. Die Magensaftsekretion wird ebenfalls stimuliert.

Anwendungsgebiete:

Appetitlosigkeit
dyspeptische Beschwerden
durchblutungsfördernd

Dosierung:

Tagesdosis	2–4g Droge oder 0,05–0,2g ätherisches Öl

Darreichungsformen:

als Tee	1 Teelöffel zerkleinerte Droge mit 1 Tasse heißem Wasser übergießen und 10 Min. ziehen lassen. Zu den Mahlzeiten jeweils 1 Tasse warm trinken.
als Tinktur (1:5)	3x tgl. 10 Trpf. in etwas Wasser 15 Min. vor den Mahlzeiten einnehmen.
als ätherisches Öl	2–3 Trpf. des reinen ätherischen Öls auf 1 Stück Zucker 3x tgl. zu den Mahlzeiten einnehmen.

zum Einreiben	Wenige Trpf. des ätherischen Öls auf die Haut geben und vorsichtig verreiben.
als Gewürz	Zimtstangen, Zimtpulver

- **Handelspräparate:**

Gastrosecur® Trpf.
Salviathymol® Lsg., Galenika
Sedovent® Trpf., Pharma Schwörer

- **Nebenwirkungen:**
Häufig allergische Schleimhaut- und Hautreaktionen.

- **Wechselwirkungen:**
Sind keine bekannt.

- **Gegenanzeigen:**
Bekannte Überempfindlichkeit gegen Zimt oder Perubalsam sowie Schwangerschaft.

Zwiebel

allii cepae bulbus

- **Beschreibung:**
Unterschieden wird zwischen Sommer- und Winterzwiebel. Die Sommerzwiebel stammt aus dem westlichen Asien und wurde von den Römern nach Mitteleuropa gebracht. Die Winterzwiebel soll aus dem südlichen Sibirien stammen. Verwendet werden die Blattscheiben der Frucht, die in jedem Hausgarten wächst.

- **Inhaltsstoffe:**
Enthalten sind Alliin und ähnliche schwefelhaltige Verbindungen, ätherisches Öl, Peptide. Propanthialoxid (für das Augentränen verantwortlich) und Flavonoide.

- **Wirkungen:**
Tierexperimentell konnte gezeigt werden, daß Alliin schwach lipidsenkende Wirkung besitzt. Es kommt auch zur Hemmung der Thrombozytenaggregation. Außerdem wirken Zwiebelextrakte antibakteriell.

- **Anwendungsgebiete:**

Appetitlosigkeit (wirkt verdauungsfördernd, wassertreibend)
Wundheilung
vorbeugend gegen Grippe, bei Husten, bei Mittelohrentzündung als Zwiebelwickel
altersabhängige Gefäßschäden

- **Dosierung:**

Tagesdosis	50g frische Zwiebeln oder 20g getrocknete Droge

Darreichungsformen:

als Frischsaft	Grob bis mittelfein gewürfelte und anschließend ausgepreßte Zwiebeln. Davon 3x tgl. 1 Eßlöffel auspressen und trinken.
feste Formen	Nach Angaben des Herstellers.
als Gewürz	

Handelspräparate:

biologische Zwiebelölkapseln
Schoenberger Zwiebel-Frischsaft®
Nomon® N, Kps., Liqu., Hoyer

Nebenwirkungen/Wechselwirkungen/Gegenanzeigen:

Keine bekannt.

Index

A

B

C

D

E

G

H

I

J

K

L

M

N

O

P

Q

R

T

U

V

W

X

Y

Z

Absender (bitte in Blockschrift)

Name, Vorname

Straße, Nr.

PLZ, Ort

Bitte senden Sie mir gegen Rechnung die umseitig markierten BBV-Titel.

Ort, Datum

Unterschrift

Bestellung an Ihre **med. Fachbuchhandlung** oder an:

Börm Bruckmeier Verlag
Leipziger Kommission
Pötzschauer Weg
D-**04579** Espenhain

→ www.
media4u.com

Verlagsprogramm

arbeitsmedizin pur - die karteikarten	(DM 25.80)	Ex.:
anästhesiologie - intensivmedizin - die karteikarten	(DM 49.80)	Ex.:
gynäkologie pur - die karteikarten	(DM 49.80)	Ex.:
gynäkologie pur - das skript	(DM 34.80)	Ex.:
hno pur, zmk pur - die karteikarten	(DM 34.80)	Ex.:
innere medizin pur 99/00 1 - die karteikarten	(DM 49.80)	Ex.:
innere medizin pur 99/00 2 - die karteikarten	(DM 49.80)	Ex.:
innere medizin pur - das skript	(DM 49.80)	Ex.:
mikrobio pur/immuno pur - die karteikarten	(DM 49.80)	Ex.:
ophthalmo pur - die karteikarten	(DM 34,80)	Ex.:
orthopädie pur - die karteikarten	(DM 39,80)	Ex.:
pharma pur 99/00 - die karteikarten	(DM 49.80)	Ex.:
psychiatrie pur - die karteikarten	(DM 29.80)	Ex.:
urologie pur - die karteikarten	(DM 25.80)	Ex.:
rechtsmedizin pur - die karteikarten	(DM 31.80)	Ex.:
Karteibox **medizin pur, leerer Karton**	(DM 4.90)	Ex.:
Arzneimittel pocket 2000	(DM 24.80)	Ex.:
Arzneimittel Wirkungen pocket	(DM 24.80)	Ex.:
Anamnese und Untersuchung pocket	(DM 24.80)	Ex.:
DD pocket	(DM 24.80)	Ex.:
Derma pocket	(DM 97.60)	Ex.:
EKG pocket	(DM 24.80)	Ex.:
GK2 Termini pocket	(DM 19,80)	Ex.:
GK3 Termini pocket	(DM 19,80)	Ex.:
Homöopathie pocket	(DM 24.80)	Ex.:
Naturheilmittel pocket	(DM 24.80)	Ex.:
Normalwerte pocket	(DM 22,80)	Ex.:
Psychiatrie fast - der 4h-Crashkurs	(DM 19,80)	Ex.:
Antibiotika pocketcard	(DM 5,80)	Ex.:
EKG pocketcard	(DM 5,80)	Ex.:
Normalwerte pocketcard	(DM 5,80)	Ex.:
ICD 9 pocketcard	(DM 5,80)	Ex.:
Lungenfunktion pocketcard	(DM 5,80)	Ex.:
Reanimation pocketcard	(DM 5,80)	Ex.:
Anästhesie-Intensiv-Meds pocketcard 1	(DM 5,80)	Ex.:
Anästhesie-Intensiv-Meds pocketcard 2	(DM 5,80)	Ex.:
Notfall-Meds pocketcard 1	(DM 5,80)	Ex.:
Notfall-Meds pocketcard 2	(DM 5,80)	Ex.: